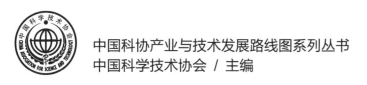

中国科协产业与技术发展路线图系列丛书

中国科学技术协会 / 主编

检验检测产业与技术发展路线图

中国检验检测学会　编著

中国科学技术出版社

·北 京·

图书在版编目（CIP）数据

检验检测产业与技术发展路线图 / 中国科学技术
协会主编；中国检验检测学会编著 . -- 北京：中国
科学技术出版社，2022.11

（中国科协产业与技术发展路线图系列丛书）

ISBN 978-7-5046-9617-5

Ⅰ. ①检… Ⅱ. ①中… ②中… Ⅲ. ①产品质量 – 质
量检验 – 产业发展 – 研究 – 中国　Ⅳ. ① F273.2

中国版本图书馆 CIP 数据核字（2022）第 085308 号

策　　划	秦德继	
责任编辑	何红哲	
封面设计	中科星河	
正文设计	中文天地	
责任校对	焦　宁	
责任印制	李晓霖	

出　　版	中国科学技术出版社	
发　　行	中国科学技术出版社有限公司发行部	
地　　址	北京市海淀区中关村南大街 16 号	
邮　　编	100081	
发行电话	010-62173865	
传　　真	010-62173081	
网　　址	http：//www.cspbooks.com.cn	

开　　本	787mm×1092mm　1/16	
字　　数	228 千字	
印　　张	12.5	
版　　次	2022 年 11 月第 1 版	
印　　次	2022 年 11 月第 1 次印刷	
印　　刷	河北鑫兆源印刷有限公司	
书　　号	ISBN 978-7-5046-9617-5 / F・1017	
定　　价	68.00 元	

《检验检测产业与技术发展路线图》
编委会

首席科学家　庞国芳

学会首席专家　李怀林

指导委员会

葛志荣　王海舟　沈建忠　生　飞　顾绍平　曾　路

刘　挺　刘德平　吴尊友　付文飙　陈洪俊　李忠娟

冯俏彬　宋悦谦　李　莉　刘朝晖　张朝华　宋桂兰

张　峰（检科院）滕俊恒　王　虹　秦殊涵　万　峰

张　平　王立宇　金　震　姚　雷　沈正生　沈剑平

邢　志　王军波　刘中勇　李际平

编写委员会

夏　扬　王晓冬　李文龙　陈汉标　王　丹　刘汉霞

陈志峰　王兆君　宫赤霄　刘华琳　唐茂芝　李　礼

谢　昀　杨艳歌　石文鹏　石里明　蔡　宁　杨　双

赵　洋　张庆玲　李红伟　冯长青　马晓玉　应赛霞

张　峰（康达）潘莉黛　罗敏刚　王腾生　张　鑫

郜锦丽　赵南南　陈广龙

学术秘书组

吕晓燕　王　婷

序

当今世界正经历百年未有之大变局，新一轮科技革命和产业变革重塑全球经济结构，全球范围内的产业转型调整不断加快，产业竞争已成为大国竞争的主战场。我国产业体系虽然规模庞大、门类众多，但仍然存在不少"断点"和"堵点"，关键核心技术受制于人等问题突出。科技是产业竞争力的关键。解决制约产业发展的关键核心技术，建设现代化产业体系，需要强大的科技支撑。

党的二十大开启了全面建成社会主义现代化强国、实现第二个百年奋斗目标，做出加快构建新发展格局，着力推动高质量发展的重大战略部署。习近平总书记在党的二十大报告中强调，必须坚持科技是第一生产力、人才是第一资源、创新是第一动力，深入实施科教兴国战略、人才强国战略、创新驱动发展战略，开辟发展新领域新赛道，不断塑造发展新动能新优势。这些重要部署为我国依靠科技创新引领和支撑经济社会高质量发展进一步指明了方向和路径。

中国科协作为国家推动科技创新的重要力量，积极探索新形势下促进科技与产业深度融合的工作新品牌和开放合作新机制，推动提升关键核心技术创新能力，助力打赢关键核心技术攻坚战。2020 年，中国科协首次启动产业与技术发展路线图研究，发挥跨学科、跨领域、跨部门和联系广泛的组织和人才优势，依托全国学会组织动员领军企业、科研机构、高等院校等相关力量，汇聚产学研各领域高水平专家，围绕车联网、智能航运、北斗应用、航天、电源、石墨烯等重点产业，前瞻预见产业技术发展态势，提出全产业链和未来产业发展的关键技术路线，探索构建破解关键技术瓶颈的协同创新机制和开放创新网络，引导国内外科技工作者协同攻关，推动实现产业关键核心技术自主可控。

综观此次出版的这些产业与技术发展路线图，既有关于产业技术发展前沿与趋势的概观介绍，也有关于产业技术瓶颈问题的分析论述，兼顾了科研工作者和决策制定者的需要。从国家层面来说，可作为计划投入和资源配置的决策依据，能够在政府部门之间有效传达科技政策信息，识别现有的科技能力和瓶颈，为计划管理部门在公共项目选择中明确政府支持的投入导向。从产业层面来说，有助于产业认清所处的经济、社会、环境的变化，识别市场驱动因素，确定产业技术发展的优先顺序，突破产业共性技术的瓶颈，提高行业研究和应用新产业技术的能力。从企业层面来说，通过路线图可与企业战略和业务发展框架匹配，确定产业技术目标，识别达到市场需求所必需的产业技术，找到企业创新升级的发展方向。

在此次系列丛书付梓之际，衷心地感谢参与本期产业与技术发展路线图编写的全国学会以及有关科研、教学单位，感谢所有参与研究与编写出版的专家学者。同时，也真诚地希望有更多的科技工作者关注产业与技术发展研究，为路线图持续开展、不断提升质量和充分利用成果建言献策。

中国科协党组书记、分管日常工作副主席、书记处第一书记

中国科协学科发展引领工程学术指导委员会主任委员

张玉卓

前　言

在中国科学技术协会的高度重视和大力支持下，由中国检验检测学会牵头组织编纂的《检验检测产业与技术发展路线图》在参与编写的各位专家辛勤努力和相关单位的支持下，前后历经一年多时间，终于面世了，这是检验检测领域具有重要历史意义的产业发展指导专著。

随着国际贸易和市场经济的不断发展，检验检测产业在促进经济和社会高质量、高标准发展方面的作用更加凸显，在国民经济各领域也是不可或缺的重要组成部分。2022 年是我国实施第十四个五年发展规划的开局之年，正逢中国共产党一百周年华诞，也是党领导人民迈向现代化强国建设的第二个百年之开元。在这历史的交汇点，我们以党的十九大和十九届历次全会确定的各项方针和战略目标为出发点，紧密联系实际，通过科学、系统的归纳，概况性地勾画出检验检测产业科技发展的历史、现状和未来，以彰显检验检测产业领域在推进学科建设，服务经济发展，科学谋划未来，全面提升科技水平、服务水平和管理水平，切实发挥好制造强国战略的基础作用和质量强国战略的保障作用，为国家"十四五"规划和 2035 年远景发展目标的落实贡献力量。

检验检测是一个历史悠久而又获得新生的传统科技行业。春秋战国时期的《周礼·考工记》、东汉班固的《汉书》等著作中都有古代检验活动的记载。

现代检验检测（含检疫）具有社会科学和自然科学的双重属性。检验检测机构是相关领域法律法规和国际惯例的实践者，检验检测科技工作者运用现代科技手段，依据风险评价原理，研究解决商品、动植物贸易和人类国际交往的质量安全和健康风险评判的科学问题。检验检测是以标准为基础，以科学测量为工具，以风险评价为依据判定物品符合性的验证科学。检验检测科学实践工作必须具备符合规范的设施设备、具有科学素养的人才和权威统一的标准。

检验检测作为新型学科门类的发展壮大，是具有其深刻的经济社会背景的。随着市场经济持续发展，区域和国际贸易的不断扩大，产业与贸易、营销与消费之间发生的许多问题，凭借当事人自身能力是无法具有公信力来解决的。检验检测作为维护贸易公平和消费者权益保护的技术措施，在国内外更加受到重视，特别是世界贸易组织成立以后，在国际贸易中，作为保护主权国经济利益的、存在近百年的关税壁垒逐渐淡出世界经济舞台，国与国之间的双边自由贸易协定、区域经济合作体之间的减税及贸易便利化协议的签订，甚至出现了零关税的经济贸易机制或制度。然而，主权国并没有放弃保护自身利益的权力，代之以环境保护、人类和动植物健康、生态和公共安全等非关税、新的技术壁垒，尤其在《实施卫生和植物卫生措施的协定》（WTO/SPS协定）框架下，主权国不断采取技术措施，以达到保护本国产业的目的。

综上所述，检验检测产业是国民经济建设的重要领域，是保障生产链、供应链有效运行的组成部分。通过制定《检验检测产业与技术发展路线图》，引导行业科学规范、健康有序发展，必将为经济社会高质量、高标准发展注入新动能。

《检验检测产业与技术发展路线图》共五章，分别为路线图编制概述、检验检测产业概述、检验检测产业发展现状、检验检测技术体系、路线分析与路线图绘制。本书所涉及的检验检测产业涵盖国民经济一、二、三产业诸多领域，可供政府部门、大专院校、科研单位、生产企业和商贸领域指导行业发展、研究行业现状和规划参考。

在本书编著过程中，得到了国家市场监督管理总局相关司局和直属单位，以及有关大学和科研院所的大力支持，在此表示感谢！此外，还要特别感谢中国工程院庞国芳院士给予的指导。

中国检验检测学会

2022 年 5 月

目 录

第一章　路线图编制概述　　　　　　　　　　　　　　　　　　　／001

　　第一节　路线图概况　　　　　　　　　　　　　　　　　　　／001

　　第二节　路线图的重要意义　　　　　　　　　　　　　　　　／005

　　第三节　路线图的编制方法　　　　　　　　　　　　　　　　／007

　　参考文献　　　　　　　　　　　　　　　　　　　　　　　　／012

第二章　检验检测产业概述　　　　　　　　　　　　　　　　　　／013

　　第一节　产业特征　　　　　　　　　　　　　　　　　　　　／013

　　第二节　检验检测产业链　　　　　　　　　　　　　　　　　／018

　　第三节　产业运行环境　　　　　　　　　　　　　　　　　　／020

第三章　检验检测产业发展现状　　　　　　　　　　　　　　　　／022

　　第一节　产业现状　　　　　　　　　　　　　　　　　　　　／022

　　第二节　发展历程　　　　　　　　　　　　　　　　　　　　／026

　　第三节　检验检测产业发展机遇与挑战　　　　　　　　　　　／031

第四章　检验检测技术体系　　　　　　　　　　　　　　　　　　／036

　　第一节　技术体系　　　　　　　　　　　　　　　　　　　　／036

　　第二节　检验检测技术体系组成要素　　　　　　　　　　　　／039

　　第三节　检验检测技术体系特性　　　　　　　　　　　　　　／041

　　第四节　检验检测技术体系现状与挑战　　　　　　　　　　　／043

　　第五节　检验检测技术体系发展趋势　　　　　　　　　　　　／044

第五章　路线分析与路线图绘制　　　　　　　　　　　　　　/ 048

　　第一节　路线总体目标与路径　　　　　　　　　　　　　/ 048

　　第二节　仪器仪表技术路线分析与路线图绘制　　　　　　/ 051

　　第三节　检验检测信息化服务技术路线分析与路线图绘制　/ 085

　　第四节　食品检测技术发展路线图　　　　　　　　　　　/ 123

　　第五节　电子电器技术路线分析与路线图绘制　　　　　　/ 155

参考文献　　　　　　　　　　　　　　　　　　　　　　　　/ 182

后　　记　　　　　　　　　　　　　　　　　　　　　　　　/ 187

第一章

路线图编制概述

产业技术路线图是 20 世纪中后期逐步兴起的，由单个产业内部诞生的技术预测和技术规划方法，是在产业技术规划的基础上发展起来的。产业技术路线图作为产业战略集成规划方法目前已经得到广泛应用，并证明是一个行之有效的科技创新管理工具。检验检测是国家质量基础设施的重要组成部分，是国家重点支持发展的高技术服务业和生产性服务业，在提升产品质量、推动产业升级、保护生态环境、促进经济社会高质量发展等方面发挥着重要作用。检验检测产业要实现高质量发展，需要聚焦产业发展和民生需求，从提供单一检测服务向参与产品设计、研发、生产、使用全生命周期提供解决方案转变。在这个转变过程中，检验检测技术是检验检测产业的"发动机"，同时也是检验检测产业与其所服务产业的"连接器"。作为行之有效的科技创新管理工具，编制路线图可以反映检验检测产业界和科技界对检验检测技术前景的看法，并具体描绘出实现这个前景的方法，对制定检验检测机构的技术规划和改善技术管理水平具有重要作用。路线图的绘制能够实现资源优化配置，使技术研究与产业发展更加紧密地结合在一起，引领检验检测产业投资方向，提升检验检测产业国际竞争力。

第一节　路线图概况

一、定义

技术路线图（Technology Roadmap）又称技术地图、技术路径图或技术标识等，是指应用简洁的图形、表格、文字等形式描述技术变化的步骤或技术相关环节之间的逻辑关系。技术路线图能够帮助使用者明确该领域的发展方向和实现目标所需的关键技术，厘清产品和技术之间的关系。技术路线图包括制定的过程和最终的结果，具有高度概括、高度综合和前瞻性的基本特征。技术路线图是技术预见、技术管理和信息管理的方法与工具，是各创新主体方达成共识、共同促进创新发展的过程，同时也是技术战略研究与制定的重要环节。

技术路线图根据其编制主体、主题内容和应用领域的不同逐渐演化为国家技术路线图、产业技术路线图和企业（产品）技术路线图。产业技术路线图是技术路线图一般性的理论框架与方法体系在产业领域中的应用，通过时间序列系统描述"技术—产品—产业"的发展过程，描述技术发展趋势、加强产业主体合作、引导研发，为产业发展提供战略蓝图。

二、发展

技术路线图最早出现在美国汽车行业，汽车企业为降低成本要求供应商提供产品的技术路线图。20 世纪 70 年代后期和 80 年代早期，美国摩托罗拉和康宁公司先后采用了绘制技术路线图的管理方法对产品开发任务进行规划。摩托罗拉主要用于技术进化和技术定位，康宁公司主要用于公司和商业单位战略。继摩托罗拉和康宁公司之后，许多国际大公司如微软公司、三星集团、朗讯科技公司、洛克希德·马丁公司等都广泛应用这种管理技术。2000 年，在对英国制造业企业的一项调查显示，大约有 10% 的公司使用了技术路线图方法。不仅如此，许多国家政府、产业团体和科研单位也开始利用这种方法来对其所属部门的技术进行规划和管理。

我国自 20 世纪 90 年代逐渐引入技术预见和技术路线图等相关概念，结合我国的技术实践，逐步形成了我国技术路线图的相关理论和方法体系。在应用实践方面，继美国、欧洲、日本等国家和地区的相关实践，中国也从 20 世纪末和 21 世纪初由科技部率先开展国家关键技术预见和国家技术路线图的研究与制定，进而在全国逐渐开展了不同层面的技术预见（宏观、中观和微观）和技术路线图（国家、产业和企业）的研究与制定，有效支撑了科技发展战略和宏观发展战略的研究与制定。

三、分类

技术路线图根据目的、方法及呈现形式进行不同的分类，这些形式丰富的技术路线图反映了广泛的应用前景。从绘制技术路线图的驱动力来看，可以分为市场驱动的技术路线图、技术驱动的技术路线图和科学驱动的技术路线图；从应用的领域及其目标来看，可以分为科学技术路线图、工业技术路线图、公司产品技术路线图和产品管理路线图。

著名学者大卫·普罗贝特（David Probert）通过对大约40个路线图的研究，将技术路线图归纳为两个大的分类。

一是按目标划分的技术路线图类型。根据技术路线图希望达到的目标，可以将其划分为以下8种类型。

1）产品规划路线图。这是迄今为止最常见的一种技术路线图，它涉及技术应用与制造的产品，往往涉及不止一代产品。

2）服务／能力规划路线图。适用于以服务为基础的企业，它比较重视怎样通过技术支持组织能力。

3）战略规划路线图。适用于一般的战略评估，它支持不同机遇或风险的评估，通常是业务层次的评估。

4）长期规划路线图。用于支持长期规划，可以扩大规划视野。这种路线图往往在部门或国家层次执行（前瞻），而且可以成为一个组织的"雷达"，用以识别潜在的破坏性技术和市场。

5）知识产权规划路线图。这种类型的路线图可以使知识产权和知识管理计划与企业的目标协调一致。

6）项目规划技术路线图。注重战略的实施，而且与项目规划（如研发项目）有比较直接的关联。

7）过程规划路线图。这种类型的路线图可以支持知识的管理，因而强调某一特定的过程领域（如新产品开发）。

8）综合规划路线图。注重技术的整合与（或）演变，涉及不同的技术怎样在产品和系统内部结合。

二是按格式划分的技术路线图类型。技术路线图一开始是强调用图示的形式来表示，随着技术路线图的发展，出现的路线图数量、形式及绘制方法越来越多。从格式上也不局限于用图示这一种，或者即使都用图，其具体的图示方式也有不同。大卫·普罗贝特总结了以下8种格式。

1）多层次型技术路线图。

2）条型技术路线图。

3）表格型技术路线图。

4）图解型技术路线图。

5）绘图型（树型）技术路线图。

6）流程图式技术路线图。

7）单层次型技术路线图。

8）文本型技术路线图。

四、作用

所有的公司都面临着激烈的市场变化，所有的产品、服务和业务都依赖于迅速变化的技术。产品变得更加复杂，而消费者的需求也变得更加苛刻。产品的生命周期变得越来越短，从产品到市场的时间也越来越短。即使是最强大的企业对预测、分析、计划也没有什么秘诀。为了能够在未来竞争中获胜，确保企业的长期发展，企业必须集中力量在未来的市场并建立正确的技术发展策略。技术路线图能够帮助一个产业预测未来市场所需的技术和产品需求，描述一个产业在未来竞争中取得成功需要走过的道路，引导技术研发决策，增加协作、知识共享和新的合作伙伴，降低技术创新的风险，帮助产业抓住未来市场发展的机会。

技术路线图的作用在于为技术开发战略研讨和政策优先顺序研讨提供知识、信息基础和对话框架，提供决策依据，提高决策效率。技术路线图已经成为企业、产业乃至国家制定技术创新规划、提高自主创新能力的重要工具和基础。在产业技术路线图发展过程中，有以民间为主导的路线图和以政府为主导的路线图。民间主导的路线图大多是技术发展指南、趋势记录；政府主导的路线图大多是资源配置方案、行动计划。各方不惜花费大量资金和时间制定技术路线图，根本原因在于其对技术产业和组织发展的巨大作用，虽然不同类型的技术路线图有相对不同的作用，但还是可以找到一些具有共性的作用。

半导体行业的摩尔法则"每18个月半导体集成度将提高两倍"就是基于半导体技术路线图的一个表述。摩尔法则的意义不只是描述了一种现象，在半导体开发技术的精细化、高度化的过程中，对关联企业明示了应该开发的具体技术和达成期限，使其向此集中。

未来20年，我国要实现高质量发展，技术路线图是实现这一转变的工具。我国实现自主创新是一个艰苦过程，技术路线图将帮助企业减少盲目性，明确技术研发重点、发展方向和未来市场，凝练企业核心能力，制定达到目标所需的步骤。根据自身实际情况，实现自主创新，绝非单纯依靠某一方力量就可以达到，必须集合政府、企业、社会全部的资源，以一个统一的技术路线图指导各方力量，加快我国走向自主创新的速度。

第二节 路线图的重要意义

作为国家质量基础设施的主要要素之一，检验检测本身具有技术属性，相比于其他产业，检验检测编制产业技术路线图显得更为迫切和必要。

一、重要性

近年来，我国检验检测行业快速发展，结构持续优化，市场机制逐步完善，综合实力不断增强，但仍存在创新能力和品牌竞争力不强、市场化集约化水平有待提升、市场秩序不够规范等问题。促进检验检测行业做优做强，要坚持把创新作为驱动检验检测发展的第一动力，完善检验检测创新体系，加强共性技术平台建设，提升自主创新能力，推动行业向专业化和价值链高端延伸。要聚焦国家战略和经济社会发展重大需求，对标国际先进水平，明确主攻方向和突破口，统筹检验检测行业与产业链深度融合，推动检验检测行业集约发展。促进检验检测行业发展，行业监管、产业政策、资本运作、人力资源等方面都起着重要作用，但检验检测产业本质决定了检验检测技术是整个产业的最核心内容。检验检测技术决定了检验检测的对象是什么，决定了检验检测需要的设备和环境，依靠具体检验检测技术才产生了某一类检验检测产业。没有检验检测技术展望，就产生不了检验检测产业布局，催生不了检验检测市场。目前，我国经济已由高速增长阶段转向高质量发展阶段，对检验检测的需求越来越旺盛，在需求转化为产能过程中，检验检测技术无疑是基础。作为技术预见、技术管理和信息管理的方法与工具，检验检测产业技术路线图的编制以及方法的探索具有重要意义。从检验检测技术自身发展看，制作技术路线图可以超前预判市场发展需求，规划技术发展的时间和路径；从技术与市场、研发间的关系看，技术路线图能够反映检验检测所服务的各个领域的合作模式，明确内在的横向联系，通过有效计划和沟通交流，形成相辅相成、相互协同的合作机制，助力检验检测发挥最大的社会功能。

二、必要性

对检验检测关键技术和共性技术的发展进行科学规划，将极大促进检验检测产业核心竞争力的提升。

编制检验检测产业技术路线图是检验检测产业独立发展的需要。初期的检验检测是产品生产的一个环节，是企业管理体系的一部分。随着社会分工的深入，检验检测已成为独立的产业。相应地，检验检测产业技术路线图也必将从各产业技术路线图中独立出来。

编制检验检测产业技术路线图是打造检验检测领域知识共同体的需要。研究确定检验检测的核心技术问题和共性技术问题，搭建产业技术体系框架，与外延的科学和技术领域确定关联，为检验检测交叉学科建设打下基础。

编制检验检测产业技术路线图是协同发展的需要。在"科创中国"整体布局下，加强产学研（或技术转移转化）深度融合，有计划推动技术服务产业，使技术投资更有效率、更有收益，进一步建立推进检验检测技术与产业发展协同发展的机制。

三、可行性

2007 年，曾路等人编写的《产业技术路线图原理与制定》出版。2008 年，李兴华主编的《产业技术路线图——广东科技管理创新实践》出版。随后，广东省组织实施了 40 多个工业领域和 30 多个农业领域的技术路线图。2011 年，广东检验检疫局技术中心撰写了该中心的技术路线图，对检验检测技术服务业发展和竞争力进行了分析，研究制作了食品、化妆品和消费品化学检测技术路线图，为检验检测领域绘制路线图提供了探索经验。2016 年，科技部、财政部、国家税务总局修订印发了《高新技术企业认定管理办法》，在附件中首次列入了检验检测认证技术。检验检测认证技术，是指采用先进的方法、装备或材料，依据环境、安全、质量等相关标准、技术规范或其他强制性要求，开展面向设计开发、生产制造、售后服务全过程的检验、检测、认证等关键支撑技术。

2014 年 8 月，国家质检总局印发了《中国特色质检技术体系建设纲要》。在纲要中，对国家检验检测检疫技术体系进行了初步描述。2018 年，国家市场监督管理总局成立，中国检验检疫学会更名为中国检验检测学会并完成职能转型，检验检测学科建设进入体系化阶段，从原来立足于为出入境检验检测提供技术支撑作用和学术交流作用，扩展到所服务经济社会全产业领域范围，延伸至科研测试端到全链条各环节，覆盖食品、农产品、电器、环保、交通、建筑、机械、纺织、生命科学，还有与科学仪器、化学试剂、信息智能化、大数据、物联网、区块链等新技术、新学科的交叉融合交流与发展，使检验检测技术发展的深度和广度前景更加开阔，进而为服务科研创新转化和产业发展提供了更加体系化的保障。

从产业技术路线图编制实践以及检验检测技术发展来看，编制检验检测产业技术路线图已经水到渠成。

第三节 路线图的编制方法

一、基本要素

技术路线图的主要功能是描述、交流、计划与协调。通过技术路线图的整合，把宏观的政治、经济、社会文化、外部竞争环境、政策法规等因素与微观的技术资源等置于一处进行关联分析，从而拓宽了技术创新的视野范围。产业技术路线图的制定包含了技术的、市场的、政策的等多重相互交叉的环节，这几个层面要素是行业的竞争动力。

在制定技术路线图的过程中，需分析政治、经济、社会、科技、生态、价值等外部环境要素以及资源、研发项目、技术方案、概念产品和市场需求等核心要素。要素有定性要素、定量要素、定时要素、概率要素等方面的区分。在制定检验检测产业技术路线图过程中主要分析的基本要素见表1-1。

表1-1 制定检验检测产业技术路线图主要分析的基本要素

基本要素	内 容
宏观环境	政策法规、社会文化、政治力量
竞争环境	供应商、竞争对手、替代产品商、潜在进入者等
技术环境	技术组成、技术发展阶段、代替技术
市场环境	需求发展趋势
组织内环境	战略、文化、组织结构、制度管理、薪酬与激励形式、信息技术基础结构
技术创新层次	涉及的技术创新层次及特征

二、基本原则

技术路线图可以理解为以科学知识和洞见为基础，但未达成关于技术前景的共识。在绘制技术路线图的过程中，不仅要聚集相关领域的科学专家，还需要相关技术成果使用者共同参与。也就是说，与技术相关的各方面的代表都应该参加检验检测行业技术路线图的制定过程。要将众多专家以及参与者的集体智慧凝练出来，形成一种共识，没有一套科学的工作方法和严谨的管理程序是无法做到的。此外，检验检测技术路线图的制定过程本身也是一种创新，而实施创新必须有科学的理论和方法作为指导。

为实现上述目的，在制定检验检测技术路线图的过程中，需遵循以下工作原则：

1）按科学规律办事的原则。使每个程序和步骤都符合科学方法，所得结论是科学的，经得起实践检验。

2）遵循科学管理的原则。在每个程序步骤进行过程中严格按工作计划和管理规范执行。

3）理论与实践相结合的原则。努力在技术路线图的制定过程中探索和完善技术路线图理论，实现理论创新。

4）倡导科学方法、传播科学方法和科学知识的原则。在技术路线图制定过程中向参与者宣传和介绍技术路线图方法论，号召更多的人参与到技术路线图的制定和计划实施工作中。

5）倡导合作与共同发展的原则。在技术路线图制定过程中，尽可能多地利用一切可以利用的资源，为技术路线图制定过程提供一个良好的内部、外部环境，求大同，存小异，集成大家的智慧和创新思维，推进技术路线图工作健康发展。

三、制定流程

制定检验检测产业技术路线图的基本流程包括三个阶段：准备阶段、开发阶段和修正阶段。准备阶段是检验检测产业技术路线图的启动阶段，开发阶段是检验检测产业技术路线图制定的核心阶段，修正阶段是检验检测产业技术路线图的后续修订和制定实施计划阶段，也是检验检测产业技术路线图不断完善的过程。在每个阶段都有相应的核心工作内容。

1）准备阶段。准备工作是启动检验检测产业技术路线图制定工作的基本条件，主要包括：确定产业技术路线图的范围和边界；明确领导层和参与者；组织高效优化的团队有效地运作技术路线的流程；收集行业情报信息；设计实用的调研问卷；筹备召开后续高质量的研讨会。在准备工作中，最重要的是组织管理和工作团队成员的培训。为了能使检验检测产业技术路线图的制定过程规范进行，主管部门的领导与产业组织要积极参与和引导这项活动。

2）开发阶段。开发阶段是制定检验检测产业技术路线图的核心阶段，主要包括：分析判断市场需求；确定产业发展目标；确定实现需求的主要技术领域；分析判断阻碍产业目标实现的主要技术壁垒；分析判断主要技术壁垒中的关键技术难点；确定研发需求和模式；绘制技术路线图，完成报告。

3）修正阶段。修正阶段是制定检验检测产业技术路线图不断修订的过程，主要包括：对技术路线图的评估与修正；制定行动计划；对技术路线图的定期评估与更新。

四、编制方法

产业技术路线图制定的核心工作是召开高质量的研讨会，通过研讨会能有效整合资源与信息。在研讨会现场主要是依据头脑风暴法集中专家智慧，对调研获取的信息做出理性的评价和大胆的科学预测。在制定技术路线图的过程中，通常需要召开若干次递进式的系列研讨会，主要的研讨会有产业背景、现状和市场需求分析研讨会，产业发展驱动力以及产业目标分析研讨会，阻碍产业目标实现的技术壁垒分析研讨会，解决技术壁垒的研发需求分析研讨会，技术路线图绘制研讨会，以及后续的技术路线图管理和制定实施计划研讨会等。

检验检测产业技术路线图的编制主要参考相关产业技术路线图的绘制原理与方法，如《产业技术路线图原理与制定》《产业技术路线图——广东科技管理创新实践》《产业技术路线图：探索战略性新兴产业培育路径》《广东省地理信息产业技术路线图》《广东省增材制造（3D打印）产业技术路线图》等。

检验检测行业技术路线图在编制过程中使用的研究方法主要有德尔菲法、头脑风暴法、SWOT分析法、情景分析法和文献计量分析法等。

1.德尔菲法

德尔菲法是一种很重要的专家调查法。首先对团队成员进行初步调查，对调查结果进行分析，整理评价结果、平均评价、共识等内容，形成第二份调查问卷；然后要求团队成员对其他调研对象的观点、共识进行评价，对第二次调查结果再次进行整理分析、凝练，形成第三份调查问卷；最后要求团队成员就此修改自己的观点、评价，最终整合所有评价、共识、遗留问题，形成调查结果。德尔菲法的特点是匿名、反馈和统计。其优点主要有以下几点。

1）调研对象能够在不受干扰的情况下，独立、充分地表明自己的意见，避免出现声音最大或地位最高的人控制群体意志的现象。

2）预测值是根据调研对象的意见综合分析、梳理后形成的，它能够发挥集体的智慧，不会忽视重要观点。

3）德尔菲法简单直接，没有复杂的数学模型与计算，时间短、成本低。德尔菲法对一组调研对象多次发放问卷，并进行反馈，因此，容易使调研对象的意见趋于一致且有效。德尔菲法适用于预见未来各种技术的发展概率，为政府制定规划服务。德尔菲法最初应用于科技领域，然后逐渐被应用于多个领域的预测、评价、决策、管理沟通和规划工作中，如人口预测、经营和需求决策等。在产业技术路线图的编制过程中，这种方法适用于获取市场需求、产业目标等方面的调研与总结。

2. 头脑风暴法

头脑风暴法又称智力激励法、脑力激荡法、自由思考法等，是由美国创造学家亚历克斯·奥斯本（Alex Osborn）提出的一种激发创造性思维的方法。它是一个横向思维的过程，主要通过找到创新和异想天开的方案来解决问题。

头脑风暴会议通常有三大阶段：在准备阶段做好确认议题、进行场地、人员等会议准备工作；在头脑风暴阶段宣布主题，与会者自由发挥并畅所欲言，记录整理；在选择评价阶段对所有会议产生的创意灵感进行整理，形成体系。

头脑风暴法适合群体决策，通过会议进行组织实施，要求会议具有自由愉快、畅所欲言的气氛，所有参会者可自由提出想法，并以此相互启发、相互激励，引起联想并产生共振和连锁反应，从而可以激发更多的创意及灵感。在产业技术路线图编制过程中适用于获取关键技术集合。

3. SWOT 分析法

使用 SWOT 分析法首先要正确识别企业的优势、劣势、机会与威胁因素，然后利用 SWOT 矩阵进行分析，通过调查将与研究对象密切相关的各种主要内部环境的优势、劣势和外部环境的机会、威胁等列举出来，并依照矩阵形式排列，然后用系统分析的思想把各种因素相互匹配起来加以分析，从中得出一系列相应的结论，而结论通常带有一定的决策性。

SWOT 矩阵如表 1-2 所示，将企业的优势、劣势、机会及威胁进行组合，形成 SO、ST、WO、WT 战略，方便进行甄别和选择，确定企业目前应该采取的具体战略。

表 1-2　SWOT 矩阵

		内部环境	
		优势（S）	劣势（W）
外部环境	机会（O）	SO 战略机会、优势组合（增长性战略）	WO 战略机会、劣势组合（扭转型战略）
	威胁（T）	ST 战略威胁、优势组合（多种经营型战略）	WT 战略威胁、劣势组合（防御型战略）

SWOT 分析法自形成以来，广泛应用于战略研究与竞争分析，成为战略管理和竞争情报的重要分析工具。在制定产业技术路线图时，运用这种方法对产业所处的情景进行全面、系统、准确的研究，从而根据研究结果制定相应的发展战略、策划及对策等。

4. 情景分析法

情景分析法又称前景描述法，其假设前提是未来状态不是唯一确定的，具有随机性。因此，该方法需要依据要素变化的可能性对预测对象的变化进行梳理，形成多种预测路径。它是一种直观的定性预测方法。

5. 文献计量分析法

文献计量分析法是以科技文献的各种外部特征作为研究对象，采用数学与统计学方法来描述、评价和预测科学技术现状与发展趋势，并输出量化信息的定量分析方法。文献计量分析法侧重于分析文献外部形式特征的"量"，从定量的角度分析文献规律，间接反映内容的相关度。它通过对文献形成方面的某种外部特征进行统计分析，如统计特定产业、行业或领域在一定时间范围内发表的各类文件数量、所引用的引文总数及引文载体类型等，探寻产业、行业或领域在生产、流通和应用等方面的规律。

五、表现形式

产业技术路线可通过多种形式表现，Phaal 等总结出路线图的表现形式主要包括多层型路线图、表格型路线图、图解型路线图、流程型路线图和文本型路线图等。

参考文献

［1］曾路，孙永明. 产业技术路线图原理与制定［M］. 广州：华南理工大学出版社，2007.

［2］曾路，汤勇力，李从东. 产业技术路线图：探索战略性新兴产业培育路径［M］. 北京：科学出版社，2014.

［3］尤莉. 三问技术路线图：是什么、做什么、如何做［J］. 创新科技，2013（3）：18-20.

第二章

检验检测产业概述

第一节　产业特征

一、定义

在国家标准《合格评定　词汇和通用原则》（GB/T 27000—2006/ISO/IEC 17000：2014）中对检验、检测分别给予了定义。

检测（Testing），是按照程序确定合格评定对象的一个或多个特性的活动，主要适用于材料、产品或过程。

检验（Inspection），是指审查产品设计、产品、过程或安装并确定其与特定要求的符合性，或根据专业判断确定其与通用要求的符合性的活动。对过程的检验可以包括对人员、设施、技术和方法的检验。

检测实验室可作为第一方、第二方或者第三方机构开展工作。我国的检测实验室主要包括公益性政府检测实验室、经营性社会检测实验室和企业自有检测实验室。检验活动覆盖的范围非常广泛，有些检验活动很直观，如进出口商品检验中的计数、计重等；有些是在利用检测数据、以往经验和统计分析等基础上对检验对象进行符合性判定，如压力容器的检验等；也有些看似很简单的活动，但依据的经验或技术积累非常深厚，如各类机械零部件的失效分析、商品检验中的残损鉴定等。

《检验检测机构资质认定管理办法》中所称检验检测机构，是指依法成立，依据相关标准或者技术规范，利用仪器设备、环境设施等技术条件和专业技能，对产品或者法律法规规定的特定对象进行检验检测的专业技术组织。

在《中国特色质检技术体系建设纲要》中，检验检测指对产品、服务、管理体系等是否符合标准、技术规范、强制性要求的技术评定活动。检验检测技术围绕品质优良程度评定、技术性能指标测试、风险控制，以化学、物理学、生物学、统计学和信息学技术为基础，研制专用检测设备、建立检测方法、制定相关标准，通过不断扩大检测范围、提高检测精度、拓展检测领域、完善方法标准体系，保障国家各类产品研发、产业发展、商业贸易、市场消费和社会运行，维护人民健康、农林和生态环境安全、工业生产安全和社会公共安全，促进国际贸易和交往。

二、分类

（一）按照从事检验检测活动的属性主体分类

1. 第一方检验检测

由制造商、服务商等供方实施的检验检测，比如生产企业为满足自身研发、设计和生产需要而开展的自检、内审等。生产方为满足自身设计、研发和生产需要而主动发起，由生产方对自己所生产的产品，依据企业自定（或客户要求）的检测标准要求进行自测，以确保生产的产品符合国家、行业标准或技术法规的要求，或符合客户在买卖合同中对产品的要求。第一方的测试对产品质量的控制和保证尤为重要，当产品存在设计和制造缺陷时，通过第一方的测试能够及时发现产品质量问题，并实时进行纠正措施，从而减少不合格产品流向市场而产生更大的风险。生产方都有质量部，而质量部一般包括品质控制、品质保证、品质工程及实验室，质量部一般都会拥有一定的检测设备、仪器及量具，有能力依照企业的质量管理手册对生产的产品进行抽样检测或全部检测，从而承担起企业内部的检测职能，也成为第一方检测的主体。

2. 第二方检验检测

由用户、消费者或采购商等需方实施的检验检测，比如采购方对采购货物进行的检测、验货等。当需求方是品牌商、大型超市或百货公司等市场主体时，有时会选择第二方的检测模式，即买方会选择将样品送往本方的实验室进行测试，检测这些商品是否符合技术法规或标准的要求，又或者是否符合自己公司的要求等；第二方检测的结果将成为需求方确定购买计划，或与生产商确认是否能够改进某些产品要求的依据。当生产方的实验室服务于其采购的产业链上端的原材料、零部件等需要，而对相关商品进行检测时，其测试的目的就是监督上游的生产方的设计及生产质量，这种情况下，生产商的实验室就不再是第一方的实验室，而是第二方实验室。目前拥有自建实验室的品牌商、大型超市或百货公司的数量极少，而且由于买家采购的商品种类比较广泛，相对的检测仪器和设备并不专业，也很难覆盖到完整产业链的全部产品类型，因此极大地限制了第二方检测的作用。

3. 第三方检验检测

由独立于供需双方的第三方机构实施的检验检测。相比第一方和第二方，第三方检测机构通过由具有独立地位和专业能力的机构严格依据国家或国际上通行的标准和技术规范实施，具有更高的权威性和公信力，因而获得市场各方的普遍承认，不但能够有效保证质量、保障各方利益，而且能够增进市场信任、促进贸易便利。第三方检测机构是指两个相互联系的主体之外的某个客体，我们把它叫作第三方。第三方可以是和两个主体有联系，也可以是独立于两个主体之外，是由处于买卖利益之外的第三方（如专职监督检验机构），以公正、权威的非当事人身份，根据有关法律、标准或合同所进行的商品检验活动。独立第三方检测企业的存在有着其特别的意义，既是政府监管的有效补充，帮助政府摆脱"信任危机"，又能为产业转型升级提供支持，为产业的发展提供强有力的服务平台等。

（二）按专业领域划分分类

在检验检测行政管理部门依据《检验检测机构资质认定管理办法》开展检验检测资质认定工作时，对评审员能力有一个专业领域的划分。因为检验检测对象涉及各行各业，跨行业的检验检测技术和能力具有很大的差异，所以对人员的能力要求要划分为不同领域。目前，检验检测资质认定评审员专业领域包括机动车检验、建筑工程、建筑材料、环境监测、食品及食品接触材料、电子电器、特种设备、机械（包含汽车）、卫生疾控、计量校准、电力（包括核电）、材料测试、轻工、水质、纺织服装及棉花、医学、农产品林业渔业牧业、药品、化工、能源、消防、采矿及冶金、软件信息化、医疗器械、司法鉴定、进出口商品检验及验货、防雷检测、国防相关、珠宝玉石检验鉴定、卫生检疫、公安刑事鉴定、动植物检疫、生物安全、环保设备以及其他共计35个领域。需要说明的是，《检验检测机构资质认定管理办法》并不是对所有检验检测机构进行行政审批，某些特殊领域的检验检测机构有专门的法律法规进行规制，这些特殊领域不在上述专业领域范围。

（三）按市场业务领域划分

随着社会经济的发展，市场催生了检验检测的发展，通过大型综合检测机构业务设置，也能对检验检测领域进行粗略的划分。比如，国务院国有资产监督管理委员会管理的从事检验检测认证的某央企，近年来设立了29条产品线，分别是石油化工品、矿产品、外贸煤炭、大宗农产品、委托工厂检查、政贸业务、有害生物防治、医疗器械、国内成品油、船舶舞毒蛾业务、再生金属、内贸煤炭、工程监理和设备监造、旧机电、保险公估、文化艺术品鉴定、司法鉴定、关贸合规服务、电子产品、家电产品、交通运输、电工电器、输配电和工业电器、体系认证、低碳和绿色发展、新能源和储能、计量等。又如，我国某上市检验检测机构，其测试业务包括环境安全、原材料与石油化工、纺织服装鞋包、食品与农产品、美妆个护日化、建材与建筑工程、电子电器、婴童玩具家居生活、工业装备与制造、轨交船舶航空、汽车与零部件，检验业务包括消费品检验服务、口岸检验、工程现场监控量测、地基基础检测、工业产业检验等。

三、产业特点

检验检测是市场经济条件下加强质量管理、提高市场效率的基础性制度之一，其本质属性是"传递信任，服务发展"，具有市场化、国际化的突出特点，被称为质量管理的"体检证"、市场经济的"信用证"、国际贸易的"通行证"。检验检测对加强市场监管、优化营商环境、推动经济高质量发展将发挥越来越重要的作用。

1. 检验检测产业本质要求是传递信任、服务发展

市场经济是指通过市场配置社会资源的经济形式。市场就是商品或劳务交换的场所或接触点，在市场上从事各种交易活动的当事人称为市场主体。一切市场交易行为都是市场主体基于相互信任的共同选择。由具备专业能力的第三方对市场交易标的（产品、服务或企业组织）进行客观公正的评价和证实，成为市场经济活动的必要环节。通过检验检测，解决市场中的信息不对称问题，能够增进市场各方的信任，从而有效降低市场交易风险。市场主体选择第三方检验检测，可以增加公信力、减低交易成本。检验检测的结果，向消费者、企业、政府、社会和世界传递信任，通过传递信任，促进贸易便利化、降低交易成本、达成交易共识，从而达成服务发展的目的。

2. 检验检测产业具有市场化和国际化的显著特征

1）市场化特征。作为对产品判定的一种手段，相对于行政部门的直接监管以及企业内部的品质管控，第三方检验检测产业起源于市场、服务于市场、发展于市场，在市场中发挥信任中介作用。市场各方主体，通过检验检测制度的建立，可以优化交易模式、统一产品要求，实现互信互认，打破市场和行业壁垒，促进贸易便利化，减少制度性交易成本。对于行政管理部门，采信检验检测结果，可以降低监管成本，把

有限的监管资源配置到风险更高的领域。检验检测"传递信任"的本质要求，使市场化成为检验检测产业发展的动力和方向。

2）国际化特征。合格评定措施是世界贸易组织（WTO）框架下的国际通行经贸规则，国际上为了规范市场和便利贸易建立统一标准、统一程序和统一体系，提倡"一次检验、一次检测、一次认证、一次认可、全球通行"。世界贸易组织的《技术性贸易壁垒协定》（WTO/ TBT）也对各国标准、技术法规和合格评定程序进行规范，确立了合理目标、对贸易影响最小化、透明度、国民待遇、国际标准和相互承认原则，以尽可能减少对贸易的影响。正是国际贸易的约束和国际规则的达成，检验检测产业在满足国内需要的同时，其方法、要求、标准一定要有国际化视野，用同一种技术语言。

3. 检验检测产业具有三个基本功能

1）产品质量的"体检证"。如同人的健康需要体检的各个项目的指标情况来反映一样，在数字化时代，产品质量要用数字说话，而这些数字，来源于检验检测。值得注意的是，这里的产品，包括有形产品和无形产品。这里的质量，也是"大质量"的概念，不仅仅是产品的性能，而是产品满足需要的一系列特性。这张产品质量的"体检证"，不仅仅是一个现状的描述，通过检验检测结果和统计分析等手段，产品生产者可以充分利用"体检证"对自己的产品进行质量控制。事实上，"体检证"是很多质量管理措施的发起点和依据。

2）市场经济的"信用证"。检验检测在市场中传递权威可靠信息有助于建立市场信任机制，提高市场运行效率，并引导市场优胜劣汰。获得第三方权威检测，是证明企业组织具备参与特定市场经济活动资质能力、证明其提供商品或服务符合要求的信用载体。检验检测为市场主体提供了信用证明，解决了信息不对称的难题，为市场经济活动发挥着传递信任这一不可替代的作用。例如，在《高新技术企业认定管理办法》关于企业提交申请认定时的材料中，设立了"企业高新技术产品（服务）的相关资质证书"等内容，这无疑是对检验检测在产品（服务）质量中"传递信任"作用发挥的肯定。

3）国际贸易的"通行证"。由于检验检测国际化的特征，各国都倡导"一次检验检测，一次认证认可，国际通行互认"，因而能够帮助企业和产品顺利进入国际市场，在全球贸易体系中发挥着协调国际间市场准入、促进贸易便利等重要功能，是多双边贸易体制中促进相互市场开放的制度安排。多边领域，合格评定既是世界贸易组织框架下促进货物贸易的国际通行规则，也是食品安全倡议、电信联盟等一些全球采购体系的准入条件；双边领域，合格评定既是自贸区（FTA）框架下消除贸易壁垒的便利工具，也是各国政府间关于市场准入、贸易平衡等贸易磋商谈判的重要议题。在许多国际贸易活动中，都把国际知名机构出具的检测报告作为贸易采购的前提条件，以及贸易结算的必备依据，不仅如此，不少国与国之间的市场准入谈判都把认证认可检验检测作为重要内容写入贸易协定。

第二节　检验检测产业链

从第三方检验检测产业链上下游来看，上游包括计量校准、检验检测仪器设备、试剂耗材等；中游是检验检测机构；下游应用几乎覆盖各行各业。以目前应用广泛深度来看，第三方检测应用大类覆盖建筑工程检测、消费品检测、工业检测以及生命科学领域的检测。支撑这条产业链健康、可持续发展的还有政府监管部门、行业组织、国际组织、科研机构、大专院校等，分别提供政策引导、行业自律、国际合作、技术研发、人才培养等公共服务和专业化服务。

在产业链中，检验检测机构是核心和主体。2020年，通过检验检测资质认定（CMA）的检验检测机构达48919家，较上一年增长11.16%。

上游的计量校准，是指为满足检验检测机构测量准确性以及量值溯源要求，由市场或者法检机构提供的强制检定和计量校准服务。在我国，有中国计量科学研究院、各省市设立的计量院等法检机构，也有市场化的校准机构。目前，全国约有计量校准机构6000家左右，全国计量校准市场容量约110亿元。检验检测仪器设备是检验检测机构开展检测活动的基本生产资料。目前，国内仪器仪表产业年产值约8000亿元，2019年进口仪器仪表约6800亿元。试剂耗材是检验检测机构离不开的生产用品，主要是指完成检验、实验项目过程中的标本采集装置、标本盛放装置以及实现标本检测的提取、分杯、比色等工作的装置。其最本质的特点就是一次性使用，主要为一次性塑料制品和一次性玻璃制品等。2019年，我国实验室耗材行业市场规模280.2亿元，其中，常规实验耗材规模99.3亿元，占比35.4%；试剂类耗材规模18.5亿元，占比6.6%；仪器设备专用耗材规模116.3亿元，占比41.5%；其他耗材46.1亿元，占比16.5%。

下游的检验检测直接服务产业范围广泛。2020年，我国检验检测服务市场规模已经达到 3585.92 亿元（不包括贸易保障监测和医院医药），同比增长 11.2%；2021 年，我国检验检测服务市场规模为 4010 亿元，同比增长 11.8%；预计 2022 年中国检验检测市场规模将达到 4414.1 亿元。其中，建工建材、环境保护、质量检验、交通、卫生、农业、食药领域是检验检测机构占比较多的领域。

检验检测行业监管部门主要是各地市场监管部门。2018 年，新组建的国家市场监督管理总局设立了认可与检验检测监督管理司，其职能是拟订实施认可与检验检测监督管理制度；组织协调检验检测资源整合和改革工作，规划指导检验检测行业发展并协助查处认可与检验检测违法行为；组织参与认可与检验检测国际或区域性组织活动。市场监管部门和其他主管部门依据《计量法》《认证认可条例》《食品安全法》《农产品质量安全法》等法律法规进行监督管理。省级市场监管部门负责本行政区域内依法设立的检验检测机构的资质认定及其监管工作。20 世纪 80 年代起，依据《中华人民共和国计量法》《中华人民共和国标准化法》《中华人民共和国产品质量法》等一系列法律法规，中国逐步建立起了与经济社会发展要求相适应、与国际通行准则相衔接、具有中国特色的检验检测机构计量认证体系。国家质量监督检验检疫总局和国家认证认可监督管理委员会成立后，在计量认证的基础上，不断完善检验检测机构资质管理，颁布了《检验检测机构资质认定管理办法》，确立了国家认证认可监督管理委员会统一管理、国家级和省级分级实施的检验检测机构资质认定制度。检验检测机构资质认定制度是依据有关法律法规和标准、技术规范的规定，对检验检测机构的基本条件和技术能力是否符合法定要求的评价许可，对于依法规范检验检测活动、保证检验检测机构的技术和管理能力、促进检验检测行业规范有序发展发挥着重要的制度性保障作用。国家认证认可监督管理委员会依据有关法律法规、结合国际通行准则发布了《检验检测机构资质认定评审准则》及相关行业补充要求，负责全国性检验检测机构资质认定并指导相关地方政府部门开展本行政区域的检验检测机构资质认定工作。

中国合格评定国家认可委员会（CNAS）由国家市场监管总局依法设立的唯一的国家认可机构。CNAS 负责对认证机构、实验室和检验机构等单位的认可工作，代表中国参加国际认可多边互认制度，为中国检验检测认证取得国际相互承认提供基础平台。"统一体系，共同参与"是中国认可工作的基本体制，参与方来自与认可工作有关的政府部门、合格评定机构、合格评定服务对象、合格评定使用方及相关专业机构。国际化是中国认可制度的一个基本特征。国际认可论坛（IAF）和国际实验室认可合作组织（ILAC）作为国际两大认可合作组织，致力于建立全球认可互认制度，促进全球贸易的便利化，目前 ILAC/IAF 国际多边互认协议签约成员经济体达到93 个，覆盖全球经济总量的 95%，CNAS 是 IAF 和 ILAC 正式成员。统一的国家认可体系建立以来，中国认可的规模和监督机制的创新均走在国际前列。中国已制定发布 209 项认可规范类文件，用于对合格评定机构进行规范管理和监督。CNAS 建立了系统的评审员选用、培训和评价考核体系，目前拥有覆盖各个领域的专业评审人员4700 多人。

第三节　产业运行环境

我国检验检测行业由市场监管总局负责管理，经过多年的不懈努力，参照国际合格评定准则，从国情实际出发，中国建立了法律、制度、组织、监管、标准和国际互认等较完善的具有中国特色的认证认可检验检测体系，为检验检测健康发展提供了制度保障和技术支撑。

1）法律体系。建立了以《认证认可条例》为核心的合格评定法律法规体系。截至 2019 年，中国已有 19 部法律、17 部行政法规、14 部规章明确写入涉及认证认可检验检测内容的条款。

2）制度体系。依据国际规则和中国国情，建立了认证（产品、管理体系、服务）、认可（认证机构、实验室、检验机构）、检验检测机构资质认定、进出口食品生产企业注册备案等制度。截至 2019 年，强制性产品认证共覆盖 21 大类 119 种产品；自愿性认证共包括产品、服务、管理体系 3 大类 49 项小类；认可共包括 41 项基础认可制度、23 专项认可制度、43 项分项认可制度；检验检测机构的资质认定涵盖 35 个专业领域。

3）组织体系。按照"统一管理，共同实施"原则，建立了以国家市场监督管理总局作为统一管理部门、20 多个部委组成的认证认可部际联席会议作为议事协调机构、全国各地市场监管部门作为执法监督主体、认证认可检验检测机构作为从业主体的组织机构体系。

4）监管体系。建立了"法律规范、行政监管、认可约束、行业自律、社会监督"五位一体的监管体系，保证了合格评定的有效性和公信力。

5）标准体系。将国际标准化组织合格评定委员会（ISO/CASCO）制定的合格评定国际标准全面等同转换为中国国家标准。截至 2019 年 10 月，已发布 94 项认证认可国家标准、165 项认证认可行业标准，统一规范了合格评定活动。

6）国际合作互认体系。截至 2019 年，加入 21 个合格评定国际组织，签署 14 份多边互认协议和 123 份双边合作互认安排。

第三章

检验检测产业发展现状

第一节　产业现状

一、检验检测机构数量及营收情况

2013—2020 年，我国检验检测认证机构数量飞速增长，由 2013 年的 24847 家增至 2020 年的 48919 家，年复合增长率为 10.18%，如图 3-1 所示。

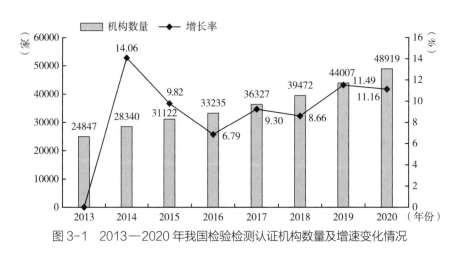

图 3-1　2013—2020 年我国检验检测认证机构数量及增速变化情况

2013—2020 年，我国检测检验认证行业营业收入及增长变化情况如图 3-2 所示。

二、从业人员数量、学历及职称情况

2013—2020 年，我国检验检测认证机构就业人员变化情况如图 3-3 所示。

2020 年，全国检验检测服务业拥有研究生及以上学历、大学本科学历、大专及以下学历人员分别为 13.55 万人、58.17 万人和 69.47 万人，与 2019 年相比，

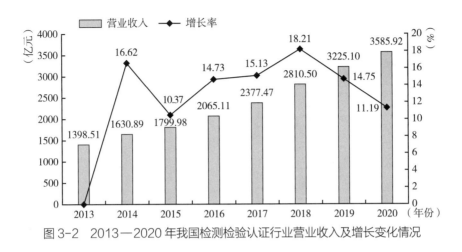

图 3-2 2013—2020 年我国检测检验认证行业营业收入及增长变化情况

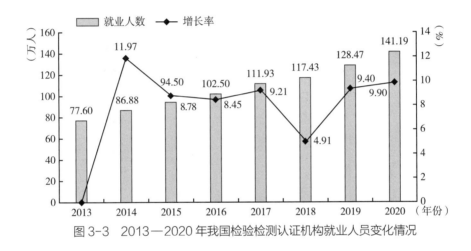

图 3-3 2013—2020 年我国检验检测认证机构就业人员变化情况

分别增长 11.89%、8.99% 和 10.29%，分别占从业人员总数的 9.6%、41.2% 和 49.2%。

2020 年，全国检验检测服务业拥有各级技术职称人员 75.93 万人，比 2019 年增长 7.48%，占从业人员总数的 53.78%，比 2019 年下降 1.22%。其中高级技术职称人员 17.01 万人，中级技术职称人员 30.37 万人，初级技术职称人员 28.55 万人，分别占从业人员总数的 12.05%、21.51% 和 20.22%。

三、仪器设备数量及资产情况

2013—2020 年，我国检验检测机构仪器设备数量变化情况如图 3-4 所示，资产变化情况如图 3-5 所示。

图 3-4   2013—2020 年我国检验检测机构仪器设备数量变化情况

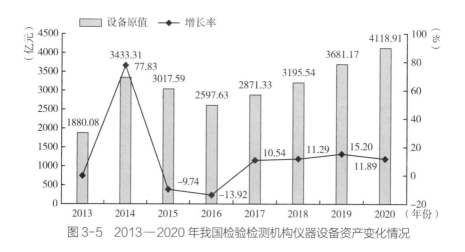

图 3-5   2013—2020 年我国检验检测机构仪器设备资产变化情况

四、高新技术企业情况

2019 年，检验检测行业高新技术企业 2220 家，比 2018 年增长 19.29%，占全国检验检测机构总数的 5.04%。高新技术企业收入为 938.86 亿元，同比增长 28.75%，占总收入的 29.1%。

近几年，高新技术企业机构数量及占比都稳步增长，从 2016 年的 998 家增长至 2019 年的 2220 家，增长率为 122.44%，占比由 2016 年的 3% 增至 2019 年的 5.04%，提升 2.04%。

高新技术企业营收从 2016 年 401.58 亿元增长至 2019 年 938.36 亿元，增长率为 133.67%，但其增速逐渐放缓，增速从 2016 年的 55.93% 下降至 2019 年的 28.75%。

五、知识产权情况

2019 年，全行业申请境内专利受理数 26636 件，比 2018 年增长 18.15%，其中，发明专利申请受理数 15836 件。申请欧美日专利 154 件；申请《专利合作条约》（PCT）国际专利 122 件。当年授权专利 15935 件，其中，授权欧美日专利 50 件。截至 2019 年年底，检验检测服务业拥有有效专利 63238 件，其中有效发明专利 30108 件。拥有境外授权专利 251 件。

2019 年，新增注册商标 1008 件，全行业共有注册商标 4187 件，境外注册商标 12 件。马德里商标国际注册申请 92 件。

2019 年，全行业共有软件著作权 26210 件，其中当年申请 8833 件。

六、科研情况

2016—2020 年，我国检验检测机构科研变化情况如图 3-6 所示。

2020 年，全行业投入研究与试验发展（R&D）经费支出总计 180.56 亿元，户均 36.91 万元，比 2019 年多 0.9 万；全行业仅有 5041 家机构有研发投入。参与科研项目总计 32589 项，户均不足 1 项。多数小微型检验检测机构基本不具备科研和创新能力，相关投入也十分不足。

2020 年，全国获得高新技术企业认定的检验检测机构 3035 家，仅占全国检验检测机构总数的 6.2%。截至 2020 年年底，行业共有有效发明专利 37465 件，户均 0.77 件，有效发明专利中境外授权专利仅 453 件。有效发明专利量占有效专利总数比重为 43.09%，比 2019 年下降 4.52%，技术含量高的发明专利比重不高，仍然是制约行业技术创新能力提升的重要因素之一。

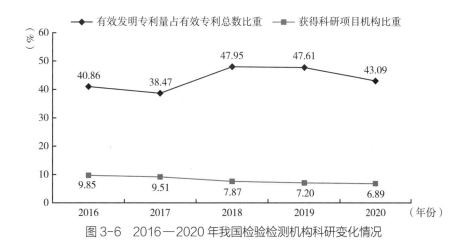

图 3-6 2016—2020 年我国检验检测机构科研变化情况

七、标准制修订情况

2019 年，检验检测机构标准制修订经费总计 9.86 亿元。在标准制修订中，国家标准 36633 项，行业标准 17302 项，地方标准 7397 项，国际标准 2687 项。

八、组织和参与能力验证活动情况

2019 年，各类检验检测机构本年度参加国家级能力验证项目 53258 项（次），其中，国家市场监督管理总局（国家认证认可监督管理委员会）能力验证项目 14255 项（次），国家有关行业主管部门能力验证项目 26413 项（次）；各类检验检测机构本年度参加省级（省级市场监管部门和有关行业主管部门）能力验证项目 63538 项（次）；各类检验检测机构本年度参加国内能力验证提供者项目 32327 项（次）；各类检验检测机构本年度参加国际能力验证提供者和国家相关组织项目 6786 项（次）；各类检验检测机构本年度参加其他能力验证项目 21972 项（次）；各类检验检测机构本年度参加测量审核 19594 项（次）。

九、检测能力参数、产品标准、方法标准情况

2019 年，检验检测机构获得资质认定（计量认证）的检测能力中，参数 13471578 项，产品标准 2106916 项，方法标准 390440643 项。

第二节　发展历程

改革开放以来，我国国民经济取得了飞速发展，检验检测产业也得到了快速发展，成为世界上最大最重要的检验检测市场，主要体现在三个方面：截至 2021 年年底，检验检测机构数量（取得资质认定的检验检测机构 5.2 万家）位居世界第一、市场规模 4062.6 亿元，约占全球检验检测市场的六分之一。从新中国成立到现在，我国检验检测的发展以第三方检测机构的发展为主线，大致可以分为初始期、萌芽期、成长期、繁荣期和高质量发展期五个历史时期。

一、初始期（1949—1977）

检验检测是随着经济社会发展而不断进步的一种居间公正行业。在旧中国自给

自足的农业手工业经济活动中，以"牙行"形式在货物交易中发挥议价功能，货物成色由买卖双方现场眼看手模来确定。到清朝康熙年间，随着我国与西方国家开放茶叶、瓷器、丝绸、香料、皮毛等贸易往来，广州十三个大的商号承担全国一口通商贸易，号称"十三行"，履行贸易货物的牙行职能。随着贸易的扩大，西方国家为了攫取中国财富，大肆向中国贩卖毒品鸦片，清政府奋起禁烟抵抗运动，爆发第一次鸦片战争，由于战争失败，中国沦为半殖民地半封建社会，外国公正行也进入中国开展验货，逐渐垄断了我国进出口检验验货市场。

　　1949 年 10 月 1 日，新中国宣告成立，废除了帝国主义列强强加给旧中国的不平等条约。中央人民政府接管了国民政府经济部商品检验局，归中央贸易部统一领导。1951 年公布了《商品检验暂行条例》，1952 年中央贸易部拆分设立商业部和对外贸易部，商品检验工作由外贸部管理，统一负责进出口商品和动植物检疫工作。1953 年，政务院在《商品检验暂行条例》基础上，制定了《输出输入商品检验暂行条例》，检验工作得到快速发展，1964 年，国务院将口岸植物检疫划归农业部管理。由于国民经济不断发展，商品检验工作在国际贸易中的作用日益凸现，"文化大革命"期间，商品检验工作秩序被破坏，1972 年商品检验机构恢复，1973 年改名"中华人民共和国对外贸易部商品检验管理局"。

　　党的十一届三中全会以后，中国走向对内搞活、对外开放的政策，进出口贸易逐年扩大，贸易商品多样化，贸易国别多元化，由此，检验检疫越来越重要，1980 年，国务院决定将各地商品检验局收归中央建制。同年，国务院决定将口岸动植物检疫工作划归农业部统一领导。1982 年，国务院批准成立国家动植物检疫总所，1995 年更名为国家动植物检疫局。1984 年 1 月 28 日，国务院发布了《中华人民共和国进出口商品检验条例》，1986 年 12 月，第六届全国人民代表大会第十八次常委会批准发布《国境卫生检疫法》。1988 年 5 月，国家卫生检疫总所成立，1995 年更名为国家卫生检疫局。1989 年 2 月 21 日，第七届全国人民代表大会第六次常委会批准发布了《中华人民共和国进出口商品检验法》，明确一切进出口商品必须经过检验，国家商检局统一监督管理全国商检工作，设立在各地的商检局负责本区域的进出口商品检验监督管理工作实行垂直管理体制。1991 年，第七届全国人民代表大会第二十二次常委会批准，发布《动植物检疫法》。1998 年 4 月，国务院机构改革，国家商检局、国家动植物检疫局和国家卫生检疫局合并成立国家出入境检验检疫局，其职能是原来三局的法定职责，主管全国出入境卫生检疫、动植物检疫和商品检验的行政执法。

2001 年 4 月，国务院决将国家质量技术监督局和国家出入境检验检疫局合并成立国家质量监督检验检疫总局。2018 年 4 月，国务院决定将国家工商行政管理总局、国家食品药品监督管理总局和国家质量监督检验检疫总局合并，成立国家市场监督管理总局，同时将出入境检验检疫职能和相应的机构人员整体转隶海关总署，国家市场监督管理总局负责对全国检验检测机构的资质认定和行政监管职能。

从新中国成立到 1978 年改革开放前，我国实施的是计划经济，生产性资料和日用商品均实行统购统销。这个阶段，大多数工业产品领域没有第三方检测机构，检验检测活动均在企业内部完成。20 世纪 50 年代初，国家先后在广州、武汉、沈阳、天津、福州等地设立了工业产品检验所（广州工业产品检验所于 1951 年成立，是新中国成立后第一家第三方产品质量检验机构），这些机构均隶属工业经济部门，主要职责是承担政府下达的专项检验检测任务，作为工厂开展产品质量检验的补充。同期，在某些专业领域设立了相应的质量（安全）检验机构，例如在锅炉和压力容器领域成立了隶属劳动部门的专业检验机构。此外，在纤维检验、船舶检验、药品检验、进出口商品检验等领域，国家也都设立了专业检验机构进行质量（安全）把关。在供销社和纺织部门，国家设立了第三方棉花公证检验部门，先后在一些棉花的主产销地区成立了专业棉花纤维检验机构，负责棉花的第三方公证检验，这种制度后来扩展到全国，成立了中国纤维检验局和各地纤维检验局（所）。可以看出，基于检验检测产业市场化的特征，检验检测机构在计划经济条件下缺乏市场反馈机制，只能隶属行政部门，通过行政部门根据生产需要进行设置。

二、萌芽期（1978—1984）

1978 年，党的十一届三中全会提出了改革开放的任务。在这个过程中，市场逐步开始繁荣，与此同时，假冒伪劣产品也开始出现。为打击假冒伪劣产品，提升产品质量，国家开始建立产品质量监督抽查制度。基于产品质量监督工作的需要，前期以主要大城市的工业产品检验所为基础，规划建设一批综合产品质量监督检验机构。同时，国家级产品质量监督检验测试中心也开始筹划建立。这个短暂的时期是第三方检测机构的萌芽期，一些制度的酝酿随着国家大政方针的调整而产生。

三、成长期（1985—2000）

1985 年是我国检验检测机构发展史上具有里程碑意义的一年，《标准化法》以及

《标准化法实施条例》《进出口商品检验法》及其《实施条例》、《国境卫生检疫法》及其《实施条例》、《进出境动植物检疫法》及其《实施细则》相继颁布实施，完善了我国全领域检验检测检疫管理工作。根据《标准化法》及《标准化法实施条例》的相关规定，县级以上标准化行政主管部门根据需要可以依法设置综合性产品质量监督检验检测机构。很多大中城市将之前设置的工业品检验所划归当时的技术监督局，在此基础上发展设立了综合性产品质量监督检验所。国家层面分三批规划设立了232家国家产品质检中心，省以下质监部门先后成立了1800多家综合性产品质量监督检验检测机构。这支隶属于质检部门的综合性产品质检机构逐渐成为我国产品质量监督、产品质量提升和相关产品质量鉴定的重要技术支撑。随着社会经济的快速发展，这些产品质量监督检验院在做好政府市场监管的技术支撑保障、积极开拓检验检测市场、在激烈的市场竞争中赢得市场份额方面取得了很好的发展，成为我国检验检测市场的一支生力军。与此同时，一些行业主管部门（如机械、电子、轻工、农业、化工、纺织、石油、煤炭、电力、国土资源、商贸、林业等）依托本行业科研院所，设置了本行业的检验检测机构。卫生、环保、公安、安全生产、住建系统等公共管理部门也按照国家、省、市、县（县级市）四级管理模式设置了专业检验检测机构。一些工程建设单位设立了主要服务于母体法人承建建设项目的工程检测实验室。1978年改革开放以来，我国进出口贸易逐步发展，国家进出口商品检验局进行机构改革，其分支机构由在主要货物集散地、进出口商品口岸扩展到全国各省、自治区和直辖市，负责进出口商品质量安全检验检测管理工作。到20世纪90年代末，我国以国有事业单位性质检验检测机构为主、以国有企业性质检验检测机构为辅的检验检测资源体系初步形成，全国取得检验检测认证的检验检测机构突破2万家。在这个成长期，第三方检测机构走上历史舞台并得到了蓬勃发展。

四、繁荣期（2001—2018）

进入21世纪，特别是我国加入世界贸易组织后，我国检验检测机构也随着国民经济和国际贸易的蓬勃发展走向快速发展轨道，成为国民经济高质量发展的重要保障和支持。2001年，国家决定将国家质量技术监督局和国家出入境检验检疫局合并，成立国家质量监督检验检疫总局，同时成立了国家认证认可监督管理委员会和国家标准化管理委员会。借助先发优势以及积淀下来的资源、技术优势，更是借助于我国经济的迅速腾飞和产品的极大丰富，原质检系统近2000家技术机构在这一时期取得了巨大的历史成就，并在与外资和民营机构的竞争中占据一定的优势地位。这一时期，外资检验检测机构开始进入中国市场，国际上著名检测认证机构如瑞士通用公证行、法国必维国际检验集团、英国天祥集团、德国 DEKRA 德凯集团等纷至沓来。这一时期的民营检验检测机构也发展迅猛，由初期的凤毛麟角，逐步占据半壁江山。2018 年，民营检验检测机构已经占总数量的 48.72%。这一阶段，我国检验检测市场空前繁荣，竞争也非常激烈，一个以国有（事业单位、国企）为主导、民营机构为重要参与者、外资机构为补充的第三方检验检测市场随着我国经济的快速发展而日渐成长、走向繁荣。

五、高质量发展期（2018—　）

2018 年 4 月，国家市场监督管理总局成立，将出入境检验检疫职责和机构转隶海关总署。根据国务院赋予市场监督管理总局（保留国家认证认可监督管理委员会和国家标准化管理委员会牌子）的职责，统一负责完善检验检测体系，推进检验检测市场化改革，规范检验检测市场。在有关检验检测工作方面，具体的职责定位是：拟定实施认可与检验检测监督管理制度；组织协调检验检测资源整合和改革工作；规划指导检验检测行业发展并协助查处认可与检验检测违法行为；组织参与认可与检验检测国际或区域性组织活动。2021 年 9 月，市场监督管理总局印发了《市场监管总局关于进一步深化改革促进检验检测行业做优做强的指导意见》（国市监检测发〔2021〕55号）。该文件的出台，代表着行政主管部门致力于引导检验检测机构向市场化、国际化、集约化、专业化、规范化的道路迈进。文件指出，要着力深化改革，推进检验检测机构市场化发展。按照政府职能转变和事业单位改革的要求，进一步理顺政府与市场的关系，积极推进事业单位性质检验检测机构的市场化改革。要围绕质量强国、制造强国，服务以国内大循环为主体、国内国际双循环相互促进的新发展格局，加快建设现代检验检测产业体系，推动检验检测服务业做优做强。这个文件的发布，既是对2001 年以来，尤其是 2018 年以来我国检验检测机构进入快速发展繁荣期的一个总结，也为今后我国检验检测产业的高质量发展描绘出蓝图、指引了前进的方向，标志着我国检验检测产业正式进入新发展阶段。

第三节　检验检测产业发展机遇与挑战

一、发展机遇

2020 年 10 月，党的十九届五中全会通过的《国民经济和社会发展第十四个五年规划和 2035 年远景目标纲要》以及党中央、国务院关于新时代完善社会主义市场经济体制、建设高标准市场体系行动、全面推进乡村振兴、做好碳达峰碳中和工作、建设全国统一大市场等一系列政策文件对认证认可检验检测工作提出了更全面的要求，这对检验检测行业来说是大有作为的战略机遇。

1. 我国碳达峰碳中和目标的提出，为检验检测在促进绿色发展上提供了机遇

中国政府宣布要在 2060 年实现碳中和，我国经济将开启绿色、低碳可持续发展的创新发展模式，未来检验检测产业在循环、可再生、回收再利用等领域发挥技术手段，并提供检测。在碳足迹碳核查等领域中，相关检验检测机构的真实可靠数据是碳核查机构开展相关工作的重要基础，有关检验检测机构可积极做些技术储备，在节能、环保、低碳、有机、碳汇等领域全过程全生命周期发挥作用，以应对检验检测业新一轮技术革命的挑战。

2. 我国经济由高速增长阶段向高质量发展阶段转型，为检验检测产业在提高产品和服务质量上提供了发展机遇

党的十九大报告指出，深化供给侧结构性改革，建设现代化经济体系，把提高供给侧结构性改革作为主攻方向，显著增强我国整体质量优势。产品和服务质量水平的提升是经济高质量发展的重要评价指标。与民生相关的产品质量最能反映出老百姓对高质量发展的感受。此外，消费品安全、网络安全也越来越引起全社会的关注，而这些都离不开检验检测的支撑保障。检验检测给产品出具的是"体检证"、给消费者提供的是"安全证"、给贸易双方提供的是"信用证"，助推产品和服务走向高端化、智能化、数字化、个性化，提升供给质量、提振消费信心，丰富质量的内涵。检验检测作为四大质量基础设施之一，在未来我国经济高质量发展中的作用越来越重要。

3. 党中央国务院关于开展质量提升行动、加快建设全国统一大市场的决策部署，为检验检测在促进产业转型升级方面发挥作用提供了机遇

《中共中央国务院关于开展质量提升行动的指导意见》指出，以提高发展质量和

效益为中心，将质量强国战略放在更加突出的位置，开展质量提升行动，全面提升产品、工程和服务质量。《中共中央国务院关于加快建设全国统一大市场的意见》指出，支持社会力量开展检验检测业务，探索推进计量区域中心、国家产品质量检验检测中心建设，推动认证结果跨行业跨区域互通互认。《市场监管总局关于进一步深化改革促进检验检测行业做优做强的指导意见》提出，检验检测机构要聚焦产业发展和民生需求，支持检验检测机构从提供单一检测服务向参与产品设计、研发、生产、使用全生命周期提供解决方案发展，引导检验检测机构开展质量基础设施"一站式"服务、实现"一体化"发展，为社会提供优质、高效、便捷的综合服务。鼓励检验检测机构与科研机构、计量技术机构、标准研究机构、认证认可机构等加强合作，充分发挥国家质量基础设施一体化服务功能，加强检验检测技术标准体系建设。组织开展检验检测助推产业优化升级行动，支持检验检测机构牵头组建高水平创新联合体，加快技术创新与产业化应用，推动检验检测产业与先进制造业、现代服务业、现代农业和产业集聚区协同创新、融合发展，引导检验检测服务业向专业化和价值链高端延伸。加快推进军民检验检测体系融合，促进军民检验检测资质互认，强化大型检测设备共享共用，更好服务国防建设和经济发展。

4. 世界经济全球化和逆全球化发展新变局，为检验检测在国际国内双循环发展中发挥作用提供了机遇

当前，不管是国内大循环，还是国内国际双循环，都存在不少堵点。检验检测的本质属性是传递信任，促进市场循环畅通。通过疏通内外循环堵点，能够更加彰显市场经济"信用证"、国际贸易"通行证"的功能作用。在畅通内循环方面，需要我们围绕建设全国统一大市场、建设高标准市场体系，需要加快构建通用互认的体系，推动社会各方广泛采信，消除区域和行业壁垒，降低市场交易成本，促进供需对接和产业链供应链贯通，充分发挥超大规模国内市场的优势；在畅通外循环方面，需要我们围绕实行高水平对外开放，深化国际合作互认，促进内外贸认证认可检验检测相衔接，消除国外贸易壁垒，提升贸易便利化水平，推进同线同标同质，促进国际供应链更加畅通，与国内产业链供应链深度融合，培育我国参与国际合作竞争新优势。

5.《"十四五"市场监管现代化规划》《认证认可检验检测发展"十四五"规划》为检验检测产业高质量发展提供了新的发展机遇

《"十四五"市场监管现代化规划》提出，构建现代化市场监管体系，完善国家质量基础设施，在优化营商环境、加强市场秩序综合治理、促进市场循环、服务高质量

发展、强化消费者权益保护等多方面，明确认证认可检验检测领域的工作措施。《认证认可检验检测发展"十四五"规划》提出，突出目标导向，聚焦"十四五"时期经济社会发展要求，全面提升认证认可检验检测服务构建新发展格局的能力水平；围绕"市场化、国际化、专业化、集约化、规范化"发展要求，加快构建统一管理、共同实施、权威公信、通用互认的认证认可检验检测体系，更好服务经济社会高质量发展。市场监督管理总局成立后，为贯彻党中央国务院关于加强基层治理体系和治理能力现代化的决策部署，加快建设现代化市场监管体系，持续促进基层改革创新，不断提升基层监管能力和水平，这些都为认证认可检验检测产业带来难得的发展机遇。

6. 应对新冠肺炎疫情、保障防疫物资质量安全，为检验检测产业发展带来新的机遇

自 2019 年年底出现新冠肺炎疫情以来，检验检测机构积极应对新冠肺炎疫情带来的影响，响应国家号召，积极做好"六稳""六保"工作。一方面，与疫情防护相关的防护产品质量把关离不开检验检测机构及时可靠的检测服务；另一方面，方舱医院建设、封控区人民生活保障物资供应，包括相关区域的消杀和环境检测，都离不开检验检测机构科学公正的检验检测数据保障。检验检测作为疫情防控重要的第三方技术类公共服务保障，在打赢疫情防控人民战争中发挥了不可替代的作用。

二、发展挑战

我国检验检测产业发展整体呈现高速健康发展态势，但随着国际国内政治经济局势的变化，我国检验检测产业发展遇到的问题和挑战也越来越多。

1. 检验检测市场准入制度需要加强法制化建设

我国目前对检验检测市场机构开展的资质认定起源于 1985 年颁布的《计量法》。根据《计量法》第 22 条的规定：为社会提供公证数据的产品质量检验机构，必须经省级以上人民政府计量行政部门对其计量检定、测试的能力和可靠性考核合格。1987年颁布的《计量法实施细则》第 32 条明确这样的考核制度为计量认证。2006 年 2 月，国家质量监督检验检疫总局颁发了《实验室和检查机构资质认定管理办法》，将依据《计量法》实施的计量认证制度和依据《标准化法》实施的审查认可（CAL）制度合并，统称为资质认定制度，当时，全国取得资质认定（计量认证）的机构有 2 万多家。

2. 资质认定制度实施需要进一步统一规范

目前，在制度设计上，资质认定分两级实施：国家级和省级。但近年来，很多省级政府将资质认定以行政委托方式下放给地市一级甚至下放到区县一级，有的是全部

下放，有的是将机动车安检机构资质认定下放，这就带来一个资质认定制度需要进一步统一规范的问题。不仅是因为有的地区下放、有的没有下放，还因为具体操作、执行的范围和标准存在差异。例如罐车、防雷避雷装置、辐射防护、室内空气检测等项目申请资质认定，有的地方受理、有的地方不受理。作为国家依法实施的一项行政许可，各地做法不一，给这项行政许可的实行带来不利影响。

3. 检验检测机构"小散弱"问题

根据市场监督管理总局的统计，截至 2021 年年底，我国检验检测市场从业机构约 5.2 万家，从业人员 151 万人，平均每家机构不到 30 人。机构平均产出（营收）781.77 万元，人均产出（营收）26.88 万。人数在 10 人以下的微型机构接近行业机构总数 20%，人数在 10~100 人的小型机构占比接近 78%（两个指标合计，小型微型机构占比 96.31%，也就是说，5 万多家检验检测机构中绝大多数属于人员不足 100 的小型、微型机构）。73.15% 的机构服务半径不出本省（自治区、直辖市）。虽然中国检验检测机构呈现出集约化发展的趋势，但行业整体"小散弱"的格局没有发生根本性的改变，制约了中国检验检测行业的发展以及竞争力的提升。

4. 检验检测机构自身发展面临的挑战

在市场准入和监管方面，目前我国检验检测认证市场的导向是宽进严管，检验检测机构资质认定自 2021 年开始全面推行告知承诺制，调整了检验检测市场准入要求，即申请机构可以通过自我声明符合要求来取得资质认定证书。一些业内人士担心，这样的放宽检验检测市场准入会给检验检测市场带来风险隐患。一些非专业人士投资几百万就成立一家第三方检验检测实验室，这其中鱼龙混杂，有些靠低价竞争冲击着正常的检验检测市场。

在行业竞争方面，我国检验检测市场价格竞争到了白热化，一些机构投标报价有的已经低于正常成本。这种不正当竞争行为严重扰乱了检测市场秩序，价格降低必然带来服务相抵、成本压降，传递到检测流程、规程和耗材的不规范，导致检测质量降低、违规行为难以避免。

在仪器设备国产化率方面，随着科学技术的不断发展，一般产品检验检测领域检验检测设备的国产化率不断加快。但在一些专业领域，国产设备的精确性、安全性、耐用性、品牌力度等方面与国外设备相比仍有一定差距，要与国际知名品牌机构对标比肩，很多仪器还需要进口，如食品和化学领域必须用到的气相色谱、高效液相色谱、气质联用等高精尖分析仪器设备，目前大多还是信赖进口品牌。

在人员方面，现在各检验检测机构普遍出现人才稀缺。优秀的检验检测管理人才抢手，众多头部检验检测机构对优秀管理人才求贤若渴。一线的专业检验检测岗位熟练员工也是机构争抢的对象。人员方面的另一个挑战来自劳动力成本的上涨。检验检测既是高技术服务业，也属于生产性服务业，在很多领域，检验检测机构实际成为人员（劳动）密集型企业，劳动力成本逐年上涨，作为超一线城市如北京、上海、广州、深圳的检验检测机构，人力成本更是占据企业成本的很大比例，给检验检测机构的生存和发展带来巨大压力。

在检验检测标准和方法方面，一是很多标准中缺乏关键限量指标和安全要素的强制性标准，以及相关技术法律法规。二是国内的标准与国际通用的标准存在部分差异，考核指标大多低于国际标准，因此很难及时适应国际上的产品质量要求，一定程度上影响了我国产品的出口，制约了企业的发展。三是目前一些产品标准存在多头归口、部分标准存在标准重叠、内容交叉重复的矛盾，造成标准执行困难和偏差。一些团体标准、企业标准规避质量敏感内容。四是缺乏产品功能性、前沿性技术标准和相关检测方法。五是国产与进口标准物质之间的差异缺乏权威验证，经常出现同一个检测项目因采用标准物质的差异，国家标准、行业标准的检测结果与国际标准之间出现明显差异。

第四章

检验检测技术体系

第一节　技术体系

一、技术体系

1978 年，钱学森首次提出了科学技术体系学这个分支学科。基于科学技术体系这一概念，我们可以把检验检测产业各项技术纳入一个技术体系，即检验检测科学技术体系去考虑。检验检测科学技术体系要满足一般性技术体系的要求，同时具备检验检测的特殊性。只有建立一个检验检测科学技术体系框架，才能开展科学、系统的检验检测科学技术分析，这样才能描绘出检验检测产业技术路线图。

一般情况下，我们把从工程学或工艺学角度出发，与同一类自然规律及改造自然规律有关的相互联系的技术整体称为技术系统。技术不仅具有自然属性，还具有社会属性，因此技术之间的联系不可能仅仅是按自然规律建立起来的，我们需要从自然规律和社会条件两方面出发考察技术之间的关系，并把各种技术在自然规律和社会因素共同制约下形成的具有特定结构和功能的技术系统称为科学技术体系。检验检测科学技术体系是相关科学技术在社会中交叉现实存在的方式，它超出了单一工程学或工艺学的范围，把技术之间的联系同时放到社会条件下加以考察。所以，检验检测科学技术体系与一国的资源条件、生态环境、生产水平、文化传统、教育体制、管理能力密切相关，是社会大系统中的子系统，而不仅仅是技术的叠加和组合。检验检测科学技术体系包括技术基础、技术机构、关键技术、人才队伍、支撑条件五大部分。

科技基础是指检验检测科技所依靠的基础理论、底层技术和关联技术。比如，霍尔效应的发现，可以制作开关传感器及线性传感器，可以实现对于复杂电磁环境下的变频电量的精确测量，这是底层物理学对检验检测技术的基础作用。又如，物联网技术的发展，使在线测量成为可能，这是信息化等关联技术对检验检测技术的基础作用。

技术机构是使用、创造检验检测技术的核心组织。技术机构处于检验检测市场最前沿，只有通过技术机构，才能充分把客户市场需求、检验检测最新技术、检验检测设备等实现有效连接，持续推动检验检测技术进步。

关键技术是检验检测技术体系的主体组成。成熟稳定的各项检验检测关键技术构成了检验检测技术体系的主要内容。分析这些关键技术，预测关键技术发展，是检验检测产业技术路线图最主要的工作内容。

人才队伍是检验检测技术体系的重要组成。人是技术发展最宝贵的资源，也是最关键的要素。只有充分调动人的积极性，建立合理的人才培养机制，检验检测技术才会形成良性发展的局面。

支撑条件是检验检测技术体系得以完善，实现可持续发展的外部条件。正如前面所述，技术体系是社会大系统中的子系统，而不仅仅是技术的叠加和组合。技术体系的发展需要良好的政策环境、需要全社会创新意识的提升、需要资本的介入、需要知识产权等制度的保护，所有技术体系的外部环境都是技术体系的有机组成部分，为技术体系发展提供支撑条件。

二、检验检测技术体系的内涵

检验检测技术体系是综合检验检测的法制、组织、机制、环境等资源，相互作用、相互补充、分工协作、螺旋上升的多维复杂系统。技术体系紧密围绕质量强国这一基本目标，支撑和引领促进质量发展、保障质量安全两大基本职能，以法律制度、组织机构、人才队伍为三大基本保障，以技术标准、技术规范、技术方法、技术装备和信息资源综合集成运用为五大基本技术手段。技术体系具有鲜明的时代性、系统性、科学性和改革发展特征。

1. 一个基本目标：质量强国

注重质量、追求品质是民族发展的原动力，也是兴国之道、强国之策。质量反映一个国家的综合实力，是企业和产业核心竞争力的体现，也是国家文明程度的体现；既是科技创新、资源配置、劳动者素质等因素的集成，又是法治环境、文化教育、诚信建设等方面的综合反映。质量问题是经济社会发展的战略问题，关系可持续发展、人民群众切身利益和国家形象。检验检测技术体系的全部内容始终围绕质量强国战略，始终服务于国家高质量发展。

2. 两个基本任务：质量发展、质量安全

质量发展与质量安全是国家宏观质量管理的核心内容。发展是安全的基础，安全是发展的条件。促进质量发展，不仅是全面提高产品质量、工程质量、服务质量、环境质量，还包括法治环境、管理和服务、人才素质、质量文化等软实力的提升和进步，进而提高经济和社会发展的效能。保障质量安全，就是要聚焦关系消费者和安全的消费品安全、聚焦特种设备安全、聚焦食品药品安全。同时，在高质量发展阶段，环境保护、身体健康、建筑交通、公共安全等领域也可以列入大质量范畴，属于质量安全的领域。检验检测技术体系正是以技术为依托，通过原始创新、集成创新或引进、消化再创新，实现质量发展和质量安全目标，促进高质量发展。

3. 三大基本保障：法律制度、组织机构、人才队伍

法律、法规和规章制度是检验检测技术体系的基石和土壤，是检验检测技术发展的制度性、阶段性集成，为检验检测技术体系改革发展提供根本制度保障。第三方检测机构是技术体系的重要构成要素，是技术体系建设的主体和改革发展的平台依托，为技术体系改革发展提供可靠的组织基础。广大检验检测技术人才是技术体系建设的关键，技术体系的发展完善从根本上必须依靠技术人才，人才队伍为技术体系的改革发展提供强大、稳定的智力支持和人才资源。

4. 五大技术手段：技术标准、技术规范、技术方法、技术装备、信息资源

技术标准是为了在一定的范围内获得最佳秩序，经协商一致制定并由公认机构批准，共同使用和重复使用的一种规范性技术文件，主要规定产品、过程应满足的技术要求。技术规范是规定产品、过程或服务应满足技术要求的文件，是技术方法中涉及设备工序、执行工艺过程以及产品、劳动、服务质量要求等方面的可靠准则。技术方法是基于物理、化学和生物基本原理，实施技术操作过程中的步骤以完成设定的技术目标，是推动经济社会可持续发展和提高质量发展总体水平的科学工具。技术装备是实施技术方法的基础保障，科学仪器设备是测试方法和测试技术的物化，是检验检测工作最重要的要素。信息资源是检验检测信息化活动中各种要素的总称，包括信息、信息技术、信息生产者三大要素。五大技术手段是检验检测技术体系发展的成果集成，五大技术手段信息共享、集成发展，保障着检验检测结果的公正可靠。

第二节 检验检测技术体系组成要素

一、技术基础

检验检测指对产品、服务、管理体系等是否符合标准、技术规范、强制性要求的技术评定活动。检验检测技术围绕品质优良程度评定、技术性能指标测试、风险控制，以化学、物理学、生物学、统计学和信息学技术为基础，研制专用检测设备、建立检测方法、制定相关标准，通过不断扩大检测范围、提高检测精度、拓展检测领域、完善方法标准体系，保障国家各类产品研发、产业发展、商业贸易、市场消费和社会运行，维护人民健康、农林和生态环境安全、工业生产安全和社会公共安全，促进国际贸易和交往。

二、技术机构

1.公益性政府实验室

主要为政府行政执法、出台政策法规、对社会化实验室监管、重大国计民生产品检验以及解决市场失灵等方面提供技术支持。包括：①国家级检验检测检疫技术机构，主要是设立在各行业部门，从事食品和产品安全、检验、检疫、特种设备安全等公益性检验检测检疫技术研究的机构，如中国检验检疫科学研究院、中国特种设备检测研究院的政府实验室；②地方检验检测检疫技术机构，主要是设置在各省、自治区、直辖市和各地区、各口岸，从事本地区公益性检验检测检疫技术工作的机构。

2.经营性社会检验检测机构

主要是为市场提供社会化的检验检测认证服务，承担除公益性政府检验检测机构业务以外的检验检测机构，分为非营利性和营利性检验检测机构两类。包括：①具有国际竞争力的大型综合性检验检测机构，如中国检验认证（集团）有限公司；②具有行业领先能力的专业检验检测机构，在某一个专业领域成为国内社会化检验检测业务的重要提供者；③地区性检验检测机构，以省或地区为主要业务范围开展综合性社会化检验检测服务。

三、关键技术

从共性技术上，检验检测主要包括以下技术领域。

1）测试技术。主要包括物理学测试技术、化学测试技术和生物医学测试技术及分析科学技术。

2）有效性及安全性评价技术。主要包括产品功能有效性、失效不安全性及质量安全措施有效性等评估技术。

3）质量与安全控制技术。主要包括风险监测技术、风险预警和应急处置技术、产品追溯技术以及射频及条码自动识别技术、防伪技术、危害控制技术、质量管理技术等质量安全保障技术。

从业务与产品对象上，检验检测检疫主要包括以下方向。

1）食品安全监管和品质鉴定技术。针对食品生产、加工、流通、销售环节中安全风险早发现、早研判、早处置的要求，建立健全食品安全风险信息分析、风险监测、风险预警、溯源控制体系，针对食品贸易中品质鉴定要求，研究检验检测与装备、应急保障关键技术与相应标准化体系。

2）农产品质量检测技术。针对农产品实施从"田头到餐桌"的全过程监管要求，研制现代化的农兽药残留检测与农产品品质鉴定的方法和仪器设备，建立与国际接轨的农产品质量安全检验检测和溯源控制体系。

3）医药产品质量检测技术。为有效保证药品质量、保障人民的用药安全、研究和检测药物的性状、鉴别真伪、检查药物的纯度与安全性指标，以及测定药物组合含量提供科学依据。

4）环境质量检测技术。为准确、及时、全面反映环境质量现状及发展趋势，对水环境、气环境、声环境进行质量监测，为环境管理、污染源控制、环境规划等提供科学依据。

5）消费品安全检测技术。针对婴童用品、纺织品、皮革和鞋类、家用电器、家具、汽车、珠宝首饰等消费品安全监管工作，完善消费品中化学危害、物理危害和生物危害的检测和评估方法技术体系，建立健全国内消费品安全信息收集、监督抽查、源头追溯、风险监测、风险预警、应急保障等关键技术和相应标准化体系，全面提高消费品安全监管能力。

6）工业品检测技术。针对石油燃气、工业材料、矿产品、化工产品、电器产品、仪器仪表、特种设备等工业品质量性能和安全指标的检测需求，完善高危害物质识别和检测方法、结构安全测试方法，可靠性测试的技术体系。

7）建设工程质量检测技术。针对建设工程质量特性检测需求，完善建设工程的材料、构配件、设备，以及工程实体质量、使用功能等检测方法和设备，加强地基基础工程检测、主体结构工程现场检测、建筑幕墙工程检测、钢结构工程检测能力建设。

8）缺陷产品召回监管技术。针对缺陷产品召回监管工作，建立和完善缺陷信息分析、缺陷调查、缺陷认定、风险评估、召回效果评估等关键技术与相应标准化体系，推进和完善国家车辆事故深度调查体系和国家产品伤害调查体系，加强产品缺陷工程分析实验检测能力建设。

9）电子电器质量安全保障技术。针对产品质量安全保障的技术需求，完善电子电器产品安全、射频及条码自动识别技术、防伪技术、电子信息安全检测技术、产品缺陷分析研判与风险评估技术、地理标志产品检测技术、质量诚信体系建设支撑技术、基于顾客评价的服务质量评价技术、品牌价值测算等技术体系。

10）特种设备安全与节能技术。针对特种设备安全与节能的技术需求，完善特种设备结构分析水平、材料分析和性能测试技术、基于动态风险的设备安全运行评估技术、国家油气管道生命线工程的智能检测与寿命评估技术、电梯、气瓶等民生设备的实时物联监控与状态诊断技术、特种设备节能检测与评价技术、特种设备事故的应急及高效处置技术等特种设备安全与节能技术。

四、人才队伍

技术人才是技术体系的重要组成部分，检验检测技术人才队伍主要分为科学研究人员和工程技术人员两大类。科学研究人员主要是指开展检验检测方法研究、设备研制等基础科学技术研究人员。工程技术人员是指使用相应的检验检测仪器设备和技术方法对产品质量等进行检验、检测和鉴定，并出具检验报告的专业技术人员。

第三节　检验检测技术体系特性

一、基础性

国家质量基础设施（National Quality Infrastructure，NQI）是联合国工业发展组织

（UNIDO）、国际标准化组织（ISO）在总结质量领域 100 多年实践经验基础上提出的概念。它是指一个国家建立和执行计量、标准、检验检测、认证认可等所需的质量体制框架的统称。计量是标准和合格评定的基准；标准是检验检测、认证认可的依据，是推动计量溯源水平提升和标准实施的重要手段。简单地说，计量解决准确测量的问题，质量中的量值要求由标准统一规范，标准执行得如何就需要通过检验检测和认证认可来判定。我国转入高质量发展阶段，检验检测在判定质量方面的作用将更加凸显和基础。"只有测得出，才能造得出；只有测得准，才能造得精"，检验检测技术的基础性就在于它是质量形成的基础，而质量是制造业、服务业等产业的基本要求。《中国制造 2025》提出核心基础零部件和元器件、先进基础工艺、关键基础材料、产业技术基础（简称"四基"），这是工业的基础能力。"四基"是工业整体素质和核心竞争力的体现，它也是数字化、网络化、智能化的基石，是工业高质量发展的支撑。

二、融合性

从检验检测技术来看，没有孤立的检验检测技术。检验检测与其检验检测的对象是密不可分、互相作用的，是一种融合关系。著名科学家门捷列夫曾说："没有测量，就没有科学。"哥白尼的天体运行学说、牛顿的万有引力定律乃至爱因斯坦的相对论都是在精密测量的基础上得到验证，科学理论的突破同样促进了检验检测技术的发展。进入 21 世纪以来，新一轮科技革命和产业变革正在孕育兴起，全球科技创新呈现出新的发展态势和特征。信息技术、生物技术、新材料技术、新能源技术广泛渗透，带动几乎所有领域发生了以绿色、智能、泛在为特征的群体性技术革命，技术更新和成果转化更加快捷，产业更新换代不断加快，更加迫切需要检验检测技术的支撑和引领。同样，新一轮科技革命和产业变革必将带来检验检测技术的深层次革命。

三、广泛性

检验检测技术广泛性体现在两个方面，一方面是检验检测的对象越来越广泛。人类的发展历史就是把客观世界逐步数字化的过程。产品的性能、服务的好坏、安全的等级、危害的大小等都需要用指标来衡量，而指标的获得，就需要检验检测。随着人类活动领域的拓展和技术进步，检验检测的对象越来越多，尺度范围越来越广。以前检不了的，现在检得出；以前检不准的，现在检得精；以前测不快的，现在检得快。另一方面，检验检测机构从提供单一检测服务向参与产品设计、研发、生产、使用全生命周期提供解决方案发展。检验检测从最初的质量判断的一种手段，全方位介入到产品质量形成的全过程，甚至是产品形成的全过程。

第四节　检验检测技术体系现状与挑战

一、发展现状

从发展阶段看，检验检测技术体系可以分为能力提升、转型发展、创新引领三个阶段，目前整体判断，检验检测技术体系尚处于转型发展阶段。在能力提升阶段，技术体系体现出问题驱动特征，技术研发、技术机构建设始终被动应对，形成分领域性技术解决方案，对理论进行验证、对制度进行完善，但顶层设计不足，交叉融合不够。在转型发展阶段，技术体系更加注重顶层设计和目标导向的有效结合。通过理论研究的深度和制度环境的优化，着力推动跨部门、跨领域、跨行业的关键共性技术研究和成熟先进适用技术应用，促进技术革新，推进技术体系转型发展。在创新引领阶段，技术体系更加凸显价值导向，随着质量治理体系和治理制度更加现代化，技术体系对创新管理和服务模式的价值更大，通过技术引导政府、企业和公众实现共同质量价值判断，形成质量共治局面，支撑引领高质量发展的作用更加明显。当前，我国检验检测技术体系总体处于转型发展阶段，但由于地域差别、专业领域及市场化程度不一等原因，中西部大部分地区仍处于能力提升阶段，东部个别区域已跃升至创新引领初级阶段。

二、面临挑战

无论是技术水平，还是技术机构，乃至人才队伍，现有检验检测技术体系与国际先进水平的差距明显：在体制机制上，市场主导、政府引导督导的技术体系管理体制和运行机制尚未形成，市场机制和社会力量的作用未能充分发挥。在技术水平上，国际领先且具有自主知识产权的现代前沿测量技术仍很缺乏。检验检测基础理论、自动化装备、数据整合共享、极限条件下检验检测技术与国际先进水平存在不小差距。特种设备在极限工况下（高压、高/低温、强腐蚀等工况）的材料性能测试、检测与评价方法与国际先进技术也存在不小差距，电站用超临界锅炉材料的持久极限及损伤检测及评价、多种损伤机理的耦合作用的安全评价等技术尚处起步阶段。在国产设备研发方面，我国检验检测行业 10 万元以上现场检测设备 99% 以上是国外进口设备，高低温等极端环境下的检测几乎全部采用国外技术和设备。在技术机构建设上，检验检测认证机构布局结构分散，规模普遍较小，检测能力同质化现象严重，技术研发能力不足，缺乏市场竞争力。在人才队伍上，有国际影响力的技术领军人才、高端复合型人才严重缺乏，能够引领国际、国内科研方向的技术团队不多，技术人员区域分布不均。

第五节　检验检测技术体系发展趋势

一、检验检测技术发展方向

检测需求呈现多样化、早期化和微量化特征。从行业发展对检验检测的需求来看，随着对节能环保和民生等公益性领域的需求日益提高，检验检测技术也从早先的产品质量安全管控扩展到关注节能环保、新能源等"绿色"检测领域。为突破复杂对象和极端条件等检验检测技术瓶颈，目前各种基于微物理量（如弱声、弱光、弱电、弱磁、微温差、微振动等）探测的传感技术、早期质量缺陷的精确测量与表征技术、精确质量数靶标监控技术、原位电离技术快速发展。

检测技术向精确、快速、在线、智能、高通量、非定向发展。国民经济发展、贸易全球化，特别是新材料、新产品、新业态和商业模式不断涌现，为检验检测带来了前所未有的挑战，提出了快速、准确、早期检测和精确可靠评价的需求，而作为检验检测技术重要载体的检测设备向专业化、便携式、多功能集成的方向发展。

检验评价向质量演化、寿命控制、定量可靠方向发展。随着检测准确性和实时性的提高，质量演化规律和传递路径的明晰，质量失控后果被社会广泛关注，基于使用过程、使用场景和质量失控后果的质量验证评价、寿命控制技术向高准确度化和高可靠性方向发展，成为检验评价的总体趋势。

二、检验检测产业发展的"五化"要求

国家市场监督管理总局成立以后，在总结认证认可检验检测发展历史经验的基础

上，明确提出"市场化、国际化、专业化、集约化、规范化"的发展思路。未来我国检验检测市场（产业）将沿着"五化"发展道路，在"政府规范、行业自律、社会监督"框架下，健康有序、优胜劣汰、高质量发展。

1. 市场化方面

在国家市场监督管理总局积极引领和各级地方政府大力支持下，检验检测市场化改革取得了一定成效。今后，将通过"典型引路"、成功示范，引导更多地方更多机构积极采取市场化改革措施，减少政府部门对市场的直接干预，发挥规划引导、政策激励、行业服务等作用，引导从业机构遵循市场运行规律，加快自主发展，做强做优，提高市场竞争能力。同时，深化资质认定改革，通过引入自我申明进一步激化市场活力，通过明确资质认定目录、实施权利清单管理，进一步统一思想，做到全国上下一盘棋，政令畅通。

2. 国际化方面

我国检验检测机构国际化发展道路刚刚起步，未来在走出国门、创出世界品牌、走国际化发展道路上还需要时间和空间。国家市场监督管理总局发文指出，围绕完善内外贸一体化调控体系，促进检验检测内外相衔接，建设更高水平开放型经济新体制，以拓展多双边合作机制、推动检验检测数据与结果国际互认为重点，积极参与国际规则和标准制定，加强国际相关制度、标准和技术的跟踪研究。支持国内机构拓展国际业务，鼓励检验检测机构在境外设立分支机构、办事处，通过合资、并购等方式加强海外布局。鼓励检验检测机构开展"一带一路"国家和地区的技术培训、实验室共建、实验室间比对、质量管理体系建设等业务，深化务实合作，促进共同发展。

3. 专业化发展方面

检验检测是以技术为手段、以能力为保证的高技术服务业。与产业高端化、智能化、数字化发展趋势相比，我国检验检测机构在专业能力上还有诸多不适应的地方。比如，一些检验检测领域存在"检不了，检不快，检不准"的问题，国产检测仪器设备还面临"卡脖子"的现象。需要加快提升专业化服务能力，推动行业做优做强。在专业能力上，积极引导从业机构聚焦主业做专做精，以市场需求为导向提升创新研发能力。形成核心竞争力，尤其要支持中小机构走"专精特新"发展之路，聚焦专业领域深耕细作，成为专业细分领域的"隐性冠军"。在管理能力上，积极引导从业机构建立健全内部管控体系，加强管理诊断，以问题为导向提高方案策划、资源管理、质量控制等综合管理水平，补足管理短板。

4. 集约化发展方面

集约化是提高市场资源配置效率的必然要求。为解决我国检验检测机构"小散弱"的问题，国家市场监督管理总局不断通过政策引导、典型引路、示范带动等方式积极倡导检验检测机构的并购、重组、集团化发展。在资质认定政策方面，发文规定，对于集团化运作的检验检测机构，其多地点的实验，质量体系和管理与总部一体化运作的，可以与总部一并进行资质认定，证书附表按照多场所分列。对于辽宁、山西、内蒙古、江西、湖南、北京等省级地方政府和山东、湖北等省的一些地市一级地方政府进行的针对检验检测机构集约化改革试点，即将隶属于多个部门的检验检测机构进行集约化改组，组建统一的检验及检测中心的做法予以肯定和支持，并鼓励这些地方进一步深化改革，条件成熟时，继续进行企业化改制，走集约化和市场化发展道路。通过优化市场资源配置机制、资本运作和业务重组，实现强强联合、优势互补，特别是一些业务关联或者互补、资质条件相通的机构，在市场和政府两方面推动下，实现联合重组，组建相关领域的检验检测集团，进而打造民族检验检测机构品牌。

5. 规范化发展方面

国家市场监督管理总局成立以来，在监管上持续发力，坚决整治行业乱象，初步形成了行业持续向好的发展态势。累计检查检验检测机构6.4万家次，查处违法违规案件1.1万起，撤销、注销1043家检验检测机构资质。其中，2021年全国共检查检验检测机构1.93万家次，查处违法违规案件4620起，注销、撤销167家检验检测机构资质。尽管国家市场监督管理总局对虚假报告零容忍，每年都采取严厉监管措施，但个别检验检测机构越红线出虚假报告的行为仍然时有发生。近年来，随着网购的兴起，网上售卖（伪造的）假报告行为也显露泛滥苗头。这一方面是检验检测行业市场竞争激烈，很多领域同质化竞争、低价恶性竞争所导致；另一方面是行政监管一般力度不如刑事追责力度大，机构（个人）违法成本低，监管问题始终突出。如何引领行业规范发展，如何提高监管的有效性，国家市场监督管理总局不断在寻找新的思路、更实的举措。主要思路是从过去主要靠行政执法、专项整治这些治标手段，从业机构合规经营这些底线要求上向信用监管、智慧监管方面发力。

三、加快检验检测仪器设备自主研发力度

检验检测仪器设备包括各类高端测量仪器、分析仪器、成像仪器、诊疗仪器和各

类实验仪器等。在帮助工业生产"把关"的同时，检验检测仪器设备也是科学研究的有力工具。纵观各国科技发展历史不难发现，科技强国一定是基础研究强国，基础研究强国一定是测量与仪器强国。大多数现代科学发现和基础研究突破都是借助先进的精密测量方法和尖端测量仪器实现的。《市场监管总局关于进一步深化改革促进检验检测行业做优做强的指导意见》中鼓励检验检测机构参与检验检测仪器设备、试剂耗材、标准物质的设计研发，加强对检测方法、技术规范、仪器设备、服务模式、标识品牌等方面的知识产权保护，建立国产仪器设备"进口替代"验证评价体系，推动仪器设备质量提升和"进口替代"。中国检验检测学会 2021 年牵头调研撰写的《科技工作者建议》(第 34 期)，对推进高端仪器设备国产化进程提出了建议，得到了上级机关高度重视，发挥了科技工作者建言献策的积极作用。

第五章

路线分析与路线图绘制

第一节　路线总体目标与路径

一、市场需求分析

整个市场对检验检测技术的需求，归纳起来有三个方面。

1. 检得出

在科学前沿和我国优势产业领域，要着重解决检得出的问题。"现代热力学之父"开尔文有一条著名结论："只有测量出来，才能制造出来。"人类科学研究的革命和工业制造的迭代升级都离不开测量技术的精进。在当代科技和工业领域，高水平的精密测量技术和精密仪器制造能力是一个国家科学研究和整体工业领先程度的重要指标，更是发展高端制造业的必备条件。检得出是检验检测技术的源头和制高点，是指研发出检验检测开创性方法，主要包括两个方面：一个方面是针对新产品的各项性能指标，要研发出新的检测方法，给予这些性能指标以数字。这个检测方法是集成了检测基础理论、检测设备、检测试剂的综合性创新。另一个方面是在新产品设计阶段，制定新产品的性能指标并配套研发检测方法，某种意义上，这种检验检测技术更有前瞻性，制约着新产品的制造，类似进入"无人区"，是绝对意义上的创新。

2. 检得准

这方面的需求主要是解决与国际领先水平并跑的问题。在与国际先进检验检测技术相比精度不够的领域，需要提高检测的精准度。多样化、早期化和微量化检测的研究工作刚刚起步，与国际先进水平相比仍有较大差距，如面向基础设施、节能环保、消费者保护等重点民生领域缺乏精确微量检测和评价技术。需要突破复杂对象和极端条件等检验检测技术瓶颈，满足要求多样化、早期化和微量化的检测监测技术瓶颈。

3.检得快

这方面的需求主要是解决人民日益增长的美好生活需要问题。精确、快速、在线、智能、高通量、非定向的检测还有不少核心技术存在空白，支撑各行业质量控制的检测技术覆盖率低，如质量缺陷的三维重构检测技术、高端核心集成电路和核心基础元器件检测技术、多目标一体化的快速检测、智慧化和网络化的检验检测监测等核心瓶颈技术还有待突破。要攻克预知、非定向、多目标等关键检测技术，提高现场快速、智能识别、智慧检测、定量可视检测监测能力。

二、研发需求

1.开展基础公益检验检测技术

研究面向基础材料、新产品、新工艺、新装备的跨行业通用检验检测技术；针对复杂对象和极端条件等检验检测技术新需求，开展基础设施、节能环保、消费者保护、安全等社会公益性领域的要求多样化、早期化和微量化的检测监测技术和评价技术研究，提升社会公益性检验检测技术水平。

1）跨行业基础通用在线智能检测监测方法研究。针对多个行业质量控制所需的多种通用、实时在线、高精度检测监测技术需求，重点开展基于声、光、电磁等方面的通用无损检测技术研究、基于微损伤的检测技术研究，以及检测的自动化、智能化技术研究，为多个行业检测技术的提升提供支撑。

2）节能环保领域重要检测技术。研究工业用能设备设施、民生用能产品、建筑用能系统和电力驱动承载设备的能效检测与评价关键技术；研究环保产品高精度节约效率、处理效率和承载效率检测关键技术；研究大宗消费品的生命周期环境友好性检测及足迹分析关键技术。

3）支撑消费者保护的关键检测技术。针对重要消费品、工业用品中的健康、安全、环保关键指标检测和安全质量评价需求，研究非常规添加物和化学污染物非定向、快速检测技术，有害物质的痕量、高通量检测技术，以及挥发性有机化合物动态释放的实时检测技术及评价模型；研究药品质量生产过程控制关键技术。

4）重大民生基础设施检验检测技术。针对交通、居住、文化体育、娱乐健身等社会公共基础设施，开展服役过程的质量控制和检测监测研究，研究重大民生基础设施、机电类民生设施和重要建筑设施的状态检测监测、质量性能评价和完整性评价技术。

5）支撑技术性贸易措施检验检测技术。研究大宗产品多靶标非定向筛查技术，现场快速无损检测技术，毒理学和替代新技术，原产地溯源及掺假识别技术，检测新材料、新技术及装置；地理标志产品特征数据库及识别技术，特色农产品质量监测筛查、品质及多因素综合评估技术，技术性贸易措施解析与反解析技术，天然产品及药食同源产品检测评估技术，化学品快速检测、免疫毒性及内分泌干扰评估技术。

2. 开展重要产业检验检测技术研究

针对生物、信息、新能源、新材料、高端装备等产业以及国际贸易质量提升的需求，研究预知、非定向、多目标检测和质量定量可靠评价控制技术，填补重要产业领域核心检验检测和评价技术空白。

1）重要工业设备完整性检测监测与性能表征技术。研究重要工业设备的基础材料和焊接性能表征技术，静态结构和动设备的检验检测和在线监测技术，建造、在用过程和超期服役设备的质量评价技术；研究重要埋地工业装备、新型可燃能源储运设备等新兴工业装备的检验检测技术；形成重点工业设备的质量评价及预警云平台。

2）生物产业检测控制技术。研究生物制品检测前处理技术、快速高通量检测和安全评价技术、蛋白组学、工程生物及其产品风险因子识别溯源技术、生物产品真伪鉴定技术、重要生物产品危害因子无害化处理和再利用新技术、大宗贸易产品生物风险监测与控制技术，研究检测监测和控制所需的试剂、装置等，为生物产业发展提供技术支撑。

3）新能源、新材料产业关键检测技术。研究太阳能、风能、氢能、液化天然气等新能源关键装备检测监测技术；研究光伏系统及平衡部件等新型储能产品检测关键技术；研究石墨烯、新兴磁性材料及器件等材料的高效检测、可靠性评估、性能衰减及自动化检测技术；基于可塑无机有机纳米材料危害因子检测新技术；新型功能产品检测技术。

4）新一代信息技术产业关键检测技术。研究信息安全检测类产品检测技术、网络空间安全风险评价产品检测技术；研究物联网射频识别自主空口 RFID 及智能语音产品符合性测试技术；研究云计算产品符合性测试技术；研究大数据通用导入接口标准符合性测试技术和数据质量重要指标的检测技术；研究国产自主高端核心集成电路检测技术、射频识别芯片等高性能战略性核心基础元器件检测技术；研究柔性显示等新型显示检测技术及关键检测装置；研究智能化装备嵌入式系统的检测技术；开展可穿戴智能产品的可靠性测试、失效分析技术及电磁和化学安全性研究。

第二节　仪器仪表技术路线分析与路线图绘制

一、市场需求分析

（一）我国仪器仪表行业发展现状

在检测行业产业链中，上游是检测仪器设备制造，中下游是检测及其相关延伸服务。近年来，我国检测服务业规模快速扩张，2019 年我国共有检验检测机构 44007 家，实现营业收入 3225.1 亿元，同比增长 14.8%，下游的业务扩张为检测仪器设备产业发展提供了广阔的市场空间。国家市场监督管理总局曾多次强调国家质量基础设施的重要性和紧迫性，而检测仪器设备正是国家质量基础设施的重要载体，承担工业质量检测任务的各类机构均需配备精密复杂的检测仪器设备。随着国民生活水平的提升，对食品安全、环境保护等领域的检测需求也日益旺盛，检测仪器设备已融入国民经济生产、质量安全监督等各个环节中。

检验检测设备由各类仪器仪表构成，仪器仪表是人们对客观世界的各种信息进行测量、采集、分析与控制的手段和设备，是人类了解世界和改造世界的基础工具，也是信息产业的源头和组成部分。发达国家仪器仪表行业发展历史较长，技术上发展至今已经比较成熟。我国仪器仪表工业起步较晚，整体技术水平和产品质量与国外先进水平存在较大差距，核心技术主要从国外引进。经过近 30 年的建设与发展，我国仪器仪表行业已经初步形成产品门类品种比较齐全，具有一定生产规模和开发能力的产业体系，自主生产的仪器仪表产品已广泛应用于国防设施、重大工程和重要工业装备中。随着我国传统产业持续转型升级、新兴产业加快发展和人民生活水平不断改善，重大工程、工业装备、智能制造、生命医药、新能源、海洋工程、核电、科技研究、环境治理、检验检测检疫等领域对仪器仪表的需求将进一步扩大。

1.仪器仪表产业较其他产业有明显的特点

1）门类品种多。仪器仪表因服务的行业领域、测量控制的介质、参数、量值等不同，不仅细分领域多、品种多、类型多，功能、性能也千差万别。随着新技术、新材料、新方法等方面的不断应用，仪器仪表已经演变成一个庞大的产业体系。

2）技术壁垒高。高端仪器仪表开发属于典型的智力密集型、技术密集型科技活动，涉及物理、材料、化学、信息、光学、电子、机械、自动控制等多交叉学科。大型科学装置用仪器、基础理论研究用仪器、精密计量仪器、空天装备专用仪器等研发周期长、制造难度大、精密部件多、精度要求高、一致稳定性好，成为先进制造业皇冠上的明珠。

3）量小作用大。仪器仪表与其他各行业存在广泛的关联性，是"牵一发而动全身"的设备。据统计显示，在诺贝尔奖的自然科学奖领域，68.4%的物理学奖、74.6%的化学奖和90%的生理学或医学奖成果借助各种先进的科学仪器完成，或直接与新仪器方法或功能的发展相关。20世纪90年代初，美国商业部国家标准局曾报告，仪器仪表工业总产值只占工业总产值的4%，但它对国民经济的影响达到66%。在科学研究、国民经济和国家安全等领域，仪器仪表起到了"四两拨千斤"的重要基础性作用。

4）产业链复杂。仪器仪表产业链上游涉及多种电子元器件、有机与无机材料、机电配件、通信、工业设计、精密制造、软件和其他各类部件等，下游涉及工业、农业、交通、科技、环保、国防、文教卫生、社会生活等众多领域，还有必需的第三方计量、认证等保障技术体系。

5）显示度不高。仪器仪表的国民经济价值一般通过主机装备或系统才能体现，相较被服务的主机装备，仪器仪表的显示度较低，导致布局在仪器仪表本身的资助经费普遍偏低，但实际上仪器仪表开发的技术难度不一定比主机装备低，有时候甚至更高。

2. 仪器仪表产业格局及发展方向

1）世界制造强国均将仪器仪表列为国家发展战略。仪器仪表不但为本国的科技进步、国家安全、产业升级和民生保障提供技术保障，而且面向国际市场不断扩大其产业规模。美国、欧盟、日本在这一行业具有绝对的控制力。据仪器信息网2021年5月对市值在10亿美元以上的仪器仪表企业进行的统计显示，赛默飞世尔科技公司占前20名仪器销售额的23%，前五大仪器制造商占2020年前20家公司销售额（包括分析和生命科学实验室工具、工业测量设备和其他非研究设备、实验室耗材，软件和服务等）的一半以上，排名前10位的公司占销售额的78%。

2）仪器仪表进入量子计量时代。量子比特对环境非常敏感，只要磁场、温度、电场、振动、压力等外部环境有微小的波动，都会导致量子比特状态的改变。利用量子比特这一特性，再结合其他量子技术原理，可以对物理量进行更高分辨率和精密度的测量，制造出超高精密度的科学测量仪器，量子精密测量可以将探测精度从微米级提升至"原子级"，为精密仪器行业带来革命性的技术进步。比如将量子精密测量用于生命科学领域，可精确分析血液中极微量物质含量。2018 年，第 26 届国际计量大会（CGPM）表决通过了修改部分国家单位制（SI）的决议，其中以量子物理为基础的自然基准取代实物基准。

3）数字化、智能化、网络化成为发展趋势。传感器及网络化技术与人工智能技术协同发展，边缘计算技术与传感器、微机电系统（MEMS）技术融合，推动构建新一代智能感知体系。传感器网络将渗透到工业生产、宇宙开发、海洋探测、环境保护、资源调查、生物工程等广泛领域。

4）超精密测量仪器成为推进绿色发展的利器。光学测量技术成为高水平制造业的前沿技术代表。微型光纤传导激光干涉三维测量系统，光学干涉显微镜测量技术，位移测量干涉仪系统，光学显微成像技术，无损、快速、在线探伤检测技术，复杂几何参数测量与微 / 纳米坐标技术成为机械、电子、材料等领域绿色化、智能化发展的重要技术手段。

5）预防医学、临床医学、康复医学深度融合。医学诊断仪器利用计算机、微电子、网络信息、精加工、人工智能等技术，变得更加便捷、准确。现代医学加快向健康管理演变，疾病和风险诊断向早期发现、精确定量诊断、微创治疗、智能化服务方向发展。

3. 我国仪器仪表产业发展现状分析

经过多年的发展和积淀，我国仪器仪表行业已经形成细分门类基本齐全并达到一定规模的产业体系，整体科研能力和装备条件明显改善，信息化、自动化、智能化稳步推进，综合实力得到显著提升，具备一定的发展基础，但同时产业不强的特征非常明显。

科学仪器的发展水平标志着国家创新能力和科学技术发展的水平。实验分析仪器仪表是科学仪器仪表的重要组成部分，是基础的科学实验装备，当今发展最快的科技领域如环境科学、生物工程、生态保护、中医药物、材料科学等领域的基础研究和工业应用都离不开各种类型的实验分析仪器仪表，其所涉及的范围广泛，已应用于国民经济的各个领域。经过 50 多年的发展，实验分析仪器仪表行业已成为仪器仪表中的一个重要产业。我国实验分析仪器仪表行业品种基本齐全，但高档产品仍依赖进口。

目前，我国已成为亚洲最大的实验室仪器设备生产国之一，相关产业已经初具规模，初步形成了以北京为中心的科学仪器产业带，以上海为龙头的长江三角区域、科学仪器产业群，以苏州、南京、长沙、株洲、湘潭、广州、深圳、重庆、成都地区为主体的我国实验室仪器设备生产发展基地。中国经济进入新常态，随着国家"十三五"规划的全面推进与实施，低碳经济、环保与食品安全、医疗健康等战略新兴产业的发展需求旺盛，公司所处的相关行业将迎来新的机遇和市场。

产业规模大与企业规模小同时存在。我国仪器仪表产业规模进入全球前列。根据国家统计局的数据显示，2020 年仪器仪表制造业规模以上企业营业收入为 7660 亿元，同比增长 3.5%；利润总额 819.7 亿元，同比增长 11.6%。2021 年 1—10 月，仪器仪表制造业规模以上企业营业收入为 6967.1 亿元，同比增长 17.7%；利润总额 721.9 亿元，同比增长 13.9%。其中，年营业收入超过 50 亿元的企业凤毛麟角。近年来，我国仪器仪表制造业企业单位数呈递增趋势，2020 年我国仪器仪表制造业规模以上企业数量达到 4906 个，比 2019 年增加 455 个。截至 2021 年 6 月，中国仪器仪表制造业规模以上企业数量已达 5357 个，约 60% 的企业营收在亿元以下，约 62% 的企业利润在 1000 万元以下，缺少与赛默飞世尔科技公司、日本岛津株式会社、罗氏公司等类似的国际龙头企业。

中低端过剩和高端供给不足形成对比。供应类仪器仪表和量大面广的中低端通用型产品可以基本满足使用需求，具备全产业链基本保障能力，在国内占有主要的市场份额并形成了行业优势。电能表、水表、燃气表等产量居世界第一，压力变送器、电动执行器、测绘仪等产量位居全球前列，但同时市场竞争激烈、产品附加值低。以自动化控制系统及现场测量控制仪表、分析仪器、实验室仪器、力学环境试验设备、气候环境试验设备、光学仪器为代表的部分中高端产品形成了较强竞争力，一批有代表性的重点产品打破国外垄断，实现国产替代，并占据了一定市场份额。但是，在诸如冷冻电镜、激光共聚焦显微镜、耦合协调加载疲劳试验系统、核磁共振波谱仪、智能阀门定位器、质谱及联用仪器、超效液相色谱、差热扫描分析仪等高端产品基本上没有市场地位，高端用户和典型领域应用长期被国外产品垄断。根据中国海关总署的统计数据，2016—2019 年我国仪器设备年均进口额 978.3 亿美元，年均出口额 706.4 亿美元，存在较大的贸易逆差。其中，大型科研仪器进口国主要为美国、德国、日本、英国等国，从美国进口的大型科研仪器数量接近进口仪器总量的一半，占比高达 47.21%。2016—2019 年我国大型科研仪器整体进口率约为 70.6%，分析仪器、医学科研仪器、激光器、核仪器进口率均在七成以上。高端仪器仪表成为国内"卡脖子"较严重的领域之一。

大国地位与仪器仪表行业发展差距极不相称。中国是世界第二大经济体、最大的制造业国家、最大的高科技工业大国和最大的货物出口国。根据中国仪器仪表行业协会的《仪器仪表行业"十四五"规划建议》评估，我国与国际先进水平相比，供应用仪器仪表整体差距在 5 年左右，工业自动化控制系统装置及仪表整体差距在 15 年左右，科学研究和实验分析仪器整体差距在 20 年以上，工业传感器整体差距在 25 年以上。仪器仪表成为我国整体发展较落后的行业之一。

我国高端仪器仪表长期依赖进口，近些年我国仪器仪表产品进出口逆差都在 150 亿美元以上，比机床等大宗机电产品更严重。以科学研究用大型科研（科学）仪器为例，截至 2015 年，中国高等学校、检测机构、科研院所以及转制院所等共有大型科研仪器 61251 台 / 套，其中，进口的大型科研仪器有 46127 台 / 套，占中国现有大型科研仪器的 75%，进口来源主要为美国、德国、日本、英国等发达国家。实际上，从"八五"时期开始，我国中央和地方科研院所及高校所需大型科学仪器的进口比例就维持在 90% 以上，到"十一五"期间该比例达到了 95.9%。

4. 我国仪器仪表产业发展的重要意义

当今世界正经历百年未有之大变局，新一轮科技革命和产业变革深入发展，国际力量对比深刻调整。同时国际环境日趋复杂，不稳定性不确定性明显增加，仪器仪表产业发展凸显自主可控的重要性。

党中央、国务院高度重视仪器仪表产业的发展，习近平总书记就发展仪器仪表产业专门作了批示。发展仪器仪表产业十分必要和迫切。一方面，仪器仪表产业是国内"卡脖子"最严重的领域之一，每年国内需花费 6000 亿～7000 亿元用于购置国外仪器仪表，国内新增科研投入大多用于购置进口科研仪器。当前，发达国家和地区已逐步对我国进口高端仪器开始设限，若不加快走自立自强的道路，突破瓶颈制约，我国仪器仪表将面临比芯片"卡脖子"更严峻的局面，不仅影响产业本身，还将影响大多数产业。另一方面，仪器仪表产业链长、产业规模大（图 5-1），仅进口替代就有六七千亿的市场空间，是潜在的新兴增长点。

《仪器仪表行业"十三五"发展规划建议》明确了"十三五"期间仪器仪表行业的发展目标，即努力打造包括决策层、管理层、操作层、控制层、现场层的流程工业和离散工业综合自动控制为主要目标的自动化控制系统及智能仪器仪表，重点发

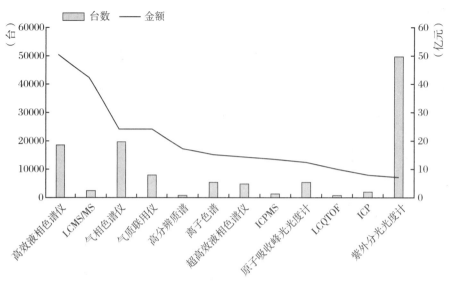

图 5-1　中国主要分析仪器市场容量

展具有工业互联网和工业物联网功能的高端控制装备，实现行业产品的结构调整和转型升级。科学仪器要重点满足检验检测检疫、食品与环境安全、生命科学相关仪器设备和可靠性研究的需要；关注环境治理过程中出现的对相关仪器设备新的需要，抓住商机，拓展产品链和服务空间。重点发展面向物联网、面向流程工业、离散工业的智能传感器，并充分利用社会资源，开发新型视觉传感器等具有发展潜力的技术和产品，逐步提升借助传感器技术和产品拓展应用服务领域并形成系统集成和工程服务的能力。

在我国开启全面建设社会主义现代化国家新征程、向第二个百年目标进军过程中，在加快高质量发展，推进科技自立自强，建设现代化产业体系，构建新发展格局背景下，大力发展仪器仪表产业具有重大意义。一是确保国家总体安全的需要。面向世界科技前沿，实现科技自立自强，有效破除高端仪器仪表领域"卡脖子"问题，关乎经济安全、国防安全和未来发展，是掌握战略主动的基础能力。二是建设现代产业体系的需要。面向经济主战场，大力发展仪器仪表产业是提供高质量产品和服务供给，优化产业结构，缩短甚至赶超国际先进水平，提升整体经济效能的必经之路。三是服务构建新发展格局的需要。面向国家重大需求，高质量的仪器仪表产业基础是畅通国民经济各行业、各领域、各环节的动力源和有效手段。四是推动以人民为中心发展的需要。面向人民生命健康，现代化仪器设备是实现生态环境保护、医疗卫生健康、农业食品安全等方面的守护神。

（二）仪器仪表行业发展趋势

科学技术的飞速发展，促进科学仪器新技术、新成果层出不穷。目前，科学仪器已远远超出"光机电一体化"这个概念，除了加入计算机技术，还大量引进日新月异的高新技术，当今仪器仪表发展总体呈现出以下趋势：

1）常规科学仪器向多功能、自动化、智能化、网络化方向发展。

2）复杂组分样品检测分析的科学仪器向联用技术方向发展。

3）用于环境、能源、农业、食品、临床检验等国民经济领域的科学仪器向专用、小型化方向发展。

4）样品前处理仪器向专用、快速、自动化方向发展。

随着传感技术、数字技术、互联网技术和现场总线技术的快速发展，采用新材料、新机理、新技术的测量测试仪器仪表实现了高灵敏度、高适应性、高可靠性，并向嵌入式、微型化、模块化、智能化、集成化、网络化方向发展。微电子技术、微机械技术、纳米技术、信息技术等综合应用于生产中，仪器体积将变得更小。受惠于上述技术的运用，集成多样的功能模块、仪器功能将更加齐全。

企业形态呈集团化垄断和精细化分工的有机结合，一方面大公司通过兼并重组，逐步形成垄断地位，既占据高端市场，又加速向中低端市场扩张，掌控技术标准和专利，引领产业发展方向；另一方面小企业则向"小、精、专、强"的方向发展，通过在细分市场上的突出优势及跨国的合作销售渠道，将产品和服务推向国际市场。

仪器仪表特别是实验分析仪器仪表制造行业进入快速发展阶段。技术发展情况随着计算机技术、微制造技术、纳米技术和新功能材料等高新技术的发展，实验分析仪器仪表正沿着大型落地式→台式→移动式→便携式→手持式→芯片式的方向发展，越来越小型化、微型化、智能化，部分实验分析仪器仪表已出现可穿戴式或不需外界供电的植入式、埋入式新型产品。产业发展情况实验分析仪器仪表应用领域广泛，在国民经济建设各行各业的运行过程中承担着重要的把关角色，目前在环境保护、食品安全、生命科学、现代工业制造等方面都已经有了非常广泛的应用。

二、仪器仪表行业重点产品和应用案例

（一）液相色谱仪

液相色谱的应用领域十分广泛，85%的有机化合物均可采用液相色谱进行分析。液相色谱仪作为最重要的分离分析仪器，其应用涵盖了增长较快的环境、食品和制

药等领域。据不完全统计，目前全球分析仪器市场中，液相色谱类分析仪器占整个销售额的 20%。作为全球分析仪器的主要市场之一，中国每年有约 20000 台液相色谱仪器的需求。就国内采购液相色谱仪的单位性质而言，主要包括科研院所（含大专院校）、公司、企业和国家、部委及地方的测试检验、监测、质检机构。至于国家、部委及地方的各级测试、检验、监测、质检机构所占的相对比例比较稳定，一直在 20%～30% 浮动。液相色谱仪器需求增长较快的单位主要集中在各地食药检验和环境监测机构。

随着互联网大数据、云计算技术的普及，实验室仪器特别是色谱工作站逐渐向网络化部署、存储、数据处理和仪器监控方向发展。从形式上一家或多家制药厂的所有液相色谱将连接到一台服务器上，所有的数据均上传到服务器。目前以赛默飞世尔科技公司、安捷伦科技有限公司、日本岛津株式会社等为代表的全球各大厂商通过交换协议，积极推动色谱工作站的网络化部署。在国内，安徽皖仪科技股份有限公司等厂家也自主开发出了网络版色谱工作站。

传统高效液相色谱仪系统的设计一直很难发挥出小粒径填料的优点。基于亚两微米小粒径填料技术的超高效液相色谱（UHPLC）比高效液相色谱通量提高 3 倍，灵敏度提高 10 倍，分离度提高 70%。在运营成本上，大部分检测从原来 60 分钟的检测缩短到 10 分钟以内，甚至能减少 10 倍乙腈类流动相消耗，更加环保。随着我国新版药典的颁布，超高效液相色谱仪在医药生产、新药开发以及中草药研究中都将发挥更加重要的作用。

使用超高效液相色谱与飞行时间质谱仪或四极杆飞行时间质谱仪等质谱检测器连接，会对天然产物分析，特别是中药研究领域的发展有极大的促进。多数天然产物十分复杂，能被分离的色谱峰再多也会觉得不够。

蛋白组学和代谢组学从分析的角度说就是样品量极大，在短时间内分析成千上万的样品。这些应用只有在使用超高效液相色谱后才能真正都得到发展。

目前国内开发出超高效液相色谱仪的厂家有上海伍丰科学仪器有限公司、成都珂睿科技有限公司、安徽皖仪科技有限公司等。

1. 超高效液相色谱仪

超高效液相色谱仪的代表技术是超高压直线电机泵技术、针在流路自动进样器技术和液芯波导流通池检测器技术。

1）超高压直线电机泵技术。随着超高效液相色谱色谱柱填料颗粒尺寸减小，流动相流经亚两微米色谱柱会产生较高的压力。最高压力已经达到 100MPa 以上，远远超过传统高效液相色谱仪最高 42MPa 压力的范围。在较高的压力下，液体的压缩性带来的压力波动对系统的影响已经不能忽略。传统液相色谱一般通过阻尼器或者特殊设计的凸轮减小压力波动，这种形式的色谱泵在超高效液相色谱中已经不能满足需求。超高压直线电机泵技术就是为了克服这一问题而产生的。它采用步进电机微步驱动丝杠，独立驱动两个串联泵头中的两个蓝宝石柱塞杆。采用微处理器根据流速及压力传感器反馈实时计算速度曲线，抑制液体压力脉动和超高压液体自身产热造成的压力波动。搭配主动单向阀的直线电机泵能够进一步克服单向阀失灵的问题，可靠性更高，保证了检测结果的精密度和稳定性。

2）针在流路自动进样器技术。传统的高效液相色谱进样器大多采用固定定量环方式进样。如果想改变进样体积，只能采用部分进样。通过这种方式进行微量进样时消耗样品量大，重复性不高，容易造成交叉污染。为了提高微量进样的准确度、降低交叉污染，出现了针在高压流路形式的自动进样器。所需要的微量样品吸取在进样针口附近，没有多余的浪费。在分析过程中，进样针通过高压对接密封接入系统流路，流动相始终保持对进样针的冲洗，降低了交叉污染。微量样品的精密定量由精密注射泵或柱塞计量泵实现。注射泵的优点是能够更换注射器，做大体积单次进样。而柱塞计量泵的密封性和寿命会更好一些。在进样时将低压样品引入高压液流会引起压力脉冲，进而影响色谱结果。采用同步功能可减少这种压力脉冲的影响。做法是将进样阀切换至进样位置的同时提供附加压力，以导入低压样品，防止产生压力波动。目前有两种实现方式，一种是通过同步直线电机泵对压力进行补偿，另一种是通过计量泵对样品进行预压缩实现。

3）液芯波导流通池检测器技术。对于超高效液相的痕量物质检测应用，特别是紫外检测器和二极管阵列检测器，最佳流通池体积是峰体积的 1/10 左右，超高效液相色谱仪常用的分析型流通池大约在 500nL，在这种情况下，流通池的孔径变得非常小。为了保证足够的光通量，实现较高的信噪比，超高效液相色谱的检测器采用液芯波导流通池技术。池壁采用折射率小于流动相折射率的材料制成，光通过流通池的时候发生全反射，能量几乎没有损失，不产生杂散光，这样就带来了超高的信噪比。同时，极小体积的流通池也确保超高效液相色谱峰型不发生展宽，带来较高的灵敏度。

2. 二维液相色谱

二维液相色谱（2D—LC）是将分离机理不同而又相互独立的两支色谱柱串联起

来构成的分离系统。样品经过第一维的色谱柱进入接口中，通过浓缩、捕集或切割后被切换进入第二维色谱柱及检测器中。二维液相色谱通常采用两种不同的分离机理分析样品，即利用样品的不同特性把复杂混合物（如肽）分成单一组分，这些特性包括分子尺寸、等电点、亲水性、电荷、特殊分子间作用（亲和）等，在一维分离系统中不能完全分离的组分，可能在二维系统中得到更好的分离，分离能力、分辨率得到极大的提高。完全正交的二维液相色谱，峰容量是两种一维分离模式单独运行时峰容量的乘积。假如两种分离系统都有 100 的峰容量，那么良好的二维系统理论上可产生10000 的峰容量。

二维液相色谱大多使用两支或多支色谱柱，并通过柱结合技术实现样品的柱间切换。柱切换可分为部分切换和整体切换两种模式。按切割组分是否直接进入二维中，二维分离又可分为离线和在线两种方式。早期的中心切割技术大多数先在容器中收集一维洗脱产物，再进样到第二维中。随着现代仪器的发展和适应自动化分离的需要，目前二维色谱大多采用在线方式，使一维洗脱产物（部分或全部）直接进入第二维柱系统中进行分离分析。

部分模式即采用中心切割技术，只使第一维分离的部分感兴趣的组分进入第二维中进一步分析。为了将样品有效地转移到下一维柱系统中，必须先在第一维分离模式中用标准物进行实验，根据得到的分离信息设计切换程序。部分模式不能得到样品所有组分的信息。此外，还有操作烦琐、样品易损失与污染及可能降低分辨率等缺点。

整体模式即全多维液相色谱模式（comprehensive，HPLC）。基于 Giddings 的理论，一般认为全多维分离应满足 3 个条件：①样品的每一部分都受到不同模式的分离；②所有样品组分以相等的比例（100%或稍低一些，即并不要求 100%分析物，只要分流的部分能代表所有样品组分信息即可）转移到二维及检测器中；③在一维中已得到的分辨率基本维持不变。

在全二维系统中，从一维洗脱出来的不连续的组分，有规则间隔地进入下一维分离模式中。基于不同的分离目的，可以采用不同分离机理的柱系统构建多维液相色谱分离系统，离子交换色谱（IEC）、反相色谱（RPLC）、亲和色谱（AC）、尺寸排阻色谱（SEC）和正相色谱（NP）等分离模式皆可以组合用于特殊目的的分离。对于两种分离模式的组合，不仅要考虑分离选择性、分辨率、峰容量、柱容量及分析速度等因素，生物样品的分离、样品回收率和活性等因素也非常重要。在实际多维分离系统的构建过程中，必须综合考虑不同因素的影响，选择合理的分离模式和柱系统。

目前国内开发出二维液相色谱的厂家有上海伍丰科学仪器有限公司、科诺美（北京）科技有限公司、华谱科仪（北京）科技有限公司、安徽皖仪科技股份有限公司等。

3. 应用领域

液相色谱的应用领域十分广泛。

在食品检测中的分析应用，例如：①天然成分分析：碳水化合物、类脂化合物、甘油三酸酯、胆固醇、脂肪酸、有机胺、有机酸（邻苯二甲酸、柠檬酸和苹果酸等）、蛋白、肽、氨基酸、香料；②食品添加剂：酸味剂、甜味剂、香精、乳化剂、抗氧化剂、防腐剂、着色剂（柠檬黄、苋菜红、靛蓝、胭脂红、日落黄和亮蓝等）、维生素；③食品污染物：霉菌（黄曲霉毒素、黄杆菌毒素和大肠杆菌毒素等）、农药残留和兽药残留、微量元素、多环芳烃（PAHS）和亚硝酸；④环境污染分析：废气、废水、废渣中多环芳烃、多氯联苯、农药残留、酚类和胺类的检测。

在生物化学和生物工程中的分析，例如：①低分子量物质：氨基酸、有机酸、有机胺、类固醇、卟啉、糖类和维生素等；②高分子量物质：多肽、核糖核酸、酶（胰岛素、激素、细胞色素和干扰素等）和蛋白质等。

在药物检测中的应用，例如：①解热镇痛药、镇静药、安定药、心血管药、磺胺类消炎药等；②甾体药物：肾上腺皮质激素、雄性激素、雌性激素和孕激素等；③抗生素类药物：青霉素、头孢菌素、庆大霉素、四环素、氯霉素、诺氟沙星等；④手性药物：光学异构体的拆分（如解毒剂 D- 青霉胺毒性小，L- 异构体毒性很强）；⑤中草药：生物碱、苷类（皂苷、强心苷、黄酮苷等）、萜类；⑥兽药：链霉素、氯霉素、四环素、磺胺类药物残留中的分析。

在精细化工分析中的应用，例如：①醇、醛和酮、醚的分离分析；②酸和酯的分离分析；③表面活性剂的分析；④聚合物的分析研究；⑤药物、农药、染料、炸药等工业产品。

化妆品控制和分析，如防腐剂、防晒剂、性激素以及维生素等成分分析。

（二）液质联用仪

1. 应用技术

液质联用技术以其高效快速的分离能力、超高的灵敏度在很多领域得到广泛应用。液质联用技术将液相色谱和质谱结合起来，既体现了液相色谱的高分离性能，又体现了质谱强大的鉴别能力，在分析检测方面有突出优势，对多数物质的检测灵敏度超过了其他方法，在化工、医药、食品、生物等各领域的应用有重要地位，真正体现了现代各类物质分析中高通量和高精度的要求。其中三重四极杆质谱仪凭借出色的定性定量能力，成本更低、效率更高和操作更容易的优点，成为使用最广泛的液质联用质谱仪。目前，一系列新技术推动了三重四极杆质谱技术的进步。

1）离子源高温去溶剂技术。通过高温惰性气体对雾化后的样品进行去溶剂，能够提高离子化效率，降低中性分子干扰，提高检测灵敏度。适应不同流速的液相接口，提高系统的稳定性。

2）离子源抗污染技术。通过反吹气，减少中性分子进入质谱真空腔体，减少对传输级的污染，减少清洗维护操作，降低背景噪音，提升稳定性。

3）真空接口技术。高离子传输效率的真空接口有助于提高系统的灵敏度。目前主流的真空接口有双锥加离子导引的形式、毛细管加采样锥加离子导引形式、毛细管加离子漏斗形式以及这些方式的组合。双锥和毛细管的目的都是从大气压过渡到一级真空。双锥采样抗污染能力强，需要强劲的分子泵配合。毛细管容易污染堵塞，需要定期清洗，但是可以降低对分子泵的要求。离子导引有四极杆、六极杆和行波离子导引等多种形式，目的都是增强对离子的束缚能力和传输能力。离子漏斗能够扩大入口离子进入量，排除中性分子，并在出口处形成压缩聚焦。缺点是结构复杂，污染之后清洗比较困难。

4）碰撞池技术。带加速的碰撞池能够使母离子加速聚焦并通过碰撞池，从而提高系统的灵敏度和准确性，并减少驻留时间，允许在一次分析中分析数百种化合物，且没有交叉污染问题。通常有三种实现方式，第一种实现方式是两端截面积不同的四极杆或六极杆，通过这种粗细变化的多极杆产生线性加速电场。第二种实现方式是由四极杆或六极杆以及沿极杆方向的加速场电极组成，通过电极产生线性加速电场。第三种实现方式已经比较少见，轴向加速高压碰撞就是在两端的透镜上加上加速电场。离子在碰撞室传输过程中并非线性加速，只保证离子传输快。碰撞池可以设计成弯曲的形状，如90度或180度，通过电场束缚离子通过弯曲的碰撞池，而中心物质无法通过，被分子泵抽走。这样就减小了中性物质的干扰，减小本底噪音，提高了灵敏度。同时，弯曲碰撞池还能减小真空腔体积、分子泵压力和仪器占实验室的面积。

5）检测器技术。检测器的发展趋势是带高能打拿极的电子倍增器，能够扩大线性范围，提高仪器灵敏度。也有采用高能打拿极、闪烁体加光电倍增管的检测器结构。采用电子倍增器形式的优点是正负离子增益高，带来的灵敏度高，重现性好；缺点是如果经常暴露在真空中会减少电子倍增器寿命。采用光电倍增管形式的优点是光电倍增管隔绝真空，寿命长，成本低；缺点是负离子灵敏度低。最新技术通过滤除负离子打在高能打拿极上产生的二次正离子，减小了峰展宽，提高了负离子的灵敏度。检测器的数据采集方式通常有脉冲式和模拟式两种。在某一时间内检测离子碰撞到电子倍增器时产生的离子脉冲，输出与离子流相关的数字信号。模拟检测器是把产生的离子脉冲输出为模拟信号。与模拟检测器相比，脉冲式更不容易受背景噪音的影响，不需要过滤信号，数据的重现性好。尤其在低浓度时，定量限附近。模拟式在高浓度检测时有一定优势，线性范围更宽。高浓度时，脉冲式不能区分多个离子同时轰击检测器产生的脉冲。

三重四极杆质谱仪的国产厂商主要有杭州谱育科技发展有限公司、广州禾信仪器股份有限公司、安徽皖仪科技股份有限公司等。

2. 应用领域

1）生化分析。生物体内的化合物具有强极性、难挥发性，并且具有显著的热不稳定性。同时，这些化合物往往以蛋白质、肽和核酸的混合物状态出现，而液相色谱对于不易挥发、强极性、对热不稳定及高分子量化合物的分离能力高；质谱可以对复杂混合物中的化合物进行准确定性，所以液质联用作为生化分析的一个有力工具，逐渐得到重视。

2）天然产物分析。利用液质联用分析混合样品，和其他方法相比高效快速、灵敏度高，样品只需进行简单预处理或衍生化，尤其适用于含量少、不易分离得到或在分离过程中易丢失的组分。因此，液质联用技术为天然产物研究提供了一个高效、切实可行的分析途径，国内利用该技术在天然产物研究中已经有很多报道。

3）药物分析。在药物分析研究领域，大部分药物是极性较大的化合物，而在诸多分析仪器中，液相色谱分析范围广［包括不挥发性化合物、极性化合物、热不稳定化合物和大分子化合物（包括蛋白、多肽、多糖、多聚物等）］，质谱特异性强，可以提高较多的结构定性信息，而且检测灵敏度很高。液质联用技术能够对准分子离子进行多级裂解，从而提供化合物的相对分子量以及丰富的碎片信息。在药物研发中的杂质研究和药物动力学研究阶段，通常杂质和药代动力学样品的血药浓度的含量很低，分析难度大且干扰多，由于液质联用技术选择性强和灵敏度高，可以快速准确地测定药物分析中的痕量物质。

4）食品安全分析。各种抗生素、激素及农药等对畜禽和农作物防病治病、促进生长有显著作用，是发展畜牧业和农业行之有效的措施。同时，这些物质在动植物体中的残留会通过食物链的富集作用转移到人体，危害人类健康。能否准确地检测这些有害物质，是保证食品安全的关键。常用的检测技术如 ELISA 法、CHAR MII 法、生物传感器等由于不能提供分子结构，很难同时检测分析多种药物而且不能有效地排除假阳性，具有一定的局限性。液质联用技术不但能够定性定量的检测禽畜肉和农作物等食品中的药物残留，提供检测物质的结构信息，而且精密度高，重现性好，能够排除假阳性检测结果。液质联用技术能够快速简便地检测肉制品中的有害物质，特别是在检测农药残留方面，快捷有效。

5）环境分析。液质联用技术是一种功能强大的分析技术，对多环芳烃及其硝基衍生物的分析能达到令人满意的效果，可用来准确定量分析砷的各种化合物及硒化合物，还能应用于苯脲、三嗪、氨基甲酸酯、氯苯氧酸和硝基酚等的分析。液质联用技术适用于复杂基质样品的分析，样品处理简单，对样品限制性小，且检测灵敏度高、分离能力强、灵活性大，是有效分析检测环境污染物的重要手段，在环境污染分析方面有显著优势。

（三）气相色谱仪

1. 发展现状

色谱类仪器有着共同的发展趋势，即向着微型化、快速、高通量、多功能和其他仪器联用的方向发展。根据类型的不同，每种仪器又有各自的特点。国内市场对色谱类仪器的需求持续增长并有望成为世界最大的色谱仪器买方市场，国产色谱仪器的创新性、性能和耐用性与国外品牌还有一定差距，因此未来的发展对国产厂商来说是机遇与挑战并存。

目前，我国气相色谱仪行业的发展逐渐从跟跑国外技术的状态到并跑阶段。现今，国外较著名的仪器普遍配置的气体流量电子控制系统（EPC）和色谱仪反控功能在国内厂家新一代的仪器中也陆续采用。在一些气相色谱仪辅助设施如氢气发生器、载气纯化器等方面有了长足进步。此外，国内气源生产厂家及其产品性能都有显著变化，新一代发生器的性能也具有较强的竞争能力。

气相色谱仪的发展总体上已经进入一个相对成熟的阶段，革命性的新技术出现不多，但在各细节上的提升一直在进行着，这种由量变到质变的技术进步还将在一段时间内持续。

国产仪器厂商有常州磐诺仪器有限公司、浙江福立分析仪器股份有限公司、北京北分瑞利分析仪器（集团）有限责任公司、北京东西分析仪器有限公司、安徽皖仪科技股份有限公司等。

2. 应用领域

在石油和石油化工分析中，气相色谱（Gas Chromatography，GC）是非常重要的。从油田的勘探开发到油品质量的控制，都离不开气相色谱这种分析成本低、速度快、分离度和灵敏度高的方法。美国材料与分析协会（ASTM）已经开发并继续开发各种用于石化分析的气相标准方法。气相色谱在石化分析中的应用主要涉及地球化学分析、原油分析、炼厂气分析、模拟蒸馏、油品分析、单质烃分析、含硫和含氮化合物分析、汽油添加剂分析、脂肪烃分析、芳烃分析；在环境分析中的应用主要涉及大气污染分析（有毒有害气体、气体硫化物、氮氧化物等）、饮用水分析（多环芳烃、农药残留、有机溶剂等）、水资源（包括淡水、海水和废水中的有机污染物）、土壤分析（有机污染物）、固体废弃物分析；在食品分析中的应用主要涉及脂肪酸甲酯分析、农药残留分析、香精香料分析、食品添加剂分析、食品包装材料中挥发物的分析；在医药分析中的应用主要涉及激素分析，血液中乙醇、麻醉剂以及氨基酸衍生物的分析，某些挥发性药物的分析；在聚合物分析中的应用主要涉及单体分析、添加剂分析、共聚物组成分析、聚合物结构表征、聚合物中的杂质分析、热稳定性研究。

（四）气质联用仪

1. 发展现状

气相色谱具有极强的分离能力，但它对未知化合物的定性能力较差；质谱（Mass Spectrometry，MS）对未知化合物具有独特的鉴定能力，且灵敏度极高，但它要求被检测组分一般是纯化合物。将气相色谱与质谱联用，即气-质联用（GC/MS），彼此扬长避短，既弥补了气相色谱只凭保留时间难以对复杂化合物中未知组分做出可靠的定性鉴定的缺点，又利用了鉴别能力很强且灵敏度极高的质谱作为检测器，凭借其高分辨能力、高灵敏度和分析过程简便快速的特点，气-质联用在环保、医药、农药和兴奋剂等领域起着越来越重要的作用，是分离和检测复杂化合物的有力工具之一。发展迅速的小型台式质谱仪已成为气相色谱仪的一种专用检测器——质谱检测器（MSD）。

气质联用仪中使用最广泛的是配备 EI 离子源的单四极杆气质联用仪。气相色谱还可以与离子阱质谱仪、飞行时间质谱仪、三重四极杆质谱仪等组成气质联用系统。

气质联用系统除了用于食品、化工、制药等领域对挥发性物质进行检测，还用于环境领域的 VOC 检测。

国产仪器厂商有北京东西分析仪器有限公司、浙江福立分析仪器股份有限公司、杭州谱育科技发展有限公司、安徽皖仪科技股份有限公司等。

2. 应用领域

1）农药残留。蔬菜生产中滥用农药的情况比较严重，蔬菜中往往含有多种类型的残留农药，品种复杂多样，极性差别大，很难在同一色谱条件下监测。传统的残留分析方法常采用气相色谱的各种选择性检测器，但它们只能对一类农药进行分析检测，而且仅依靠保留时间定性，不适合进行多残留分析。气－质联用方法可以同时检测多种类型的农药，而且对检测对象可进行准确定性、定量。

2）酒类香气分析。香气成分是构成各种酒质量的主要因素，是酒类产品主要的品质指标之一，决定着酒的风味和典型性。随着气质联用技术的发展，气－质联用已广泛应用于各种酒类香气成分测定，尤其是在测定葡萄酒、荔枝酒、黄酒等酒类的香气成分上。气质联用技术的应用为葡萄酒香气物质的分析鉴定提供了强有力的手段。在葡萄酒香气成分的分析中多采用内标法进行定量，其关键是内标物的选择，常用的内标物有 2- 辛醇、3- 辛醇、γ - 己内酯、4- 甲基 -2- 戊醇等。

3）香精香料产业。香精香料是一个新兴的行业，尤其是咸味香精的开发利用。气质联用仪的利用为香精香料的检测分析做了很大的贡献。在食用香料、香味香精等方面，如猪肉香精、牛肉香精、鸡肉香精等，气－质联用是必不可少的香成分分析仪器。

4）天然产物，如水果、蔬菜香味的分析，中草药挥发性成分的鉴定等。

5）食品添加剂分析。用于食品中丙烯酰胺的检测和有毒有害物质的检测。

6）环境应用。农药的大量施用不但对农作物造成直接污染，而且会残留在土壤和水体中，通过食物链富集，进入人体而危害人类健康。气－质联用可以用于分析土壤、地下水中的农药残留，以及水中多环芳烃和水中卤代酸类、苯酚类、氮硫杂环类酸性除草剂。

7）纺织品。纺织品在人们的生活当中应用广泛，其中是否存在对消费者健康造成损害的化学物质已引起人们的关注。气－质联用可以用于测定纺织品中多环芳烃

（PAHs）、微量全氟辛酸（PFOA）、富马酸二甲酯（DMF）等物质。

（五）离子色谱仪

离子色谱（Ion Chromatography，IC）是液相色谱的一个重要分支，是近年来被广泛使用的快速分析离子型化合物的色谱方法。1975年，H.Small等人建立了运用电导检测技术和离子交换层析技术的色谱法，此后离子色谱因其独特性和有效性，从液相色谱中独立出来，应用于分析化学的大部分领域。

随着应用需求的推动，近年来离子色谱技术快速发展，已经成为分析化学领域不可或缺的检测手段。如今，离子色谱不仅用于常见的阴阳离子分析，还能利用电化学检测手段对胺类、糖类、氨基酸、蛋白质等生物分子进行测定。目前离子色谱分析技术已经广泛应用于环境、农业、工业、生物、制药、食品、临床等各方面。

对比传统的离子化学分析方法，离子色谱法在一定的领域范围内有无可比拟的技术优越性。例如利用传统离子化学分析的原子吸收分光光度法进行阴离子分析时，只能一次准确地测定一种元素，阴离子的分析一般需要采用离子分光法、滴定法等耗时久、操作烦琐、使用的药品较多、前处理复杂的方法。与这些化学分析方法相比，离子色谱法有以下几个优点：①分析速度快。10~20分钟即可完成常规阴、阳离子的分析。②样品用量少。不同厂家进样环大小可调，一般进样量只需10~50μL。③数据检测限低。如果是直接进样可达ppb级，若使用了浓缩柱可达ppt级。④检测线性好。在一定的浓度范围内线性关系良好。这一点和传统化学方法对比，在低浓度分析时因为操作简单、试剂使用量少，排除了人为及试剂浓度产生的误差。⑤多组分同时测定。选择合适的仪器及分离柱可实现多组分同时分析。⑥可集成前处理步骤。有别于传统化学分析复杂的前处理，离子色谱技术已经实现了简单的前处理，无论是预浓缩、过滤、去干扰因子等前处理工作，现在很多厂家的离子色谱仪器已实现完全自动化（图5-2）。

国产仪器厂商有青岛盛瀚色谱技术有限公司、安徽皖仪科技股份有限公司、青岛普仁仪器有限公司等。

近年来，离子色谱在技术上有了一些重要的进展，比如高压恒流泵技术、电解自再生膜抑制技术、淋洗液在线发生技术、电化学检测技术、精密电导检测技术、前处理技术、阀切换技术、多维色谱的兴起以及各种联用技术的发展等。

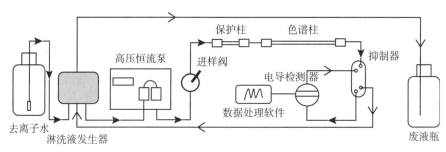

图 5-2　离子色谱系统流路示意图
（——►为检测器前淋洗液流路，➡️为检测器后再生液通道）

1. 高压恒流泵技术

高压恒流泵为整个色谱流路提供较高而且稳定的压强，保证流动相和样品均衡稳定地流过整个系统，进行层析和检测。高压恒流泵具有可调的流速和双柱塞设计，可以提供稳定的流速和平稳的基线。与先前的系统相比，在流速的精确度和准确性上大幅提升。双柱塞串联式恒流泵在工作时，初级泵将流动相抽入，柱塞循环往复运动将初级泵的液体泵入次级泵，次级泵长期保持高压，用修正的凸轮曲线和基于转速调节的算法对流速进行补偿，保持高压下恒定流速的流动相输出。

2. 抑制器技术

1975 年诞生了第一代商品化的树脂填充柱抑制器，后经历了纤维膜抑制器、微膜抑制器、电解与微膜结合的抑制器四个阶段。1983 年，田昭武院士研制出基于电渗析的自再生抑制器，利用在电场作用下离子取向迁移进行再生，再生液为硫酸。现阶段的电解自再生膜抑制器采用具有高效率离子迁移的均相离子交换膜、高容量的离子交换树脂和自再生式的电渗析技术，实现对不同种类、不同浓度的淋洗液的有效抑制，极大提高了检测灵敏度，降低了噪音。此外，还可以实现对梯度淋洗液的在线抑制，使基线平稳。

3. 淋洗液在线发生技术

淋洗液在线发生技术是基于电渗析技术的可在线将纯水转化为离子色谱所需淋洗液的一种装置，淋洗液在线发生消除了人工配置淋洗液的麻烦和由此带来的误差，同时产生高纯度淋洗液对待测物进行洗脱，有利于后续的抑制和检测。

如图 5-3 所示，淋洗液发生技术包括淋洗液发生控制器、淋洗液发生装置、连续再生阴离子俘获器和脱气装置。

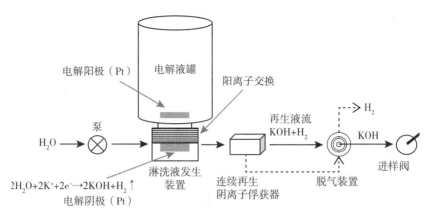

图 5-3 淋洗液发生器仪器原理框图

（以 KOH 发生器为例，──▶ 为检测器前淋洗液流路，┄┄▶ 为检测器后再生液通道）

淋洗液发生控制器是整个系统的电路控制部分，包含电源模块、主驱动板、电流源、电压源。电流源采用数字可编程电流源输出，连接到发生装置的阳极和阴极。恒压源保持 24V 恒压输出，驱动连续再生阴离子俘获器。

淋洗液发生装置由高压的电解发生腔和低压的 K^+ 电解液池组成。发生腔用铂箔作为负电极，电解液罐内置有铂箔作为电解阳极，浸泡在电解液中。电解液罐能长期源源不断地提供淋洗液电渗析所需的离子。发生腔和电解液池通过阳离子交换膜连接。阳离子交换膜允许阳离子通过而阻挡阴离子和 H_2O 等分子通过。阳离子交换膜也是低压电解液和高压淋洗液发生腔的连接部分。

去离子水被泵入淋洗液发生装置内，并用直流电流施加于电解腔的阳极（电正极）和阴极（电负极）。当施加电流时，水在阳极和阴极发生电解，在阳极水电解产生氢离子和氧气，在阴极水电解产生氢氧根离子和氢气。K^+ 在电势驱动下从电解液罐通过阳离子交换膜，进入淋洗液发生室，发生室内的阴极电解水产生氢氧根离子和氢气。这样的电解反应就在发生室内产生氢氧化钾和氢气的混合物。

连续再生离子捕获柱（CR-TC）对阴阳离子分析时去除痕量的离子污染（比如 KOH 淋洗液体系做阴离子检测中的碳酸根离子），降低了淋洗液的长程基线漂移，提高信噪比。

脱气装置可以在高液压下脱去液气混合物中的气体。流出连续再生阴离子俘获柱的 KOH 淋洗液和 H_2 的混合物在脱气装置内分离，得到高纯的 KOH 淋洗液，接入后续离子色谱系统（进样阀）。产生的 KOH 的浓度由施加在淋洗液发生装置的电流和泵入的水的流量决定。因此，在给定速度下，淋洗液发生器通过施加的电流，精确地控制规定的 KOH 浓度，有良好的准确性和可重复性。

相比于传统的手工配置淋洗液，自动淋洗液发生器有一些显著的优势，分析人员不再需要像从前那样花时间配置淋洗液，只需定期准备去离子水，节省了时间、劳动力和操作成本；同时淋洗液发生器可在单泵上实现梯度淋洗，改变了梯度淋洗必须采用双泵或者四元泵的传统做法，不需再高价购买梯度泵；淋洗液发生器只需泵入去离子水，泵中的活塞和密封圈不再受到酸、碱或者盐的腐蚀，寿命大大增加，降低了泵的维护成本；淋洗液在线发生时发生过程在密闭体积内完成，减少了手工配置的误差和暴露于空气带来的离子污染，改善了定性重复性和定量重复性误差。

4. 精密电导检测技术

电导检测是离子色谱最重要的检测手段，随着技术的进步，电导检测器朝着噪音更低、死体积更小、灵敏度更高、自动量程切换等方向发展。

离子色谱早期的电导检测技术为五极电导检测，五片电极其实是四电极系统加上一级的接地电极构成。如图 5-4 所示，四电极中外侧的两个电极测量流过待测物的电流，内侧的两个电极则测量待测物两端的电压，由于电压表的固有大输入阻抗，使得流经电压测量电路的电流几乎为零，电流全部从电流测量电路流过。同时，电压电流的分开测量使得导线电阻对测量的干扰被排除，因此可以实现高灵敏度和高精确度的电导测量。

另外，第五级电极片在最外侧接地，可以进一步降低噪音。加载在电导池上的激励电压可以采用谐波信号，测得的电流信号则用锁相放大进行解调，可以探测到很微弱的信号强度，灵敏度较高。这种电导池由五片电极片和四氟乙烯垫片压紧制成，只能耐受低压，易造成漏液，死体积较大（约 $2\mu L$ 量级）。

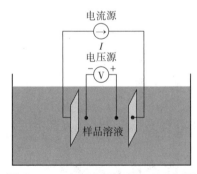

图 5-4　四电极电导检测原理示意图

二极电导检测技术具有故障率低、死体积小、耐高压的特点，是近年来普遍采用的电导检测技术。二极脉冲电导检测器采用方波检测，在一次测量的前半周期和后半周期分别施加幅值相同、方向相反的方波信号，在此激励模式下电导池的极化现象被削弱，通过软件处理对后半个周期的末尾平坦部分信号进行测量，此时的测得值几乎只和电导池的电导线性相关。

测量电路如图 5-5 所示，Rx 是待测的电导池的电阻，Cx 是极化效应产生的电容（双电层电容），Cp 是电导池的极间电容和连接线的电容分布，通常 Cx 是 uF 级，远大于 Cp（pF 级）。

由于导线电容分布和双电层电容，正负方波的快速切换会形成电容效应，每个周期开始时，Cp 被迅速充电，致使总电流中含有非法拉第充电电流，为精确的分理处法拉第电流，数据采集时间 t 要远小于 Rx*Cx（时间常数），此时落在双电层电容上的电压足够小，而 Cp 由于充电完成，没有电流流过，相当于断路，所以激励电压可以认为全部落在等效电阻 Rx 上，此时测得的瞬时电流与溶液的电导（或电阻）线性相关。二极电导检测的激励脉冲通常为千赫兹级的方波脉冲，死体积＜ 0.5μL，耐压 15MPa 以上，如图 5-6 所示。

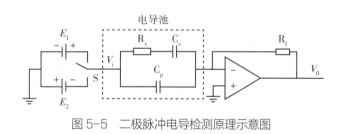

图 5-5　二极脉冲电导检测原理示意图

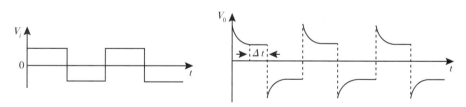

图 5-6　二极脉冲千赫兹级电导检测激励方波和输出的待测信号示意图

5. 电化学检测技术

电化学检测又称安培检测技术，是用于测量电活性物质在工作电极表面发生氧化或还原反应时产生电流变化的检测技术，其主要优点是灵敏度高、选择性好、响应范围宽。在离子色谱检测中，电化学检测技术可以作为电导检测技术的有力补充，具有不可替代的优势。它可以测试一些电导率响应不灵敏或者紫外响应较弱的有机物和无机物，比如儿茶酚胺类、脂肪族类化合物、糖类、硫化物、氰根等。

电化学检测器主要由驱动电路和电化学池两部分组成。驱动电路通过三电极恒电位仪向电化学池供电并测量电流信号，所测的电流是待测物质在工作电极表面发生氧化或还原反应的电流，电流与物质浓度成正比，如图5-7所示。

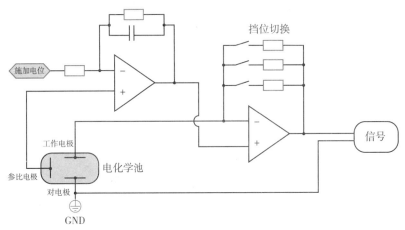

图5-7　三电极恒电位仪驱动电路原理图

电化学池普遍采用三电极结构，由参比电极、工作电极和对电极组成（图5-8）。电化学反应发生在工作电极上，但是反应的前提是需要在工作电极和参比电极之间施加一个适当的电位，电位的设置需保证待测物充分发生氧化还原反应，同时噪音水平较低。而电流则通过工作电极和对电极形成的回路，此电流被实时监测记录，电流大小与待测物质浓度成正比。

根据施加电位方式的不同，安培检测法可分为直流安培检测法（Direct amperometric detection，DC）、脉冲安培检测法（Pulsed amperometric detection，PAD）和积分脉冲安培检测法（Integrated pulsed amperometric detection，IPAD）。脉冲安培检测和积分脉冲安培检测通过施加电位波形的改变，使电极达到清洗和活化的目的，扩大了可检测物质的范围。在离子色谱中三种检测方法都用到相应的应用，特别是积分脉冲安培检测法是最近几年发展起来的有较好应用前景的技术。安培检测技术未来将在电极研制、检测波形优化和检测机理等方面开展深入研究，随着技术的发展，安培检测的可检测物质的种类将不断增加，检出限将进一步提高。

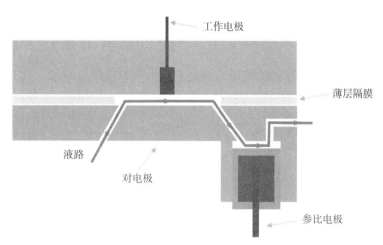

图 5-8 安培检测器电化学池结构示意图

6. 前处理技术

样品的前处理是指目标组分在进到色谱分析系统之前从样品基体中分离、纯化和净化、浓缩和富集的过程，以达到将样品转变成水溶液或水与极性有机溶剂（甲醇、乙腈等）的混合溶液的目的，减少和除去干扰组分，浓缩和富集待测成分，使之符合离子色谱进样的要求，得到准确的分析结果。样品前处理在离子色谱中是非常关键的一步，但是前处理耗时长，且步骤烦琐，成为离子色谱测定的一个难点。探索快速、高效、简便、易在线的样品前处理方法已成为目前离子色谱分析的前沿课题和重要研究方向之一。

离子色谱中样品前处理一般包括样品的提取、净化、浓缩与富集和基体干扰消除等过程。传统的前处理方式包括稀释、过滤、沉淀等手段，但随着离子色谱技术的不断发展，被测样品的种类和组成越来越复杂，传统的前处理方法已经不能满足分析的要求。

7. 样品的提取技术

除水溶液溶解的样品可以直接进行离子色谱分析外，其他类型的样品在进样分析之前都需要进行目标组分的提取或者吸收，将其转换成水溶液再进行测定，不同类型的样品需要的前处理方法不同。对于气体样品来说，目前大多采用吸收的方法，这种方法简便快捷，不同类型的气体可采用不同的吸收剂来吸收气体中的可溶性成分，然后将含有待测组分的吸收液上机检测。一般情况下，阴离子采用碱性吸收液，而阳离子则采用酸性吸收液。大气中以气溶胶和悬浮物形式存在的可溶性盐一般采用膜吸收法，具体方法是先用大气采样器采样，用滤膜吸收气溶胶和悬浮物，然后将滤膜放入超纯水中超声提取，滤液经过微孔膜过滤后，进入离子色谱系统进行检测。对于固体样品来说，必须选择合适的溶剂将固体样品中的待测组分提取出来，再将其制备成能进入离子色谱系统的液体样品。固体样品的提取有两种：一种是采用溶剂萃取法或微波萃取法提取样品中的可溶性成分；另一种是采取碱熔法、燃烧法以及吸收法提取样品中的不可溶性成分。

8. 基体干扰消除技术

从复杂样品基体中选择性地富集痕量待测组分或选择性地去除基体，能够有效消除复杂基体的干扰。样品基体干扰的消除既可离线操作，也可以在线消除，最常用的方法是在分析柱前串联保护柱。此外，还有膜处理法、固相萃取法等，膜处理法包括过滤法、超滤法以及渗析法。当样品本身已经符合离子色谱进样的要求但是含有颗粒杂质时，可以通过 0.45μm 或 0.22μm 微孔滤膜过滤后直接进样。

超滤是在压力的作用下让不易过滤的样品通过膜，主要用来处理含有大分子的生化样品。近几年新兴起一种在线超滤技术，通过蠕动泵使超滤池上半仓抽真空，从而将样品从超滤池的下半仓穿过超滤膜进入样品环中。渗析法是采用半透膜作为滤膜，利用半透膜的选择透过性，使样品中的小分子经扩散作用不断透出膜外，而大分子不能透过保留在膜内，直到膜两边达到平衡，可实现在线的样品处理。

9. 浓缩与富集技术

痕量组分的检测一直是分析领域的难点，一般需先浓缩或在线预处理将样品中的痕量组分提取出来或者消除大浓度基体离子的干扰。传统的蒸发浓缩虽然操作简单，但耗时长、易污染，因此，微波浓缩法和在线富集法以其省时清洁的优点受到人们的广泛关注。微波改变了传统加热由表及里的概念，适用于样品的萃取和浓缩过程。

近年来，由于离线前处理需要的处理时间和样品量较多，在线样品前处理—离子色谱法的应用越来越多用浓缩柱代替定量环，大体积（10mL）进样，进行在线样品预富集，该方法检出限可达 10ng/L，灵敏度和准确度很高。如图 5-9 所示。

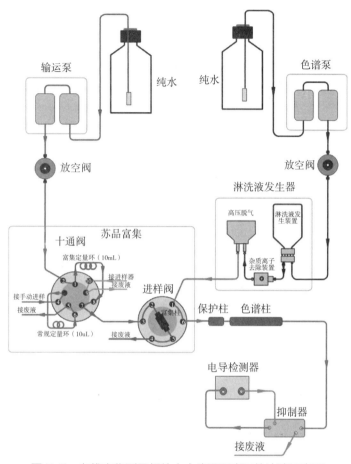

图5-9　在线富集测量超纯水中痕量阴离子的流路示意图

10. 离子色谱在半导体行业的应用

半导体工业中关注的主要问题是在制造过程中产品可能会受到污染，随着半导体集成电路集成度的不断提高，对产品洁净程度的标准也越来越高，痕量的污染会使产品成为废品，所以水质的重要性不言而喻。半导体晶片生产中经常要用到浓磷酸、氢氟酸和过氧化氢等高纯试剂，这些高纯试剂基体干扰离子浓度太高，测定其中的痕量组分有较大的困难，采用稀释的方法虽然可以减少干扰，但会使待测离子浓度低于仪器检出限而无法检出。离子色谱作为一种快速、准确且具有高灵敏度的分析手段，广泛应用于高纯水和高纯试剂中痕量杂质的分析检测，离子色谱仪已成为半导体芯片制造业必不可少的分析仪器。

在半导体和电子工业中，超纯水中离子污染的浓度通常在万亿分之一（ppt, ng/L）到十亿分之一（ppb, μg/L）量级。离子浓度超过这一范围会导致腐蚀、良率降低、芯片产品寿命缩短等问题，随着半导体技术的迭代，芯片朝着更小尺寸，单位面积集成更多晶体管的方向发展，对超纯水中的离子检测提出了更高的要求。

对于超痕量阴离子的分析，比如半导体工业中超纯水的离子色谱检测，面临着两个难题，一是灵敏度问题，二是系统空白。由于电导检测器原理的缘故，电导检测器对一般分析而言很难达到 ng/L 级（ppt 级），绝大多数应用都集中在 μg/L 级（ppb 级）到 mg/L 级（ppm 级）的范围。因此，必须采用富集浓缩的技术才能满足用现有电导检测方法实现对 ppt 级的检测。离线的富集浓缩会引入严重的交叉污染，无法满足重复性的要求，因此在线预浓缩对于超痕量离子的分析是唯一解决途径。

因为 μg/L 级别的未知样和标准样手工配置难度很大，极易污染。在富集检测时采用 ppb 级的标准样浓度来确定 ppt 级的未知样浓度。如图 5-10 所示十通阀有两个定量环用于待测样品的大体积进样（通常为 10mL）和标准的小体积进样（通常为 10μL）。ppb 级的标准样用 10μL 的小体积进样，ppt 级的未知样用 10mL 的大体积进样。两种进样通过一个十通阀进行切换，由输运泵推到浓缩柱，并洗脱到保护柱和分析柱。

通过加载多个 10μL 满环进样的 50ppb 标准溶液分别注入浓缩柱，可以减小环境的污染以及手动稀释导致的重复性和线性变差。使用这种方法进行标准曲线的绘制，因为两个定量环的体积比大约在 1000 : 1，因此使用小进样量的 ppb 级样品标准曲线，通过精确计算进样的体积比，可换算出大体积进样时相同峰面积所对应的溶液浓度。以此方法可实现对 ppt 级样品的测定。

11. 离子色谱在环境行业中的应用

目前，六价铬的检测方法主要有二苯碳酰二肼（二苯卡巴肼）分光光度法、离子色谱紫外柱后衍生法、原子吸收光谱法、原子荧光光谱法以及电感耦合等离子光谱法等。其中，《生活饮用水标准检验方法 金属指标》（GB/T 5750.6—2006）采用二苯碳酰二肼分光光度法检测六价铬，但该方法容易受到样品浊度、色度、干扰离子的影响，尤其是带有颜色的样品，容易出现假阳性或假阴性结果，重复性不佳。离子色谱法可有效排除样品基体干扰，色谱柱的分离作用使得六价铬单独进入检测器。与常见的电导检测器相比，柱后衍生紫外可见检测可以特异性地检出六价铬（图 5-11），而对其他阴离子无响应，因此在测定时干扰更少、灵敏度更高。为贯彻《中华人民共和国环境保护法》和《中华人民共和国大气污染防治法》，保护环境，保障人体健康，规范环境空气颗粒物中六价铬的测定方法，环境保护部科技标准司组织制订了《环境

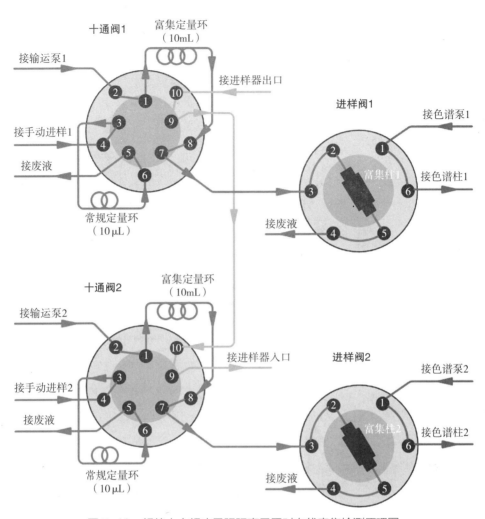

图 5-10 超纯水中超痕量阴阳离子同时在线富集检测原理图

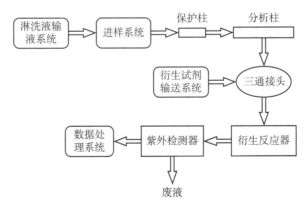

图 5-11 离子色谱－柱后衍生－紫外检测法对六价铬的测定原理图

空气　六价铬的测定　柱后衍生离子色谱法》（HJ 779–2015），本文主要分享六价铬的柱后衍生离子色谱法。该方法不仅可以检测环境空气中六价铬，还可用于土壤、水质、纺织物、皮革、金属加工件、玩具、电子电器等中六价铬的测定。

对于带有复杂基质的六价铬待测样品，利用离子色谱柱切换技术，将样品在线前处理系统与离子色谱分离系统联用，能够有效去除样品中的水溶性有机基质，省去复杂的样品前处理过程的同时也减少了人力消耗。另外，本方法在前处理过程中增加了对样品中的柱前衍生，将待测样品浸提溶液与乙二胺四乙酸二钠溶液反应，络合生成具有强吸收的基团，进样后，该阴离子基团与待测的其他离子进入阴离子色谱柱中根据不同保留能力进行分离，经洗脱后，柱后与二苯卡巴肼衍生生成同样有强吸收的络合物，由紫外分光光度计进行检测。这种测试方法基于多功能离子色谱开发，操作简单，灵敏度高。

（六）电感耦合等离子体质谱仪

电感耦合等离子体质谱仪（Inductively Coupled Plasma–Mass Spectrometry，ICP–MS）是以电感耦合等离子体作为离子源，以质谱进行检测的无机多元素分析技术。它能同时测定几十种痕量无机元素，是无机分析的重要仪器。电感耦合等离子体质谱是20世纪80年代早期发展起来的商品化的分析技术。这项技术已经应用于所有分析领域内痕量、微量和常量元素的测定。该技术的优势有：①元素覆盖范围宽：包括碱金属、碱土金属、过渡金属和其他金属类金属、稀土元素、大部分卤素和一些非金属元素；②性能好：灵敏度高，背景信号低，检出限极低；③分析速度快：由于四极杆分析器的扫描速度快，每个样品全元素测定只需大约4分钟；④线性范围宽：一次测量线性范围能覆盖9个数量级；⑤能够提供同位素的信息。

电感耦合等离子体质谱仪在许多痕量和超痕量元素测定中超越了石墨炉原子吸收光谱法（GFAAS）的检出能力（ppt级），电感耦合等离子体质谱仪能测量几乎所有的样品，并且实现了一次采集完成多元素同时测定，同时提供同位素的信息。

形态分析是电感耦合等离子体质谱仪发展最快的领域之一，即色谱技术与电感耦合等离子体质谱仪的联用。其中电感耦合等离子体质谱仪作为检测器测定样品中元素的化学价态。这些性能有助于实现电感耦合等离子体质谱仪在所有领域的广泛应用，而且确立了电感耦合等离子体质谱仪在痕量金属检测技术中的首要地位。

电感耦合等离子体质谱仪的离子源经过几十年的发展，已经可以根据不同需求调整温度与大小，从而提高分析的样品量和灵敏度。此外，检测器的线性范围已经可以拓宽至 8 个数量级。此外，由于进一步改善了干扰消除能力，三重四极杆型电感耦合等离子体质谱仪和电感耦合等离子体 – 飞行时间质谱仪（ICP-TOF-MS）得到进一步的应用。目前四极杆等扫描型质谱系统一般强制要求用户在进行样品分析之前预先选择好相应的同位素。如果在分析过程中出现了不可预知的干扰，用户就不得不重复整个样品的分析过程。发展飞行时间质谱仪等高速质谱系统可以解决这一问题。分析者可以先行收集数据，再决定选择哪个元素和同位素，从而可以简化实验，获得更加丰富的信息。

就仪器本身而言，电感耦合等离子体质谱仪小型化是一个发展方向。同时，仪器的结构进一步模块化，应对企业及第三方检测机构用户不停机的需求，模块式插拔和更换将有可能让用户在几分钟内自行维修完毕。如何减少甚至解决电感耦合等离子体质谱仪实际应用中的复杂基体效应问题，将是仪器改进的下一步重点之一。提高电感耦合等离子体质谱仪对基体的耐受性、对分子离子的抗干扰性能、灵敏度及稳定性是电感耦合等离子体质谱仪性能发展的核心要素。此外，提高仪器的采集速度、改善数据处理能力和软件的操控性、实现智能化管理也是重要的发展方向。电感耦合等离子体质谱仪未来要向自动化、智能化以及专用型方向发展。

微量、痕量进样也会是未来电感耦合等离子体质谱仪的发展方向之一，提升电感耦合等离子体质谱仪对高盐样品的耐受性也是发展趋势之一。另一个重要的发展趋势是简化样品前处理。前处理会直接影响检测的结果，传统的样品前处理不仅耗时耗力、造成大量试剂污染和浪费，如果人工处理不当还会造成误差。直接进样和前处理自动化是解决这些问题最直接的方法。仪器的分析自动化程度会越来越高，从取样到报告，无人值守将成为可能甚至成为必须。配备了自动进样器的激光烧蚀系统（LA）有可能使土壤、地矿等领域的样品从压片到上机全程自动化，并且每天能检测上万个样品，食品和临床的样品经过深度破碎至 5μm 以下而直接进样，也可以达到每天上万个样品分析的高通量。此外，超洁净的前处理设备也是一个重要的发展方向。

电感耦合等离子体质谱仪系统也常与其他系统进行联用，如与 HPLC/IC/GC 联用进行形态价态分析、与气体导入装置联用进行气体分离分析、与激光烧蚀系统联用进行样品的原位分析，与场流分离联用进行纳米颗粒等的分析，以及与质谱成像技术联用等。

（七）原子吸收分光光度计

1. 发展现状

原子吸收分光光度计又称原子吸收光谱仪，根据物质基态原子蒸汽对特征辐射吸收的作用来进行金属元素分析，能够灵敏可靠地测定微量或痕量元素。原子吸收分光光度计一般由光源（单色锐线辐射源）、试样原子化器、单色仪和数据处理系统（包括光电转换器及相应的检测装置）组成。火焰原子吸收分光光度计利用空气—乙炔测定的元素可达 30 多种，若使用氧化亚氮—乙炔火焰，测定的元素可达 70 多种。但氧化亚氮—乙炔火焰安全性较差，应用不普遍。空气—乙炔火焰原子吸收分光光度法一般可检测到 ppm 级（10^{-6}），精密度 1% 左右。国产火焰原子吸收分光光度计可配备各种型号的氢化物发生器（属电加热原子化器），利用氢化物发生器可测定砷、锑、锗、碲等元素，一般灵敏度在 ng/ml 级（10^{-9}），相对标准偏差 2% 左右。石墨炉原子吸收分光光度计可以测定近 50 种元素，此方法进样量少，灵敏度高，有的元素也可以分析到 pg/mL 级。

中国原子吸收分光光度计市场的销售总量接近 5000 台，其中国产原子吸收分光光度计所占份额在 70% 以上。国产厂商主要是北京普析通用仪器有限责任公司、北京瑞利分析仪器公司、北京东西分析仪器有限公司、上海光谱仪器有限公司、安徽皖仪科技股份有限公司等。

2. 应用领域

1）元素分析中的应用。由于原子吸收光谱分析灵敏度高、干扰少、分析方法简单快速，现已广泛应用于工业、农业、生化、地质、冶金、食品、环保等各领域，目前原子吸收已成为金属元素分析的强有力工具之一，而且在许多领域已作为标准分析方法。原子吸收光谱分析的特点决定了它在地质和冶金分析中的重要地位，不仅取代了许多一般的湿法化学分析，还与 X 射线荧光分析，甚至与中子活化分析有着同等的地位。

目前，原子吸收法已用来测定地质样品中 70 多种元素，并且大部分能够达到足够的灵敏度和很好的精密度。钢铁、合金和高纯金属中多种痕量元素的分析现在也多用原子吸收法。原子吸收在食品分析中越来越广泛，食品和饮料中的 20 多种元素已有满意的原子吸收分析方法。生化和临床样品中必需元素和有害元素的分析现已采用原子吸收法。有关石油产品、陶瓷、农业样品、药物和涂料中金属元素的原子吸收分析的文献报道近些年来越来越多。水体和大气等环境样品的微量金属元素分析已成为原子吸收分析的重要领域之一。利用间接原子吸收法还可测定某些非金属元素。

2）有机物分析中的应用。利用间接法可以测定多种有机物，如 8- 羟基喹啉（Cu）、醇类（Cr）、醛类（Ag）、酯类（Fe）、酚类（Fe）、联乙酰（Ni）、酞酸（Cu）、氨基酸（Cu）、维生素 C（Ni）、氨茴酸（Co）、雷米封（Cu）、甲酸奎宁（Zn）、有机酸酐（Fe）、苯甲基青霉素（Cu）、葡萄糖（Ca）等，均通过与相应的金属元素之间的化学计量反应而间接测定。

3）金属化学形态分析中的应用。通过气相色谱和液体色谱分离后以原子吸收光谱加以测定，可以分析同种金属元素的不同有机化合物。例如汽油中的 5 种烷基铅，大气中的 5 种烷基铅、烷基硒、烷基胂、烷基锡，水体中的烷基胂、烷基铅、烷基揭、烷基汞、有机铬，生物中的烷基铅、烷基汞、有机锌、有机铜等多种金属有机化合物，均可通过不同类型的光谱原子。

（八）紫外分光光度计

紫外分光光度计是一种成熟的分析检测仪器。它是基于紫外分光光度法原理，利用物质分子对紫外可见光谱区的辐射吸收来进行分析的一种分析仪器。主要由光源、单色器、吸收池、检测器和信号处理器等部件组成。按光路系统可分为单光束和双光束分光光度计；按测量方式可分为单波长和双波长分光光度计；按绘制光谱图的检测方式可分为分光扫描检测和二极管阵列全谱检测。紫外分光光度计广泛应用于食品、药品、电力、生物研究、教学科研、化学化工、质量监督、水质环保和商检等各大领域。配备了种类丰富的附件产品，如积分球、试管架、蠕动泵进样、微量样品池架、特定样品池架、恒温池架、光纤探测装置和镜面反射附件等。

紫外分光光度计不断向着小型化、便携化、分析高速化的方向发展，其中一个重要的发展方向是超微量紫外分光光度计。超微量紫外分光光度计应用液体的表面张力特性，只需要 1μl 左右的样品体积，经上下臂的接触拉出固定的液柱形成光路，具有快速、微量、高浓度、免石英管、免毛细管等耗材的优点，广泛应用于蛋白质、核酸等珍贵微量的生物样品检测。

国内生产紫外分光光度计的厂家主要有北京普析通用仪器有限责任公司、北京北分瑞利分析仪器（集团）有限责任公司、上海美普达仪器有限公司等。

三、研发需求

（一）液相色谱仪

发展方向：①提升分析速度，如超高效液相色谱的诞生和发展，使得色谱分析时间缩短，速度多倍提升，提升检测通量；②提高灵敏度，搭配光纤流通池的 DAD 检测器，将灵敏度提升到传统检测器的数倍；③增加选择性，如二维液相色谱，通过第二维度的再分离，可用于更复杂样品的分析；④微量样品的分析，如纳升液相，可以减少试剂消耗，达到最高的分离效率和极好的峰容量，由于分析柱极小的直径，确保最少的样品丢失与质谱联机有卓越的性能，可以最小的流速提供高浓度的样品；⑤前处理自动化，通过液体工作站进行配液、稀释、混匀、过滤等操作，将样品直接注入色谱系统，可以节省人工处理时间，排除人为干扰因素；⑥软件的物联网化、智能化和更高的易用性，将人们从重复性的工作中解脱出来，专注于更有价值的活动。

发展目标：到 2025 年，通过对质谱检测器、二维液相色谱、纳升液相色谱等检测技术的研究，实现更高效、更灵敏的检测。对自动化前处理开展研究，完成软件的智能化升级。到 2030 年，通过对自动化、物联网、大数据和人工智能技术的研究，实现智慧实验室的集成。到 2035 年，使我国液相色谱在技术水平上全球领先。

（二）液质联用仪

发展方向：①三重四极杆质谱仪小型化，减少实验室空间的占用，更加绿色环保；②质谱样品前处理的自动化，包括二维液相质谱联用，实现在线前处理等功能，减少人工操作，提升质谱利用率；③离子淌度质谱仪，提高多维的分析能力；④四极杆飞行时间质谱仪、静电场轨道阱质谱、电荷检测质谱等高分辨质谱仪，提升复杂未知物质的分析检测能力；⑤质谱仪的原位检测、质谱成像等，实现对样品的无损、保持生物活性的快速检测；⑥提升质谱的数据分析能力，提供完善的数据库，自动化的数据解析和对比功能，获得更丰富的信息及更准确的分析检测结果。

发展目标：到 2025 年，通过对三重四极杆质谱仪的小型化、质谱样品的自动前处理技术、质谱软件的数据分析技术的研究，实现更加高效环保的检测。到 2030 年，通过对高分辨质谱的研究和产业化，实现更强的复杂物质的分析检测能力。到 2035 年，通过对质谱仪的原位检测、质谱成像等技术的研究，实现对样品的无损、保持生物活性的快速检测。

（三）气相色谱仪

发展方向：①微板流路技术、微型气相色谱仪、二维及多维分离技术、质谱联用技术。制约气相色谱仪性能的因素主要有色谱柱的分离效能、检测器的灵敏度、线性范围和选择性、仪器对特殊气体的耐受性等。②集成化、芯片化是微型化的思路之一，还可考虑将其他技术应用于微型化过程中，以帮助色谱仪解决重复性、稳定性等难题。

发展目标：到 2025 年，通过对二维及多维分离技术、质谱联用技术的研究，提升气相色谱的分离效能和检测灵敏度。到 2030 年，通过对气相色谱集成化、芯片化技术的研究，实现更加便携、环保的微型气相色谱。到 2035 年，使我国气相色谱在技术水平上全球领先。

（四）气质联用仪

发展方向：①小型化、便携化，通过对质谱检测器的微型化、芯片化实现手持式气质联用仪，能够用于现场和应急检测；②提高分析检测能力，发展四极杆飞行时间质谱、静电场轨道阱质谱等高分辨质谱和气相色谱联用，实现复杂物质的分析。

发展目标：到 2025 年，通过对质谱检测器的微型化实现便携式气质联用仪，能够用于现场和应急检测；通过发展高分辨质谱和气相色谱联用，实现复杂物质的分析。到 2030 年，通过对质谱检测器和真空系统的微型化、芯片化实现手持式气质联用仪，实现灵活快速的移动检测。到 2035 年，使我国气质联用在部分领域技术水平上全球领先。

（五）离子色谱仪

随着离子色谱应用领域的快速拓展，所面临的样品呈现目标离子多样化、样品基质复杂化的特点。因此，不断优化样品前处理方法、探索与各种检测器的联用手段以提高灵敏度便成为其发展的必由之路。基于离子色谱仪器近年来诸多革命性技术的提出，使离子色谱有了操作更加简捷、耗时更短、具有更高灵敏度和准确性、稳定性更好等优势，在许多应用领域已经成为首选检测分析方法。

离子色谱的应用领域从原来简单的水中阴阳离子的检测拓展到食品、化工、微生物代谢、生物制药蛋白组学、半导体、新能源以及环境监测等众多领域；检测浓度从常规的 mg/L 级（ppm 级）、µg/L 级（ppb 级）向 µg/L 级（ppt 级）发展；检测器从单一的电导检测，发展出抑制电导检测、电化学检测、紫外检测、质谱检测等多种方式；色谱模式从单一的层析柱层析，向柱切换技术和二维色谱技术等方面发展。

发展目标：到 2025 年，通过电渗析、在线燃烧、固体进样等自动化前处理技术的开发，实现复杂样品的在线、自动前处理，减少人工重复劳动。与紫外检测器、ICPMS 等联用，发展柱切换技术和二维色谱，进一步提高检测能力和检测灵敏度。到 2030 年，通过对毛细管柱、开管柱、芯片色谱柱等技术的研究，实现离子色谱的微型化，成为更加方便、绿色、环保的检测技术。到 2035 年，使我国离子色谱在技术水平上全球领先。

（六）电感耦合等离子体质谱仪

发展方向：①进一步改善了干扰消除能力，发展三重四极杆型电感耦合等离子体质谱仪和电感耦合等离子体–飞行时间质谱仪，提高电感耦合等离子体质谱仪对基体的耐受性、对分子离子的抗干扰性能、灵敏度及稳定性；②提高仪器的采集速度，改善数据处理能力和软件的操控性，实现智能化管理；③发展微量、痕量进样技术，提升电感耦合等离子体质谱仪对高盐样品的耐受性；④简化样品前处理，发展激光烧蚀和固体直接进样和前处理自动化；⑤电感耦合等离子体质谱仪小型化，发展新型检测器，仪器的结构需进一步模块化，以提升仪器可靠性和可维护性；⑥发展 ICPMS 和其他设备的联用系统，如与 HPLC/IC/GC 联用进行形态价态分析、与气体导入装置联用进行气体分离分析、与激光烧蚀系统联用进行样品的原位分析。与场流分离联用进行纳米颗粒等的分析，以及与质谱成像技术联用等。

发展目标：到 2025 年，通过发展三重四极杆型电感耦合等离子体质谱仪和电感耦合等离子体–飞行时间质谱仪，提高电感耦合等离子体质谱仪对基体的耐受性、对分子离子的抗干扰性能、灵敏度及稳定性。发展与 HPLC/IC 等联用技术，实现价态分析。到 2030 年，发展激光剥蚀固体进样等进样和前处理技术，简化样品前处理，实现纳米颗粒和单细胞的高通量分析和数据处理。到 2035 年，发展新型 CMOS 离子检测器，在小型化的仪器中实现高性价比的同位素同时分析。

四、仪器仪表行业检测技术发展路线图

仪器仪表行业检测技术发展路线图见图 5–12。

里程碑	子里程碑	2025年	2030年	2035年
仪器仪表检测技术	液相色谱仪	开展质谱检测器、二维液相色谱、纳升液相色谱等检测技术的研究，对自动化前处理开展研究，完成软件的智能化升级	开展自动化、物联网、大数据和人工智能技术的研究，实现智慧实验室的集成	
	液质联用仪	开展三重四极杆质谱仪的小型化、质谱样品的自动前处理技术、质谱软件的数据分析技术的研究	通过对高分辨质谱的研究和产业化，实现更强的复杂物质的分析检测能力	通过对质谱仪的原位检测、质谱成像等技术的研究，实现对样品的无损、保持生物活性的快速检测
	气相色谱仪	开展二维及多维分离技术、质谱联用技术的研究，提升气相色谱的分离效能和检测灵敏度	通过对气相色谱集成化、芯片化技术的研究，实现更加便携、环保的微型气相色谱	
	气质联用仪	通过对质谱检测器的微型化实现便携式气质联用仪，能够用于现场和应急检测；通过发展高分辨质谱和气相色谱联用，实现复杂物质的分析	通过对质谱检测器和真空系统的微型化、芯片化实现手持式气质联用仪，实现灵活快速的移动检测	
	离子色谱仪	通过电渗析、在线燃烧、固体进样等自动化前处理技术的开发，实现复杂样品的在线、自动前处理，减少人工重复劳动。与紫外检测器、ICPMS等联用，发展柱切换技术和二维色谱，进一步提高检测能力和检测灵敏度	通过对毛细管柱、开管柱、芯片色谱柱等技术的研究，实现离子色谱的微型化，成为更加方便、绿色、环保的检测技术	
	电感耦合等离子体质谱仪	通过发展三重四极杆型电感耦合等离子体质谱仪和电感耦合等离子体-飞行时间质谱仪，提高电感耦合等离子体质谱仪对基体的耐受性、对分子离子的抗干扰性能、灵敏度及稳定性。发展与HPLC/IC等联用技术，实现价态分析	发展激光剥蚀固体进样等进样和前处理技术，简化样品前处理，实现纳米颗粒和单细胞的高通量分析和数据处理	发展新型CMOS离子检测器，在小型化的仪器中实现高性价比的同位素同时分析

图 5-12 仪器仪表行业检测技术发展路线图

第三节　检验检测信息化服务技术路线分析与路线图绘制

一、检验检测信息化市场需求分析

检验检测信息化作为现代信息技术、现代管理科学与现代分析技术完美结合的产物，在过去几十年在全世界范围内取得了令人惊叹的技术进展和应用成就，为各种规模实验室高效、科学的运作以及各类信息的存贮、交流和二次加工利用提供了强有力的平台，从而促进检验检测所在企业/机构工作的各个环节能够实现全面量化评价和质量目标管理。检验检测工作一般都基于实验室实施的，因此业内经常把检验检测信息化称为实验室信息化，其使用较多的是实验室信息管理系统（Laboratory Information Management Systems，LIMS）。检验检测信息化成功地引发了世界各国各行各业的实验室在管理机制、组织结构、测试技术方面巨大而深刻的变革，因此经常被誉为"重塑现代化企业的催化剂"。

（一）概述

1. 系统定义

检验检测信息化是一个不断丰富和发展着的概念，关于其定义目前存在着多种不同的表述，随着科学技术的发展，其内涵及外延都在发生着变化，至今尚未有统一的标准定义。

信息化最初是为了满足管理实验室运行和数据的需要，为所有实验室样品和设备提供可追溯性，并确保遵循实验室程序而创建的。随着应用范围的扩展及系统版本的升级，系统在功能和交互性方面逐渐丰富，应用边界不断拓展，当前已不仅仅是进行实验室数据管理的软件，而且已经与企业信息系统的多个要素潜在整合在一起，并结合物联网、大数据和人工智能等要素向智能化、云服务方式的质量生态体系方向发展。

当前普遍认同的定义是：检验检测信息化是指通过计算机应用系统实现检验检测涉及的样品管理、流程管理、人员管理、自动化实验结果录入等功能在内的全面资源管理的信息化管理手段。对内可以全面优化检验管理，显著提高实验室的工作效率和生产力，提高质量控制水平，保证实验的合规性，对外能打造标准统一、质量溯源、数据智能的质量保障体系，形成多方参与、互联互通、共治共享的全要素质量链生态体系。

2. 必要性

各种类型的实验室，无论是分析测试型、过程控制型，还是研究开发型，其主要功能都是接受样品、执行分析任务与报告分析结果。作为实验室，其追求的目标包括人力与设备资源的有效使用、样品的快速分析处理、高质量的分析数据结果。尽管对于不同的实验室一些具体的目标可能会不一致，但所有的实验室其评价标准几乎都是一样的，那就是数据结果的质量、获得数据的速度等，这些标准反映了该实验室的资源利用效率。

作为科学研究和生产技术的重要基础，人们对于分析测试的要求无论是在样品数量、分析周期、分析项目，还是在数据准确性等方面都提出了越来越高的标准。各种类型的实验室无论其规模大小，都在不断地产生大量的信息，这些信息主要是测试分析的结果数据。另外，还有许多与实验室正常运行相关的管理型的信息。在很多情况下，实验室需要处理更多的样品，获得更多的数据，与此同时实验室分析人员的数量并没有相应地增多。要获得较高质量的实验数据，必然会加重实验室现有分析人员的工作压力。随着实验室业务量的迅速膨胀、业务规则的日趋复杂以及历史数据的不断累积，实验室信息往往在数量上非常庞大，同时在逻辑上又非常复杂。在这种情况下，如何科学地对海量数据进行保存、管理、维护、传递，对众多客户报告进行生成、发送以及对各台仪器设备进行维护，同时处理好其他实验室中相关的业务、事务、人事等管理问题，就成为现代许多实验室面临的共同难题。

在传统的人工管理模式下，实验室需要为维护这些信息而耗费大量的人力和物力，结果往往发现管理效率很低，并且总是不可避免地会出现这样那样的错误，因此无法进行实验室信息的快速科学分析，这个问题对于规模较大的实验室尤为突出。这种烦琐、缓慢、需要多次复查的管理模式的结果就是头绪繁多、管理混乱，从而对实验结果的获得造成阻碍。在这种情况下，如果没有采用实验室自动化，就必须要求经过严格训练的高素质的科技工作者加入，以最大限度地提高工作效率，从而满足实验室的要求。

检验检测信息化正是在这一背景下应运而生的，并在较短的时间内在全世界范围得以推广普及。作为集现代化管理思想与计算机技术为一体的用于各行业实验室管理和控制的一项崭新的应用技术，实验室信息管理系统的引入能够把实验室的管理水平提升到智能化水平。简要地说，实验室信息管理系统的出现迎合了实验室在以下四个方面的需要：

（1）管理海量信息

近年来，实验室信息呈现出爆炸性增长的趋势，部分原因可以归结为：①实验室业务量的猛增；②管理部门对实验室的分析流程和日常运行提出了更高的要求，例如国家食品和药品监督管理局近年来对食品药品的检验检测目标提出了更严格的要求；③仪器自动化使分析数据的高速采集成为可能，并且通过仪器自动计算得到的衍生数据的量大大增加，这样在较短的时间内就会由自动化仪器产生出大量的数据；④对质量控制（Quality Control，QC）的要求进一步提高，需要对数据进行深入的统计分析，包括统计质量控制（Statistical Quality Control，SQC）和统计过程控制（Statistical Process Control，SPC）程序，因而对数据的采集、保存、查询、分析、报告以及归档提出了更高的要求。

实验室信息管理系统的出现，可以帮助组织保存实验室数据，辅助实验室的质量保证实践，实现与组织内部与其他部门之间的信息交流。例如：建立与实验室仪器设备之间的数据接口从而高速地采集分析数据、与相关软件包之间可以方便地进行数据的导入导出，从而可以很方便地进行图表绘制和统计分析。

（2）加强质量保证

质量保证（Quality Assurance，QA）被定义为：为了提供质量可靠的产品和服务而必须事先计划好的所有活动，它是对质量控制措施进行质量评价以确定测定流程的有效性。在工业生产中，质量控制指的是每天进行产品质量的检验，但是并不考虑所采用的质量控制流程是否正确以及是否与实验室中可能发生的变化相适应。而质量评价是指对用于产品生产或者服务中的质量控制流程进行监测和评价的活动。也有人更为直接地将质量保证定义为"由质量控制和质量评价这两个互相独立而又相互关联的活动的有机综合体"。

实验室需要不断加强质量保证措施，以符合政府监管部门、主管机构监管要求，同时也是基于分析本身严谨性和生产过程控制的实际需要。实验室信息管理系统的出现可以显著地促进整个质量保证过程，实验室信息管理系统对生产效率和质量保证起到促进作用的方面主要有：①数据输入和计算过程加快；②数据查询所需要的时间缩短；③数据输入错误发生概率减少；④报告和图表的生成速度更快；⑤参数检查速度更快，并且更不易出错；⑥可以保持有效的审核追踪；⑦可以自动进行样品追踪；⑧可以提供对实验室数据的分布式访问；⑨标准、仪器校准、流程以及记录都是可追溯的；⑩可以更方便地提供各个生产阶段的文档——原料测试、在线测试和最终的产品测试。

（3）减少数据输入错误

不管数据是输入到电子记事簿还是实验室信息管理系统中，质量保证程序都需要提出数据输入错误的问题。实验室信息管理系统的出现，提供了多种安全机制来减少数据输入的错误，例如：①数据输入限制：例如数值型的字段中不能输入字符型变量，或者 pH 的输入限定必须在 0 ~ 14；②范围检验：例如当输入值超出一定限值时通过声音或者颜色提供警告信息；③条形码输入：这种自动输入能够有效地减少输入错误，可以用于样品标签、样品位置、样品容器类型、产品编码等信息的输入；④下拉列表选择：可以输入的值已经保存在一个下拉列表中，用户只能从中进行选择从而减少输入误差；⑤用户提示：显示在屏幕上引导用户进行下一步操作，例如进行输入数据的保存或者放弃等；⑥自动计算：对于某种测试方法，实验室信息管理系统将在得到足够的信息后自动完成计算来得出结果，从而有效地减少数据运算和传递过程中造成的错误；⑦自动报告/图表生成：避免由于输入数据错误导致所生成的报告和图表错误；⑧按照规格参数进行数据确认：例如当一个产品的分析检测项目有40多项，事实上只有1项与规格参数不符时，如果人为检查每个项目结果可能会忽视，但实验室信息管理系统会很容易地发现不符合项；⑨在数据输入时按照法规要求进行数据确认：法规规定在数据输入阶段必须检验数据格式、数据范围、与以前的输入表对照、允许第二个人进行数据的校核。

（4）缩短样品分析周期

快速的样品周转对于实验室的好处是显而易见的，例如：在临床医学实验室中，会使重病患者得到及时科学的治疗而获得新生；在制造生产过程控制实验室中，可以及时发现不合格的产品，找到原因并进行调整，从而避免更大的经济损失；在分析测试型实验室中，会提高仪器的使用率，从长期来看能够大大降低分析成本。

实验室信息管理系统的出现，将提供下列功能来加速样品的周转：①自动计算；②自动报表生成；③利用规格参数来进行数据的验证；④自动数据采集：来自仪器的信号通过数据接口可以生成合适的数据文件格式并导入实验室信息管理系统数据库；⑤数据调取：实验室的工作人员需要对样品的状态进行追踪，因此需要定位老的样品文件记录、电子记事簿或者直接去找这个样品，而实验室信息管理系统进行历史数据的调取和样品追踪只需要用户点几下鼠标即可，从而大大降低了这项耗时的搜索工作的劳动强度。

3. 可行性

计算机技术不断突破，为实验室仪器自动化和实验室管理自动化的发展创造了可能，这两者组成了所谓的"实验室自动化"，而实验室信息管理系统正是起源于实验室自动化。

实验室自动化本身并非是最终的目标，而是为了达到目标而采取的手段。实验室自动化的原因很多，除管理机构的要求、商业竞争的需求外，其中最主要的是提高实验室的运行效率。实际上，实验室效率的提高途径有多种，例如可以通过改进某一特定的分析程序、提高样品分析周转的速度、进行大量样品的批量分析、进行更有效省时的数据处理、采用更好的数据通信方式等，或者是简单地减少分析人员的数量来达到目的；而实验室自动化则能够使实验室很好地适应不断增长的工作任务负荷，确保在合乎实际的费用范围内获得良好的分析准确度与精密度，再没有必要进行誊写错误的复核，使分析人员能够将精力集中到更深层次的研究环节中。

在实践中，即使有充足的资金和良好的机遇，实验室自动化也不可能一蹴而就。通常，实验室自动化的第一步是购买分析仪器。在购买每一项仪器设备时都需要考虑到自动化程度、与其他仪器设备的通信，以及和计算机的接口等。实验室自动化包括两个方面：仪器自动化与实验室管理自动化。

（1）仪器自动化

这种类型的自动化的目的是更大的样品处理能力、更有效的数据采集以及更快的数据处理。仪器自动化可以采取多种形式，例如：自动进样器的应用已有多年，各种灵活的机械自动化装置和精巧的实验室自动化仪器不断出现，使样品制备和处理更加快捷、连续和有效。近年来，大多数分析仪器内部都有微处理器，因此仪器自动化的工作更多的是将注意力集中到仪器的集中控制以及与其他仪器和计算机之间的通信。当前，仪器自动化得到了迅猛发展，现代的智能仪器可以自动完成试验、自动远程传递数据，自我故障诊断、排除，人们甚至可以远程对仪器进行控制和维护。仪器的自动化极大地加快了工作效率，过去几天才能完成的试验现在有可能几分钟就可以完成。

（2）实验室管理自动化

这种类型的自动化的具体实现手段是实验室信息管理系统，通过实验室信息管理系统可以有效地进行数据和信息的管理、复制和发布。在信息管理方面，计算机最初的应用主要集中在科学计算（科研、天气预报、石油勘探等），随着计算机自身性能的加强、体积的减少和存储技术的迅速发展，计算机所能保存的信息越来越多。计算机已经在信息管理领域得到了应用，但主要局限于银行、军事等领域，且以大型、巨型机为主。20 世纪 90 年代以后，计算机得到了空前发展。微型计算机与互联网的普及使各种计算机信息管理系统在各行各业都得到了广泛应用，实验室也不例外。

在中国，检验检测信息化是从 21 世纪初逐渐被检验检测机构认识，经历了初级实验室信息化、经典实验室信息化、全面质量管理、质量大数据分析等发展阶段，目前正向检验检测业务全线条云平台化、一体化管理等方面发展，从技术角度检验检测将与物联网技术、智能机器人、区块链技术、大数据技术、人工智能技术、云计算与边缘计算技术、5G 技术、数字孪生等新一代信息技术相结合，使检验检测信息化更具智能性。

（二）市场需求

检验检测信息化服务已经应用到各个行业的实验室中，例如制药、公用事业、化学、农业 / 食品、独立测试结构、石油 / 天然气、政府部门等。

2014 年，全球实验室信息管理系统市场规模 8.48 亿美元；2020 年，全球实验室信息管理系统市场规模达 13.25 亿美元；从 2014 年到 2020 年，复合年增长率 9.3%。

在国内，实验室信息化产业属于朝阳产业。中国实验室信息管理系统的提供者包括外国品牌供应商，如赛默飞世尔公司旗下的 LabSystems、Applied Biosystems，以及日本岛津株式会社等。同时，国内已出现了比较成熟的商品化的实验室信息管理系统产品，并且市场份额在逐年增加，如北京三维天地科技股份有限公司、北京泰立化电子技术有限公司、中国石油化工科学研究院、北京汇博精瑞科技有限责任公司、北京英普斯科技发展有限公司等。

在我国经济发展逐渐由"高增长、低质量"向"稳增长、高质量"方向转变的背景下，政府部门及第三方检测机构的需求快速增长，科研院所和企业研究实验室的研发投入不断加大，各企业在其产品生产周期各个环节上的检验检测投入也相应增加。作为我国国家质量管理体系中的重要一环，检验检测环节在各产业中的重要性大幅提升。

随着社会各界对食品安全、生态环保、质量安全等问题的关注度逐步上升，我国持续加大产品安全和环境保护等方面的立法保障和执法力度。检验检测信息化产品对各类型实验室在降本增效、试验合规和质量保证等方面具有良好效果，各类型的检测实施主体均对检验检测信息化产品产生较大的需求。

根据各自应用领域的特点，检验检测信息化产品可用于检测服务领域、研究开发领域和生产制造领域，各细分领域的市场需求现状如下。

1. 检测服务领域市场需求分析

检测服务领域主要客户是政府检验检测部门及第三方检测机构，其业务特点是标准化步骤较多，即由实验室预先设定标准化的检验检测步骤，在实际的需求出现时，仅需进行自动化的流程运行，减少了实验室对标准化步骤的检验检测的人力投入，可以有效地提高实验室的检验检测工作效率。

（1）政府检验检测部门

政府检验检测部门中，各层级的食品药品监测、环境监测、质量检测、疾病预防监测、动物疫病监测和海关出入境检验检疫等监管部门开展日常工作均需要各类检验检测数据的支持。随着中国"互联网＋政务服务"的逐步实施，各级监管部门为提升履行职责能力和水平，正按照相关信息化建设规划计划，加大对检验检测信息化管理平台的开发使用力度。

当前，虽然检验检测信息化管理平台已经在各行业监管部门工作实践中产生了重大社会效益，但诸多客观因素造成各行业、各部门信息化程度和数据处理能力参差不齐。各机构之间尚未实现互联互通和信息共享，大数据分析和应用能力依然较差，检验检测数据和信息依旧处于碎片化状态，检验检测信息化的根本优势还未得到充分展现，检验检测信息化建设仍处在由顶层设计到实施推进的动态过程中，检验检测信息化的普及应用依然有较大的空间。

1）商品质量检验检测信息系统案例。

商品质量检验工作主要由政府相关职责机构、生产单位和其他第三方检测机构负责，对商品的生产、流通等各个环节进行质量监督和把控工作。商品检测需要从产品的抽查、检验检测到报告出具、质量管理等一系列相关活动中使用信息化系统支撑日常工作进行高效运转。实验室信息管理系统针对该类实验室的日常工作进行全面和严格的业务管理。

商品检验实验室信息管理系统应用能够全面建设标准化数据库、提升数据横向纵向融合能力。规范客户资源，统一信息服务标准，提升客户服务水平，增加客户黏性，提高客户忠诚度。实现检验检测过程全方位信息化管理，提高检验业务工作的规范化程度，避免人工操作的随意性，使各项检验工作具有可溯源性。实现仪器数据采集自动化，提高工作效率，减少人员工作量。实现实验室质量保证与质量控制的全面管理。利用统计分析工具为管理决策提供科学准确的依据。

2）食品药品安全检验检测信息化案例。

食品药品安全事关广大人民群众的身体健康和生命安全，是人民群众最关心、最直接、最现实的民生和利益问题，关系到国民经济健康发展和社会的和谐与稳定。党中央、国务院领导多次对食品药品安全监测与监管工作做出重要指示，国务院连续多年对食品药品安全整治工作进行部署。

全面提高食品药品安全的检测能力，强化食品药品安全检验工作，提升食品药品安全保障水平是人民群众的迫切需要，是促进经济社会健康发展、构建和谐社会的重要内容，也是党中央、国务院以及各级政府与国家食品药品监督管理总局相关部门关注的重大民生问题。食品药品检测机构在没有应用信息化之前，基本以手工数据录入为主，其检验检测过程的数据安全性、可靠性、真实性都不能满足新时期对药品检验的要求。通过信息化手段可提升食品药品安全检测能力和检测水平，实现检测自动化、流程化、标准化、数据共享、互联互通。

（2）第三方检测机构

第三方检测机构是根据有关法律、标准或合同对商品相关质量特性进行的检验检测服务活动的单位，既是政府监管的有效补充，又是产业转型升级的有力支撑，为产业的发展提供强有力的服务支撑。第三方检测机构的发展主要受国家、地方政策和监管执法等因素影响。近年来，我国食品安全、环境监测、公共卫生等领域立法保障和执法力度不断加大，第三方检测机构的市场需求越来越大。

资料表明，2020年我国检验检测服务市场规模已经达到3585.92亿元（不包括贸易保障监测和医院医药），2008—2020年年均复合增长率为17.86%。检验检测机构数量与市场规模保持同步增长，截至2020年，我国共有检验检测机构48919家，较上一年增长11.16%。

根据法国必维国际检验集团估计，检验检测服务市场规模一般为下游产品产值的0.1%~0.8%，国家经济越发达则越高。根据国家统计局发布的数据，2020年我国GDP总值1015986亿元；我国检验检测服务市场规模仅占GDP总值的0.35%，未来仍有巨大增长潜力。

1）第三方检验检测信息化案例。

第三方检测机构属于服务业，而服务业立足市场的关键在于其公信力和服务能力，只有通过信息化系统才能实现检验检测规范化管理，才能对影响检测质量的关键要素进行有效管理，使质量管理处于受控状态，使检测过程透明化和高效化，使数据可追溯可管理。只有通过信息化系统才能提高检测的准确性和公正性，最终达到提高满意度、提高服务客户的能力，在激烈的竞争中脱颖而出并占领市场高地。

2）基因检测信息化案例。

目前国内有许多第三方检测机构服务于基因检测领域。

自人类基因组计划完成之后，基因技术突飞猛进，基因检测市场迅速在全球崛起。基因检测技术被广泛应用于临床医学检测、科技服务、农业育种、转化医学（新药研发）、犯罪认定等各方面。其中在临床医学检测方面的影响最深刻，如今基因检测技术在临床医学中的应用越来越广泛，包括产前检测、肿瘤易感基因检测、遗传病检测与诊断等。在国内，国家多次强调基因诊断等新兴技术的发展和基因测序的行业规范，也非常重视基因测序产业的发展，并且有计划地加快相关产业的发展。

随着基因检测技术的应用，降低基因检测实验室人工成本，提高检测质量和检测效率，增强实验室管理规范，已成为基因检测企业的迫切问题。使用成熟的信息化技术和产品，实施检验检测信息化管理无疑可以极大降低"人治管理"的各种不利因素，使实验室的全面质量管理更有效、更规范、成本更低，实验室数据更准确、更稳定、更快捷。

2. 研究开发领域市场分析

研究开发领域的应用场景主要是各类型的研究开发型实验室，覆盖科研院所和石油化工、医药、冶金、通信、食品、电力、生物等行业下游客户的研发管理和服务，为各研究部门提供高效的研究对象文件管理、实验分析等研发信息管理作用，促进研发工作的效率和质量提升。

近年来，我国各界越来越重视"创新"发展的重要性，政府和企业在研究领域的投入均大幅增加。根据国家统计局的数据显示，2014—2020 年，我国政府在研究与试验发展方面的年投入从 2636.08 亿元上涨至 5291.30 亿元，年复合增长率达到12.31%；同时，企业在研究与试验发展方面的年投入从 9816.51 亿元上涨至 18673.8亿元，年复合增长率达到 11.31%。

虽然近年来我国研发投入增长迅速，但是相应的研发管理和服务尚有欠缺。作为开展研发工作的重要技术支撑力量，加强检验检测信息化建设、全面提升研究开发型实验室的检验检测能力，是保障研发质量和效率的必然要求。通过信息管理系统可有效提升实验室标准化、信息化、智能化、自动化管理水平。一是规范检测流程，减少冗、繁、重、余环节，提高工作效率；二是优化资源管理，整合实验室人、机、料、法、环等各项要素，提高资源利用率；三是减少人为失误，通过数据自动采集、分布，有效降低人为失误导致的数据流转错误；四是便于数据分析，通过先进的数理统计技术进行数据采集、数据治理、数据分析、信息共享，进行动态监管和常态控制；五是实现标准化管理，降低运行成本，提高质量控制水平。

为提升研发工作的效率，实现研发投入向研发成果的转化，研发机构和人员对于检验检测信息化产品的需求迫切。随着我国研发投入进一步增加，将会有越来越多的实验室认识到研发管理和服务的重要性，研究开发型检验检测信息化产品具有广阔的市场空间。

信息化能以最经济、最高效的方式优化科研过程管理与控制，实现研发项目全方位管理、研发过程可追溯、研发成果可查询、研发配方精细化管理，推动企业降低研发成本、增强效益、不断提升研发过程管理水平。

研发实验室需要建立一套包括研发计划管理、合同管理、立项管理、项目进度管理、成果管理、研发物资管理、研发方案设计、研发试验记录、分析检测过程等多方面管理于一体的研发信息管理系统，实现研发项目的规范化、科学化、信息化管理。并从进度控制、执行调度、材料控制、成本控制等多个角度加强监控，以达到提高研发项目管理效率的目标。

研发实验室需加强对研发过程的管理，实现研发过程的配方设计、生产工艺优化、试验分析、新产品评估，以及试产、配方调整等环节的全面计算机化。建立规范、高效的研发管理模式，提高研发过程的管理水平，从而提高新产品的开发速度，保持研究院良好的发展态势，增强组织级的核心竞争力。

3. 生产制造领域市场需求分析

生产制造领域主要包括企业质量检验检测部门，涉及医疗器械、能源、化工、钢铁、有色金属、建筑、汽车制造、电子元器件等制造业的下游客户，检验检测信息化系统服务于工业品和消费品在制造过程中的检验检测，可提升企业质检部门整体的工作效率，帮助企业完成对质检环节的信息化升级，以保证产品性能和实现统计学过程控制。

在经营发展环境更加复杂的背景下，智能制造成为当今制造业发展变革的重大趋势。智能制造是利用物联网、大数据、云计算、云储存等技术，将用户、供应商、智能工厂紧密联系起来，智能制造具有信息自感知、自决策、自执行等功能，通过虚拟生产和与现实生产环境的融合，采用创新软件、自动化技术、驱动技术及服务，智能制造能够缩短产品上市时间、提高生产效率和灵活性，帮助工业企业保持在市场上的竞争优势。

数字化工业软件系统是智能制造的基础，贯穿智能制造系统的各个层级。在我国大力推动智能制造的背景下，作为实现智能制造的重要因素，工业软件的发展迎来了良好的外部环境。根据中国工业技术软件化产业联盟 2021 年 5 月出具的《中国工业软件产业白皮书（2020）》，2019 年，全球工业软件市场规模达到 4107 亿美元，近 3 年同比增长率均在 5% 以上。国内工业软件产业规模仅占全球工业软件市场规模的 6%，但国内产业规模增长速度较快，中国工业软件市场规模在 2018 年为 1477 亿元人民币，同比增长 13.7%；2019 年为 1720 亿人民币，同比增长 16.5%；2020 年为 1974 亿人民币，同比增长 14.8%，近 3 年同比增长率在 15% 左右。

作为生产制造过程中必不可少的工业软件，检验检测信息化产品是我国智能制造体系中的重要一环，可以逐步提升企业研发、生产、管理和服务的智能化水平。但总体来看，与欧美等制造强国相比，我国制造业的信息化建设整体水平比较落后，内部发展也不均衡。中小企业乃至部分规模以上企业，在头部企业示范带动下陆续摸索开展检验检测信息化建设，检验检测信息化产品的市场需求广阔。

1）生产制造企业检验检测案例。

在全球化和竞争不断加剧的背景下，如今的制造业面临着控制成本和提高效率的双重压力。近年来，制造业还同时面临着来自政府和公众的安全和环境法规的压力。

生产制造检验检测实验室需要通过提供及时精确的生产过程信息以及产品质量信息来支持生产控制，并有助于提高生产过程工作效率，确保出厂产品符合国家法律法规以及质量标准要求。因此，检验检测是企业质量管理的关键部分。此外，随着国家对检测市场的开放，生产制造企业实验室也常常会向外部客户提供分析服务，应用检测检验信息系统能提高对外服务标准化，及早发现潜在质量问题。

一个应用良好的检验检测信息系统，可以最大限度地提高生产制造的工作效率，降低生产成本，确保产品符合规定的质量要求。检验检测信息系统是批量和连续生产质量控制的重要组成部分，尤其在与其他信息系统如企业资源计划（Enterprise Resource Planning，ERP）和制造执行系统（Manufacturing Execution System，MES）的集成中表现更为突出，检验检测信息系统能够通过简化审核及审计步骤，减少数据输入，实现仪器自动采集，自动生成报告和统计报表，进行自动提醒和警告等多种方式帮助用户提高准确率和工作效率，同时降低成本和缩短周转时间。

2）制药企业检验检测案例。

当前，提高制药企业的产品合格率以及工作效率的压力达到了前所未有的高度。随着行业监管不断深入，法律法规对药企研、产、销过程合规性需求的不断加强，制药企业面临着严峻的考验。制药企业信息化需求包括所有的实验室信息都能轻松验证产品的规范性并测量其有效性，检验检测信息化服务可以帮助制药企业在需要时轻松获取这些信息。

制药企业信息化重点包括研发管理、检验检测、质量管理，需求包括从研发、原材料到成品等整个质检流程的全数字化透明管理，以及质量控制相关信息在公司正确授权下的信息交流与共享，为企业提供"准、快、全"的质检数据。

检验检测信息化及服务帮助制药企业的工作人员专注于科学研究，而不是数据输入。检验检测信息化及服务能够通过多种方式帮助用户提高规范性和效率，同时降低成本，缩短时间周期，简化审计准备，减少数据输入，整合信息系统，自动完成任务。

二、检验检测信息化研发需求分析

应依据检验检测信息化需求，研发设计相关信息化产品。本节主要从五方面进行阐述。

（一）检验检测信息化要素

检验检测信息化用于帮助实验室人员更好地收集、处理、分析、报告、存储和共享来自实验室及其支持过程的数据和信息。这些过程通常是实验室工作流程的一个组成部分，包括样品和检测项目的登记、测试任务分配、结果录入、结果审核和批准以及报告等活动。检验检测信息化的范围涵盖了多个技术解决方案或系统，通过这些系统将实验室过程流程化。检验检测信息化不仅仅是关于管理实验室数据的软件，它还有许多要素，其中一些要素与业务管理和其他第三方工具集成或交叉，这些要素在功能和交互性方面也变得越来越复杂。在标准实验室信息管理系统功能之外，基于物联网、大数据、人工智能技术不断助力检验检测信息化领域的持续发展。随着功能不断添加到每个系统类别中，这些系统类别和其他系统类别之间的划分继续减弱。实验室信息管理系统最初是为了满足管理实验室运行和数据的需要，为所有实验室样品和设备提供可追溯性，并确保遵循实验室程序而创建的。而电子实验室笔记本（Electronic Laboratory Notebook，ELN）最初是为了满足科学家记录实验设计、执行和结论的需要而设计的。科学数据管理系统（Scientific Data Management System，SDMS）是为了提供所有科学数据文档和结果的存储库，无论仪器类型如何都可以存储。这些系统类别的当前定义更具包容性，并随着类别之间的边界继续模糊而不断演变。检验检测信息化边界越来越模糊并且与企业信息系统要素潜在整合在一起（图5-13），其所包含的一切都显示在左侧的大圆圈中，而支持实验室的内部业务系统则显示在右侧的大圆圈中。围绕着两者的是一些气泡，代表第三方与实验室生成的数据和业务数据的交互。该图突出了检验检测信息化内外可能发生的各种交叉和交互。检验检测信息化应用系统也在承担内部业务系统的一些功能。

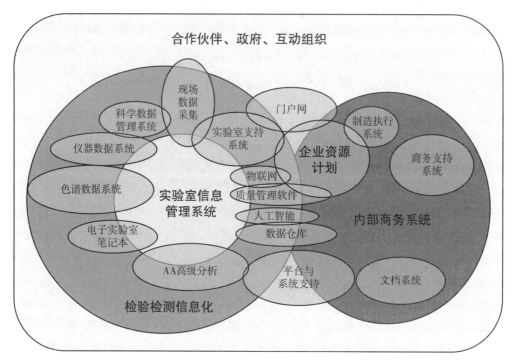

图5-13　检验检测信息系统集成概念模型

1. 核心系统

这些实验室系统通常提供检验检测信息化的内部，包括实验室信息管理系统、电子实验室笔记本、科学数据管理系统和色谱数据系统（Chromatography Data System，CDS）。并非所有系统都必须同时出现在实验室中，有些系统在某些实验室类型中比其他系统更为典型。然而，它们通常在实验室中扮演着研究或分析的关键作用，或两者兼而有之，并代表实验室人员和实验室客户可能相互作用的关键软件系统。从研究样品到实验和原始仪器数据，这些核心系统在检验检测信息化领域发挥着至关重要的作用。

实验室信息管理系统作为实验室的核心系统，主要是处理数据、采集、分析、审查、存储、报告和统计分析。这些系统与分析仪器、自动化工具和其他软件系统进行了不同程度的集成，并为从集成中生成和传输的数据提供了一定程度的行业安全标准。实验室信息管理系统传统上用于处理和报告来自研究、质量控制和生产实验室的批量样品，这些实验室大多处理匿名、复杂的实验室数据。

电子实验室笔记本在很大程度上可以替代传统的纸质实验室笔记本，这些笔记本与研究驱动环境中的科学家和技术人员联系在一起。电子实验室笔记本可以针对单个研究人员、大量的合作研究工作，或者两者兼而有之。它还可以设计为管理与特定的客户或应用程序相关的每个活动，或者它可以跨学科支持所有类型的数据。传统上用于记录实验和分析，并作为知识产权保护，纸质实验室笔记本已经被一些实验室弃用，这些实验室更喜欢电子实验室笔记本改进搜索、支持协作和限制孤立数据的功能。电子实验室笔记本的其他功能包括数据导入、内容链接、格式化和自定义模板以及消息传递。

科学数据管理系统主要用于整合数据和管理基于知识的资产。科学数据管理系统擅长处理非结构化文件，如图像、电子表格、原始仪器文件和 PDF 文件。系统中一组商定的规则规定了如何在科学数据管理系统中处理和结构化传入数据，作为捕获内容和方式（包括元数据的应用）的网关。科学数据管理系统可以与实验室信息管理系统、电子实验室笔记本等集成，为实验室数据创建一个公共存储库，然后可以进一步与特定项目、实验或位置或其组合相关联，或者其数据可以简单地存档以进行长期存储。

色谱数据系统设计用于收集、处理和分析运行在色谱仪器上的样品，如高效液相色谱法、离子色谱法、气相色谱法、粒度排除色谱法和亲和层析法。色谱数据系统通常由连接仪器和系统的硬件和软件组合而成，大量计算，在实验室环境中快速生成大型数据集。复杂的算法和数据的数学转换可以在色谱数据系统中执行，色谱数据系统通过双向控制直接支持对各类色谱仪器进行设置（如温度、压力和检测器波长）。色谱数据系统通常提供样品处理（自动取样器）、自动注入、移动相位控制（温度、压力）、检测器控制（波长）、数据收集（来自一个或多个检测器的数据点）、数据分析（如校准曲线、峰值检测和集成）、报告和审计跟踪支持。色谱数据系统可以作为一个独立的系统部署，也可以在支持多个仪器、站点和地理区域上的更大配置中部署。色谱数据系统通常与其他实验室信息工具（实验室信息管理系统、电子实验室笔记本和科学数据管理系统）连接，其中实验室信息管理系统和色谱数据系统之间传递样品信息，色谱数据系统测试结果（即峰值区域）返回实验室信息管理系统进行最终报告。色谱数据系统还可以集成多种分析技术，其中数据在不同仪器之间传递（例如液相色谱－质谱仪）。该软件通常被视为具有自己的 IT 基础设施的独立实验室信息要素，包括数据采集模块和管理、配置以及安全访问控制。

生物信息和基因组应用用于收集和分析生物数据，包括基因组数据。与传统的实验室仪器相比，基因组仪器产生的数据量要大得多。基因组数据通常使用专门的、专有的生物信息算法进行分析。

2. 仪器数据系统

某些实验室系统是专门为特定仪器而设计的，常见的有色谱数据系统。其他还包括校准设备的数据采集系统（Data Acquisition，DAQ）和数字示波器软件。这些系统擅长与特定仪器"交谈"，捕获数据，并提供与捕获数据相关的自定义分析工具。在色谱分析的情况下，色谱数据系统通常会同时控制色谱分析或光谱分析仪器，并提供具有上下文意义的色谱分析的可视化报告。校准仪器的数据采集系统还有其他功能，如实时数据可视化和证书生成。

3. 高级分析工具

该要素代表了实验室中使用的一大类高级分析工具。例如，基因组学领域使用高级工具研究全基因组（生物体内的遗传物质）；高通量基因组分析仪器通过自动化处理步骤，将 DNA 分子、引物、聚合酶扩增、成像和计算功能结合起来，提供高容量并行操作，以产生低成本的 DNA 测序输出；高级工具也用于自动化 DNA 序列组装（重建原始 DNA 序列）；高级注释工具 / 仪器通过识别基因组中编码和不编码蛋白质的部分来注释 DNA 序列，以支持生物信息。

4. 数据采集系统

数据采集和分析对包括从事实验室测试行业在内的多个行业很重要。除基本功能外，这些系统还能将数据采集与监控系统（Supervisory Control And Data，SCADA）相关的仪器设备数据与手动收集的工人数据集成起来，以改进测试数据分析和提供决策支持。数据采集系统也通常允许与移动应用程序集成，改进数据分析并减少手动数据输入时间。

5. 实验室支持系统

这些系统通常是核心系统的辅助系统，以弥补核心系统不提供的功能缺口。质量管理软件（Quality Management System，QMS）就是其中之一，用于制定质量方针和目标、形成标准操作程序以及质量认证过程所需的记录。可以处理样品自动验证的中间件也属于实验室支持系统的一种。以下几种也可被视为属于本类系统。

1）人工智能（Artificial Intelligence，AI）工具和算法正被研究人员用来更好地检查数据并在实验室中进行研究，而实验室工具（如冷冻室、孵化器和空气净化系统）正变得"更智能"，通过添加的传感器，可以将数据发送到一个或多个软件系统进行监控。

2）批和批管理工具为样品的创建、跟踪、审查和处理过程提供相同的属性和进行跟踪，以提高效率。

3）实验室能力规划和调度提高了实验室工作流程的效率，使实验室能够更好地利用时间、现有人员和设备等资源。这种工具考虑了仪器的定期维护和人员的计划休息时间。

4）合规管理嵌入核心系统或作为实验室的支持系统，有助于所有类型的实验室遵守政府法规。除典型的审计跟踪和电子签名外，合规管理工具还可以帮助进行风险评估、业务管理和合同义务管理。

5）数据完整性是检验检测信息化解决方案的核心能力和要求。数据完整性包括维护和保证数据在整个生命周期内的准确性和一致性。数据完整性是一项关键的设计要求，触及检验检测信息化的每一个要素——实验数据的存储、处理或检索。

6）人力资源管理包含了对实验室人员相关的数据和活动的管理，包括对分析师培训记录、质量、认证和绩效的管理。

7）仪器和设备管理工具有助于确定仪器和设备的在线或离线状态、协助校准管理、更新服务和预防性维护计划，并提供仪器的质量状态，以确保适当的安全性和功能性。

8）仪器数据采集和控制可以为提升实验室效率、保证数据质量和完整性提供很大的帮助。传统上，检验检测信息化工具允许直接从简单仪器中获取数据、通过仪器数据文件分析间接获取数据，以及对简单和基于文件的仪器进行双向控制。尽管检验检测信息化解决方案通常具有与仪器集成的工具，但也有独立的仪器集成系统，通过将多个仪器连接到一个应用程序，可以充当实验室的数据采集中心。然后，这些集成系统可以与检验检测信息化解决方案连接，通过一个系统到系统的接口从多个仪器获取数据。仪器集成系统也可以作为一种服务，托管在云端或内部，并且一些更新的仪器和设备可以利用物联网进行数据共享。

9）库存管理涉及受控物料、试剂、留样的处理，也可用于药品的稳定性分析及相关的库存管理。

10）调查管理对制药、医疗器械和生物制品行业的研究人员和制造商都很重要，这是规范流程的一部分。利用调查管理确保这些行业的部件、容器、过程中材料和成品的安全性与合规性，包括管理 cFDA 的检验结果偏差（Out of Specification，OOS）要求、超出趋势结果（Out of Trends Results，OOT）要求、验证工作以及与调查相关的纠正措施和预防措施（Corrective Action and Preventative Action，CAPA）工作。

11）过程改进通常被认为是一系列关于实验室建设的改进，以使实验室更加高效，通常包含持续改进的理念。针对实验室运行效率的数据，既可以通过可视化项目管理工具"仪表盘"进行展示，也可以与其他信息化工具进行集成。

12）通过使用事件计划管理的软件或功能实现对事件调度的管理，特别是能够对有轮班或轮换（在不同部门调动实验室人员）的实验室的常规和非常规工作提供帮助。

13）科学数据管理不一定仅限于科学数据管理系统，也包括管理各种仪器原始数据文件、文档，以改进数据处理、共享和挖掘的其他核心系统、仪器数据管理系统和独立软件系统。

14）标准和试剂管理包括各种库存的试剂、化学品和标准品的储存、数量、采购和失效状态。

15）统计趋势和控制图是实验室人员改进决策和过程管理的数据分析和可视化软件的一部分。

16）系统集成功能允许实验室信息管理系统、业务管理系统（例如 ERP）、制造系统（例如 MES）、过程管理工具（例如数据采集与监控系统）、文档管理系统、统计分析工具等，以相互连接并避免信息孤岛的产生。

6. 人工智能

虽然实验室人员和研究人员越来越多地去寻找将人工智能融入实验室工作流程的方法，但人工智能在临床、研究和工业实验室的应用仍处于相对初级阶段。随着人工智能能够从用户交互、用户数据等方面"学习"，以改进或洞察实验室过程和数据，这项技术可能会继续探索进入实验室中的方法。分析结构化数据的机器学习工具和从非结构化数据中提取信息的自然语言处理工具已经应用到一些临床实验室工作流程中。

7. 平台和管理支持

平台以及管理支持工具不仅有助于用户开发和维护系统，还允许系统管理员和IT人员提供更好、更安全的使用系统。这些工具可以构建在核心系统中，也可以作为相互连接的系统网络的独立组件。这些工具中的功能包括文档管理（用于标准操作程序、规范、培训材料等）、配置管理（用于处理主数据、电子签名等）、系统验证和调试（用于需求、规范、测试脚本、回归测试、压力测试等）、系统管理、电子安全和隐私管理。

8. 数据仓库

科学数据管理系统是一种数据仓库，包含一系列商定的规则，规定了如何处理和构造输入的数据，但也存在其他形式的数据仓库，临床实验室和非临床实验室都可以使用它。例如"数据湖"的存储方法代表了一种更现代的体系结构，它接收各种结构状态的数据，用适当的元数据标记后进行扁平化处理，之后将数据放在那里不再进行任何操作，直到被查询或使用，或两者兼而有之。这些数据存储系统可以在本地托管，也可以作为云上服务提供。

9. 门户网站

这些工具以受控方式，允许第三方访问一个或多个数据库或数据管理系统。它们通常是现有系统（如实验室信息管理系统）的一部分，也可以是独立的、可以连接到一个或多个数据库的系统。门户网站的个人或组的访问权限级别也由 Web 门户的管理工具独立管理和控制。

（二）检验检测信息化功能

检验检测信息化含有丰富的功能集。在图 5-14 中给出了在检验检测信息化系统的功能图，这些功能的中心是核心实验室测试（标记为 C-X），包括样品/实验登记、样品管理、测试、结果审查、样品核准和报告。核心实验室测试由扩展功能（标记为 E-X）支持，包括规划和调度、仪器管理、试剂和标准管理、材料配置、实验批准、报告和趋势。最后，通过实验室信息平台和系统管理支持功能（标记为 S-X 和 D-X），包括主数据管理，实现了这些核心和支持功能。

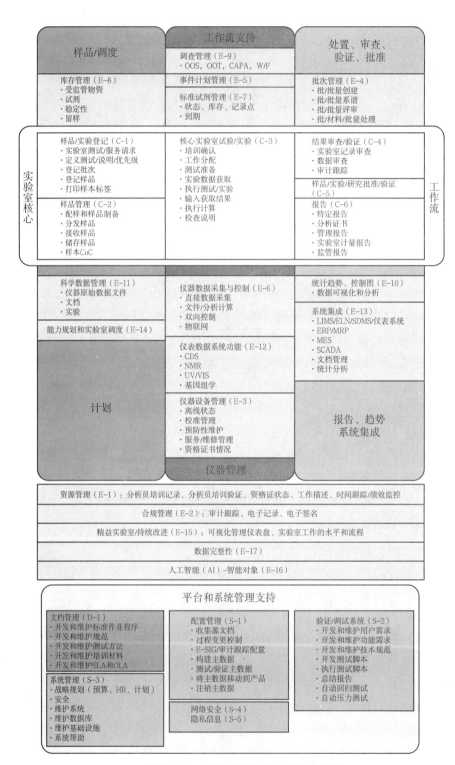

图 5-14　检验检测信息化系统功能图

（三）特定行业的信息化功能

实验室信息化包括许多技术解决方案，如实验室信息管理系统、色谱数据系统，旨在改进实验室操作。然而，并非所有的实验室工作流程都是相同的。特定行业的实验室可能需要额外的功能来满足其工作流程要求。一些检验检测信息化供应商可以设计其解决方案以满足许多实验室类型的需求，而其他供应商则可以为具有特定功能需求的特定行业细分设计主题。例如，环境实验室可能需要跟踪样品容器、用控制样品分批处理样品、仪器集成、多级审查和特殊报告要求。表5-1中说明了满足特定实验室类型需求所需的一些附加功能，但此表所示功能在基本实验室工作流程之上，并不是详尽的列表，这些只是可能的附加功能的示例。

表 5-1 特定行业的实验室信息化功能

实验室类型	实验室功能区					
	样品/实验、管理	实验室测试	审查、验证、批准	系统集成	报告与趋势分析	其他功能
通用实验室	监管链	样品批次处理，包括质量保证		电子实验室笔记本/科学数据管理系统/仪器集成	质量控制结果电子版报告	
环境实验室	容器管理、监管链、法规符合性	样品批次处理，包括质量保证	多水平审查与批准	GIS集成	分批质量控制结果电子报告	质量保证/质量控制/计算验证/电子数据交付
公共卫生领域实验室	监管链、电子测试订单、紧急响应、公共卫生监管	样品批次处理，包括质量保证、法规等	多水平审查与批准、认证	重点国家级、省级监管	电子报告有多种数据格式、专业词汇、传输安全、疫苗安全运输	临床与非临床、以样品为中心以及以患者为中心
生命科学领域实验室	管制物料/稳定性样品	一致性/计算/产品/规范说明	多水平审查与批准	与ERP集成	SPC与过程变异性分析	仪器维护与校准追踪
食品与饮料实验室	批次系列	产品/规范说明		MES和ERP集成	SPC与过程变异性分析	除外情况/报告
制造业/工业企业实验室	自动/日程安排/批次/管理	产品/规范说明		过程控制/与PM集成	SPC与过程变异性分析	

实验室类型	实验室功能区					
	样品/实验、管理	实验室测试	审查、验证、批准	系统集成	报告与趋势分析	其他功能
研发实验室	实验/共享	方法管理版本控制		电子实验室笔记本/科学数据管理系统/仪器集成	实验结论、技术报告	扩展/搜索/能力
医疗实验室	嵌入式LIS/独立式LIS/云LIS/以患者为中心			至外部系统的接口引擎	独特功能/诊断与监管	电子病历/直接临床医师使用/账单

（四）检验检测集成技术

1. 系统集成技术

检验检测信息化的技术要素及其设计和部署值是值得关注的。例如云计算和应用程序编程接口（API）之类的技术正在越来越多地参与、影响各类实验室的发展和建设实施。硬件基础设施、应用平台和集成等关键因素需要进一步推动如何开发和部署系统的决策，从而影响这些目标对技术要素的使用。以下各项均视为与检验检测信息化系统开发和部署相关的集成技术要素。

1）应用程序编程接口允许软件组件之间进行清晰的通信，改进了检验检测信息化应用程序的构建和使用方式。它们不仅允许核心开发人员简化编程，还允许需要自定义软件使用（和输出数据）方面的最终用户以更简单的方式进行编程。一些软件供应商在交付他们的检验检测信息化的同时，附上一个应用程序编程接口或者软件开发工具包（SDK），以使最终用户在与实验室其他系统交换数据、调用实验室其他系统后台服务和自定义软件的应用时更加简便。

2）人工智能及其在实验室中的应用随着智能对象的使用、应用于实验室数据的机器学习以及对实验室过程和资源的监控而不断增长。

3）身份验证机制和协议，如单点登录（SSO）和办公自动化系统（OA）对实验室信息化应用程序的安全性很重要，对其使用的决定并不是轻而易举的。这些机制和协议有助于确定如何安全地存储、访问和传播信息。

4）商务智能（BI）和大数据技术组件越来越多地进入或与实验室信息化密切连接，包括数据仓库、数据挖掘、数据分析、数据结构，以及面向过程、管理、可视化和传播各种数据的 Web 门户组件。

5）云计算和存储为实验室信息化应用程序和数据的利用提供了虚拟化替代方案。无论是由于缺乏信息技术资源和内部专业知识，还是出于降低运营成本的愿望，信息技术供应商和企业都在将软件转变为一种服务，可以通过互联网或通过私有网络进行访问。

6）数据迁移工具是实验室信息化部署的一个重要组成部分，许多系统没有使用空白数据库投入运行。这些工具通常是独立的，意味着它们不会成为整个信息基础设施的永久组成部分，它们还可能具有数据清理和转换功能，以确保数据到达目的地时的格式正确。

7）物联网设备已进入实验室，有望提高生产率和洞察力。可联网的传感器和设备的集合可为实验室提供互连、监控和洞察各种数据流的选项。实验室实施物联网内容包括通信方式、数据安全、数据质量等。

2. 仪器集成技术

实验室信息管理系统与仪器的集成需要连接两个比较复杂的系统。实验室信息管理系统与实验室仪器（如天平、酸碱度计、分光光度计、色谱数据系统）之间的接口通常涉及将系统直接连接到仪器或控制仪器硬件的其他数据系统，如独立的仪器计算机系统或色谱数据系统。由于其固有的复杂性，色谱数据系统通常被称为特定类别。

仪器与实验室信息管理系统的集成是通过提高实验室生产力和数据质量实施提供投资回报的关键因素。集成的益处是通过消除或减少人工数据转录、验证和转录错误的纠正来提高数据质量和实验室效率。

由于在实验室信息管理系统和实验室仪器数据系统中管理样品测试序列（在某些情况下为自动取样器）比较复杂，因此实验室信息管理系统发送一个测试序列是非常必要的。通过接口连接实验室仪器数据系统，确保信息的准确交换。

在许多情况下，需要实时完成从数据系统到实验室信息管理系统的结果传输，以便在测量完成后立即进行进一步的结果处理（如计算、批准、报告等）。

仪器与实验室信息管理系统的技术接口可通过实验室信息管理系统本身的可使用专门设计的中间应用程序，将仪器或其控制系统连接到实验室核心应用程序来实现。这些中间应用程序通常通过数据流、文件交换或 Web 服务在仪器和实验室信息管理系统之间执行双向通信。这些集成应用程序通常作为企业基础设施中的内部部署应用程序提供。但是，随着广泛应用的云服务的出现，也可以采用云服务进行数据采集。

仪器接口数据交换过程和格式可采用 RS-232 通信方法进行数据交换,另一种方式是基于 XML 方式进行实现实验室仪器数据标准进行数据采集。

应根据每个系统提供的功能来选择将执行自动计算的系统。例如,色谱数据系统通常包括系统适用性、峰值积分和校准曲线的计算,而实验室信息管理系统则执行交叉技术计算、湿度和其他因素的校正,并跨多个技术和时间段的趋势结果。链接实验室信息管理系统 – 色谱数据系统计算的典型方法包括使用比率,其中色谱数据系统报告标准响应的样品响应,实验室信息管理系统用于计算最终结果,并将其与规范和进一步报告进行比较。

(五)检验检测信息化实施过程

检验检测信息化实施过程是指为实施、运行和最终退役的实验室信息系统而采取的活动。典型的实验室信息化系统全生命周期如图 5-15 所示。虽然许多实验室的活动可能同时发生,但为了便于规划和提供项目管理的检查点,可以通过将活动组织成连续的阶段来更好地可视化系统的生命周期。系统生命周期从实施开始,通过引入信息化系统来取代原来手工管理过程,或更换即将过时的系统,系统的使用阶段即生命周期的运行和维护阶段。在这一阶段,系统将随着新需求的实施、供应商提供的新版本或底层基础设施(软件和硬件)的更新而发展。如果系统过时(或业务压力迫使更改),且实施了新的系统,则原系统将会退役。

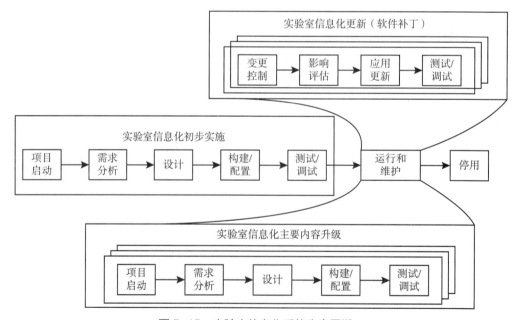

图 5-15　实验室信息化系统生命周期

1）项目启动首先发生在检验检测信息化解决方案的初始实施过程中，这也是考虑未来系统升级和开发潜力的时候。在这个阶段，项目或升级是被构思出来的，业务案例是被开发出来的，项目的初始范围和边界是被确定的。项目启动的最终结果是整个项目的"执行"或"不执行"决策。

2）进行需求分析，这对于确定检验检测信息化的具体需求很重要。需求分析发生在初始实现期间。在运行和维护阶段发生的系统升级和开发也需要此功能。用户需求为检验检测信息化工具（模块）的选择提供了基础，需求可以是功能性的或非功能性的。功能要求包括系统的日常使用及其应支持的工作流程。非功能性需求定义了可能包括系统工作的 IT 基础设施和监管考虑在内的其他考虑因素。典型的监管考虑确定了系统支持组织可能遵守的任何法规和审计要求的需求，包括系统进行正式验证的任何潜在需求。

3）设计阶段将功能需求转化为详细的逻辑和物理设计规范。虽然系统升级和开发发生在运行和维护阶段，但设计发生在初始实施期间。对于商品化实验室信息管理系统，此阶段可能包括指定如何使用、配置、定制或组合检验检测信息化产品功能，以满足要求。

4）构建 / 配置阶段是检验检测信息化的构建阶段。活动包括定制、配置和正在实施的解决方案的开发测试。虽然系统升级和开发发生在运行和维护阶段，但构建 / 配置活动发生在初始实施期间。

5）在投入使用前进行测试 / 调试。活动包括最终数据加载、用户验收测试、培训和部署。如果需要，可以进行正式验证。

6）运行和维护阶段是指系统用于支持实验室生产中的操作。在此阶段可能需要进一步的工作，以确保解决方案与不断变化的业务和技术需求保持一致。供应商或实验室 IT 人员可以提供更新或新版本，以解决已识别的问题，为基础系统提供增强的功能，或为不断变化的技术提供支持。这些更新可以在分析其影响后应用于系统。应用升级可以是一个主要项目，并且应该遵循与初始实施活动类似的过程。

7）停用是系统生命周期的最后阶段。通常由于技术过时或重大组织变化驱动，停用涉及下一代解决方案的规划，包括提供对相关历史实验室数据的访问。

典型系统实施和生命周期的流程如图 5-18 所示。该图说明了信息系统生命周期各阶段的相对资源利用情况，同时也说明了三种类型的资源：实验室 / 业务用户、应用程序 / 系统专家以及验证专家。

图 5-18 中的时间框架仅为说明性的，许多因素影响时间线。其中包括所需解决方案的复杂性和范围、所选解决方案对确定需求的定义（影响所需的开发、定制或配置）、组织改变工作实践以匹配商品化实验室信息管理系统解决方案的意愿，以及非功能性需求的影响，如出于监管目的的验证、资源可用性、时间限制和预算。负责管理实验室信息管理系统解决方案实施的人员应确保他们与关键参与人合作，以确保时间表可实现。

在本节描述的阶段是按顺序进行的，有些活动可能是并行进行的。例如，设计可以在需求完成之前开始，而构建/配置可以在设计完成之前开始。敏捷、迭代或原型开发技术的使用可能进一步模糊阶段之间的区别。然而，阶段为检验检测信息化项目的实现提供了一种逻辑方法，而敏捷方法可以被看作是一种将阶段压缩为更短但更多迭代的方法。

图 5-16 中的资源利用栏描述了实验室/业务用户、应用程序/系统专家和验证专家在整个生命周期中的持续参与，以及更高级别的参与时间。作为解决方案的最终用户，实验室/业务用户在项目启动、需求分析和测试/调试阶段的参与度更高。在设计和测试/调试阶段，系统专家参与最多。在构建/配置和测试/调试阶段，验证专家需要参与其工作。

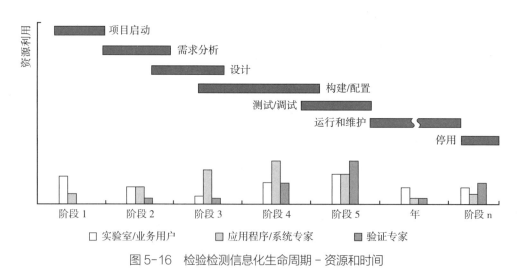

图 5-16　检验检测信息化生命周期－资源和时间

三、检验检测信息化工作流程和样品生命周期

检验检测信息化工作流程模型（图 5-17）代表了典型分析实验室中的一般工作

流程。工作流程图的目的是描述实验室信息功能和与典型实验室工作流程的交互点。不同实验室以及不同行业的具体实验室工作流程要求可能存在很大差异。例如，在研发组织中，实验室过程通常从实验设计开始。实验设计的信息输入可能来自文献或基于计算化学和生物信息化等工具的计算模型。然而，在实施检验检测信息化解决方案之前，应注意为相关实验室确定和记录完整的独特要求和工作流程模型，应包括明确界定正在实施的检验检测信息化工具的功能边界。为成功实施和使用检验检测信息化解决方案，应对其进行适当配置，以支持目标工作流程和要求。此外，在使用前，通常需要将大量的静态或主数据导入系统。一旦配置完成，检验检测信息化解决方案就能够支持实验室工作流程和样品生命周期过程。

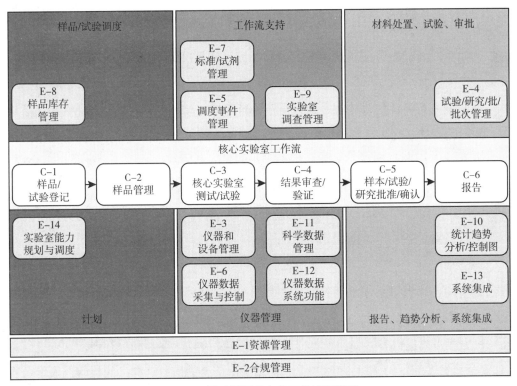

图 5-17 检验检测信息化工作流程模型

（一）样品和试验生命周期

1. 样品登记

样品登记可在实际样品采集和到达实验室之前或之后进行。启动测试/取样请求通常会启动样品工作流程。示例请求可能包括手动表单、电子表单、电话请求、Web

请求、流程驱动的请求、基于时间或日历的请求、即席请求和系统生成的请求。从样品请求中获得的信息应包括传记、客户、测试和安全信息。一些实验室信息解决方案允许实验室预先记录或后记录样品，客户机通过自助服务请求界面预先记录样品。在某些业务流程中，在检索用于研究的样品之前，需要由项目主管批准样品请求，以确保将适当的样品分配给高优先级项目。

2. 样品标识

检验检测信息化解决方案应为登记的每个样品分配一个唯一的编号（即提交测试）。唯一编号可以是系统生成的序列整数或用户定义的序列。在检验检测信息化解决方案（例如特定批次或研究项目的所有样品）中，应在逻辑上"链接"一起提交用于测试的多个样品。系统通常会提供功能来捕获有关样品的描述性信息，例如提交样品的人员、成本、样品描述、存储条件以及对样品执行的测试。其他信息也可能很重要，例如测试的优先级、测试的准确度和精度、样品可能对实验室人员造成的危害、预期的组件近似水平以及分析完成后应如何处理样品。

通常会发布确认报告（有时通过电子邮件发送），以确保请求者系统接受样品请求，并在物理样品交付至测试实验室时随附物理样品。通常情况下，检验检测信息化解决方案状态会针对样品/订单进行更新，并可用于记录订单（用于保存操作指标）的生成时间，以便系统可以跟踪流程其余步骤的时间间隔，这也将允许实验室管理人员确定周转时间、样品状态和各种过期条件。

3. 样品采集

样品采集可以是手动、自动或机器人过程。通过让检验检测信息化解决方案打印样品收集列表并为样品容器生成标签（例如条形码），样品收集物流可能变得更加高效。样品采集可以在实验室工作流程确定的样品登记之前或之后进行。检验检测信息化解决方案可以提供有关如何采集样品、特定样品计划、容器和保存要求、安全信息（如安全数据表 SDS）、样品存储要求和样品路由信息的信息。样品的保管链通常由检验检测信息化解决方案跟踪，用于位置和状态信息。监管链可能需要提供样品容器及其内容物控制和可追溯性的书面证据。可能需要监管链要求的情况包括处理受管制物质、支持法律法庭案件的证据（法医）或放射性材料。需注意，对于政府或执法机构规定的特定样品类型，此功能可能不具备所有法定监管链要求。在计划/实施阶段，实施团队应仔细审查这些要求。

4. 样品接收

实验室样品的实际接收可记录在系统中，也可包括初始样品检查和标签。样品订单或样品组可根据客户或项目取样要求进行查看。可记录其他信息，如收到样品的个数（或数量／总量）和到达时间，并可将样品／订单的状态从"已记录"更新为"已接收"。如果使用收集列表，则应使用"遗漏样品"报告来指示未收到的样品预期。

1）检验检测信息化解决方案可配置为根据要进行的试验规定样品的等分要求。收到样品后，任何问题（如意外的颜色或物理状态）均可记录在样品记录中。检验检测信息化溶液应足够灵活，以便进行初步样品处理（如添加防腐剂），并进行记录。

2）储存／检索样品使用检验检测信息化解决方案的一个经常被忽视的好处是，除正常样品外，还能够管理参考样品、实验室试剂、标准品、质量控制样品、基于时间的样品（保质期稳定性）和样品储存要求的库存。库存功能还可以提供有关资源和消耗品管理的关键业务信息，包括到期日期、供应商信息、补货数量等。

5. 样品分发

样品分发过程通常包括重要的检验检测信息化解决方案功能，如工作清单、资源分配、样品路由和样品存储位置跟踪或保管链。

检验检测信息化解决方案应提供所有试验的清单、所需材料数量和样品发送地点。样品分发的日期和时间很重要，因为它指定了样品何时可供各实验室工作站进行分析。样品状态可能会更新，以表明此时样品也可用于分析。

6. 工作分配

一旦样品到达实验室，应根据可用资源、人员、设备或其组合安排和分配工作。这些资源可用与否，可以通过信息系统来处理，如果之前已经配置了这些信息。通过适当利用检验检测信息化解决方案，可以对资源进行预测、分配和跟踪，以提高实验室的整体效率。在某些情况下，检验检测信息化解决方案还可以配置为自动将样品分组为运行或序列，并为每个样品／订单安排工作（测试），以及配置为允许授权用户手动执行这些功能。

（二）分析

1. 样品制备

大多数样品在分析前需要进行一些制备。检验检测信息化解决方案可以配置为提供这些初步处理和样品制备步骤的样品制备说明，但这些信息也可以以标准操作程序、技术文档或存储在检验检测信息化解决方案外部的工作说明的形式提供。此外，还可以确定是谁制备了样品，什么时候完成了样品制备。

2. 样品分析

分析活动因实验室而异。根据实验室的要求和数据模型，一个共同的目标是在检验检测信息化解决方案中尽可能多地记录在此阶段收集的信息。一般而言，分析阶段包含以下子部分：

1）测试结果／测定是分析过程的主要输出。样品、标准及其相关质量控制样品的中间和最终测试结果可以硬拷贝、电子格式或两者同时报告。此外，测量过程可能产生额外内部空白、标准和仪器自检的值。实验室"原始数据"的定义以及法律证据需要保留的内容可能会因涉及的每个客户或机构而有所不同，并且应该是数据模型设计过程的基本部分。检验检测信息化解决方案应提供一种同时捕获测试过程中进行的所有活动的方法，以确保行动的准确性、可追溯性、独创性和真实性。

2）可在检验检测信息化解决方案工作流程中的多个点开始重新测试循环。重新测试被定义为原始样品／订单容器上的一个或多个额外测定。如果怀疑某一特定测试因质量控制参数不合格、仪器故障或技术判断不合格等原因而失败，通常会要求重新测试。检验检测信息化解决方案应记录每次重新测试并辅以适当的证明。

3）重采样循环。在检验检测信息化解决方案工作流程中的多个点也可以启动重采样。样品被定义为一个或多个附加样品。检验检测信息化解决方案需要与通过重采样循环添加的样品建立前向和后向链接。如果在初始测试过程中给定的样品受损（例如样品管掉落或内容物溢出），通常会订购这些重新取样。当一个样品因为可用于重新测试的样品数量不足、原始样品不适合进行测试的技术判断、应确认／克服测试失败时，也要重新排序。

3. 数据捕获

分析结果应在检验检测信息化解决方案中捕获。在数据模型设计过程中，应仔细评估和确定包含在结果数据中的支持数据的数量和类型，以便重建导致测试结果的关键活动。当捕获测试结果确定时，应更新样品／订单和结果确定的状态。此外，还应捕获相关的日期／时间记录，以便跟踪已完成工作和测试进度的统计信息。检验检测信息化解决方案应具有经过验证的电子审计跟踪，记录每个交易的信息，包括初始条目和条目修改。

虽然数据捕获可能是一个人工过程，其中结果和参数由分析员手动输入，但系统的强大之处在于电子数据捕获，其能够提升数据捕获效率，保证数据的完整性。这可能涉及自动捕获仪器数据文件和简单设备中的数据自动从检验检测信息化实施的一个部分提取信息并传输到另一个部分，以及自动发布报告。如果仪器与检验检测信息化解决方案双向连接，未知样品和控制标准的序列可转移到仪器，以简化分析前的仪器设置。

（三）分析评审

1. 试验结果评审和解释

实验室应要求在将结果发布给客户之前，对每个试验结果进行一个或多个级别的文档化评审和解释。为了促进这一过程，检验检测信息化解决方案可配置为记录多个审查级别。对于与试验方法性能相关的任何异常，主要分析员通常会审查和解释原始样品结果，该审查可记录在检验检测信息化解决方案中。实验室通常要求由第二个独立的合格人员审查结果，以确保测试得到正确执行、记录、输入和解释。

为了有助于多级审查这一过程，检验检测信息化解决方案可能会显示异常（例如不符合趋势）或不符合规格的结果，以供进一步评估。如果已知被测物质的正常值，则可以显示这些值。可以突出显示或单独显示超出正常范围的结果，以便进一步查看。检验检测信息化解决方案可以配置为执行实验室标准操作规程，针对不同的评审员或测试人员，检验检测信息化解决方案可为其配置不同的操作规程。应审核在验证步骤中对检验检测信息化解决方案数据所做的更正或更改，跟踪并要求更改注释的授权。审计跟踪应包含原始数据和结果记录的所有更改，包括更改日期 / 时间、更改者和更改原因。如果法规或指南要求，可使用电子签名确认检验检测信息化解决方案记录的状态变化。并非所有检验检测信息化解决方案的实现都需要审计跟踪。检验检测信息化解决方案实施团队需要确定审计跟踪是否重要，应保留和审查哪些信息，以及在数据模型设计阶段是否应记录变更的原因。管理层可能需要知道何时验证结果，这是测试 / 样品 / 订单过程中的一个里程碑。

2. 研发机构的测试结果分析

实验室测试结果是下一轮实验设计决策的依据。为了便于此类决策，检验检测信息化解决方案可提供高级可视化能力。高级数据可视化允许用户显示通常是高维的大数据集。可以通过操纵可视化来计算或识别趋势。如果检验检测信息化解决方案不支持高级可视化，则需要将检验检测信息化解决方案与最佳数据可视化工具集成。

（四）样品处理

实验室通常要求样品经过文档化的审查 / 批准程序来处理样品，表明已根据既定标准对其进行了评估。检验检测信息化解决方案可配置为记录审查 / 批准过程。这一过程因行业而异，但在许多情况下需要由多个组和级别（例如同级或主管）进行数据审查。检验检测信息化解决方案应能够管理此类场景（包括多级审查）。由于实验室的存在是为了为母公司 / 客户组织生成信息，因此实验室可以组织和配置结果，以便解释和决策。分析通常是为了确认材料的质量或性能，在这种情况下，可将材料规格输入检验检测信息化解决方案，以便对照可接受值检查结果，以确定样品是否符合规格。电子签名可用于记录样品审查 / 批准过程，并在检验检测信息化解决方案记录中更新样品状态。此外，某些行业 / 法规禁止进行试验的分析员最终批准样品。在实施设计阶段，需要确定这种性质的限制，以便检验检测信息化解决方案配置支持这种限制。

审查 / 批准流程的输出是验证数据，可以采用数据报告、测试验证报告、COA 或直接过程控制措施的形式。通常情况下，解释功能与报告过程一致。在许多检验检测信息化解决方案中，数据以报告格式解释为电子或纸质形式。样品处理还将允许通过检验检测信息化解决方案生成样品的全面审计跟踪和保管信息。

结果数据本身可以与样品进行单独的评估和处理过程。在一些行业和研究机构中，会捕获单个结果数据点的通过 / 失败（或批准 / 拒绝）状态，但由于生成结果值的科学性是可靠的，所以会批准整个样品。在这种情况下，样品处理和分析结果评估是检验检测信息化解决方案中需要处理的两个不同功能。

样品通常与父级实体相关，例如批次、稳定性研究、项目或临床研究。样品处置还可能触发这些父级实体的审查 / 批准流程，因此它们的状态可能会得到更新。在实施检验检测信息化解决方案的过程中，团队应确保根据业务需求处理这些依赖实体之间的同步。

（五）样品处置和留样

1. 样品处置

样品处置也是样品处置或留样过程的触发因素。分析后样品处理的适当文件是实验室的一项重要职责，检验检测信息化解决方案可用于记录任何特殊处理说明和跟踪最终样品处理。

2. 样品留样

样品留样取决于行业，样品可能需要物理保留一段预先确定的时间。在协作外包环境中进行样品测试时，也可以将其发送回客户。检验检测信息化解决方案通常可用于样品处理、保存和装运等不同情况。

（六）报告

验证后，向客户报告的数据可能包括测试结果（包括质量控制数据）、辅助数据（如样品人口统计数据）、实验室未"生成"的附带传递数据以及数据评估所需的其他数据（如样品特征）。报告通过预先确定或指定的方式（或同时为内部和外部使用）组织结果数据来发挥重要作用。数据传输模式可以包括硬拷贝报告、电子数据交付和基于 Web 的系统。报告生成应足够灵活，以适应个别客户的不同报告需求。实验室信息学解决方案供应商应为最常见的硬拷贝和电子报告格式提供基本格式。传统的 COA 通常作为硬拷贝报告的一个例子提供。现在许多客户依赖于使用各种电子格式，这些格式支持使用 XML 等电子传输格式将数据从实验室信息解决方案数据库传输到客户数据库。在某些情况下，数据可保存在数据仓库中，并根据需要进行访问，而不是主动发送报告。

可以为内部实验室管理制定报告，以更好地了解实验室要求和性能。从人员和仪器/材料的角度来看，来料样品的体积提供了实验室资源需求的可视性。在样品/订单的生命周期中各状态点创建时间戳，用于突出显示周期时间/周转时间和实验室吞吐量。吞吐量数据可能包括每天、每小时、每班或每周某一天在每个工作站处理的样品数量，并有助于确定高峰需求、障碍和其他潜在的过程问题。按样品列出的审计报告可以显示仪器中测试/方法的处理时间，并提供实验室生产力的可视性。周转时间还显示了实验室对客户需求的响应，而在制品（WIP）和过期结果帮助管理者确定实验室对当前需求的响应程度。报告复测和重新取样的样品数量可以了解人员的培训需求和其他工作流程问题。

仪器使用报告有助于理解实验室的仪器要求。这个过程包括每天操作的仪器（以小时为单位）、使用的测试方法的数量和收到的样品类型。仪器使用信息可以帮助开发标准和非标准分析的测试成本。试验总数和试验方法可用于估算规划用试剂和用品的消耗量。

四、检验检测信息化技术发展路线图

（一）检验检测信息化发展过程

检验检测信息化系统与其他领域的管理信息系统一样，随着计算机硬件、软件和网络等技术的发展而不断推陈出新、升级换代。

1. 系统产生过程

按时间来分，实验室信息管理系统的发展大致可以分为四个阶段，如表 5-2 所示。

表 5-2　实验室信息管理系统的发展年表

时间（年）	事　件
1982 年以前（萌芽阶段）	实验室大多采用笔记簿手写或手绘的报告 / 图形来管理信息，少数技术较先进的实验室开始尝试与第三方供应商合作，研制适合其自身需要的实验室信息管理系统
1982—1995（过渡阶段）	商业实验室信息管理系统产品问世，其特点是将实验室功能放置在单台中央小型机上，提供更高的实验室生产能力、生产效率以及自动出具报表功能。1991 年以后，PC 机容易使用的界面和标准桌面工具与小型机服务器的处理能力和安全性以 C/S 架构结合起来
1996—2002（兴起阶段）	带 Web 功能的实验室信息管理系统问世，同时开始具有无线计算能力。初级检验检测信息化主要解决实验室的基本需求，完成实验室的检验结果管理、检测方法管理、执行标准管理、检测项目管理、质量台账管理
2003—现在（成长阶段）	我国的 IT 公司和实验室陆续开始开发和实施实验室信息管理系统，从化学领域开始，到现在的食品安全、药品检测、第三方检测等各检测领域

（1）萌芽阶段

20 世纪 60 年代末，美国一些高等院校、研究所和化学公司开始研究和使用计算机和局域网络系统处理实验室数据，从那时起，实验室信息管理系统开始了其产生、发展和普及的历史。

（2）过渡阶段

1982 年这个时间段是重要的分水岭，一些国外公司（惠普、IBM 等）陆续发布了实验室信息管理系统产品，数量超过至少 9 款，这标志着实验室信息管理系统这个术语正式进入商业领域。

（3）兴起阶段

1996 年，带 Web 功能的实验室信息管理系统问世，1999 年首次出现了 ASP（Active Server Page）开发的实验室信息管理系统。同时此阶段的实验室信息管理系统也与其他信息化项目一样，经历了由 C/S 架构升级为 B/S 架构的阶段，如图 5-18 所示。

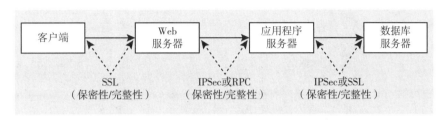

图 5-18 检验检测信息化体系架构的发展

（4）成长阶段

2003 年左右，我国的 IT 公司或国内研究机构陆续开始开发和实施实验室信息管理系统，从化学领域开始，到现在的食品安全、药品检测、第三方检测等各检测领域。

在中国，检验检测信息化是从 2003 年以后逐渐被各检验检测机构使用和认同的。从时间维度来看，检验检测信息化历经了四个发展阶段，如图 5-19 所示。

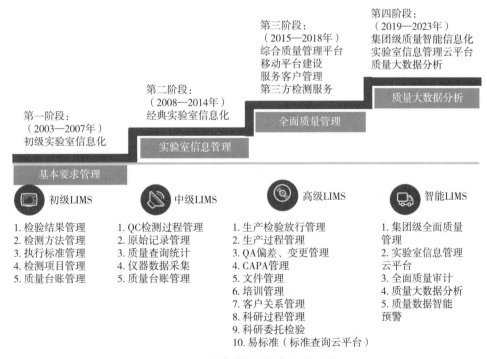

图 5-19 国内检验检测信息化发展过程

这四个阶段的具体事件，如表 5-3 所示。

表 5-3 检验检测信息化发展的历程

阶　段	事　件
第一阶段：初级实验室信息化	主要解决实验室的基本需求，完成实验室的检验结果管理、检测方法管理、执行标准管理、检测项目管理、质量台账管理
第二阶段：经典实验室信息化	主要目的是建设经典实验室，完成实验室的质量管理过程，如质量控制检测过程管理、原始记录管理、质量查询统计、仪器数据采集、质量台账管理等
第三阶段：全面质量管理	实现实验室的全面质量管理，实现生产过程管理、生产检验放行、质量保证偏差/变更管理、纠正措施和预防措施管理、文件管理、培训管理、客户关系管理、科研过程管理、科研委托管理。同时将国家标准、行业标准、企业标准与实验室信息管理系统平台集成
第四阶段：质量大数据分析	实现检验检测业务全线条云平台化，实现检验检测集团级智能管理，实现质量大数据分析。在此阶段，主要完成检验检测业务全线条云平台的建设，建立全集团层全面质量管理、全面质量审计，为政府、企事业单位的质量监管提供质量大数据分析与质量数据智能预警

2. 功能演化过程

检验检测信息化随着时间的推移而演化，随着能力和需求的变化，开发人员增加和扩展了功能。实验室信息管理系统和仪器数据系统（如色谱数据系统）从执行简单的实验室功能开始。随着时间的推移，额外的软件工具进入了实验室，现有的软件产品增加了功能。为满足实验室社区需求而设计的软件产品开发的时间表如图 5-20 所

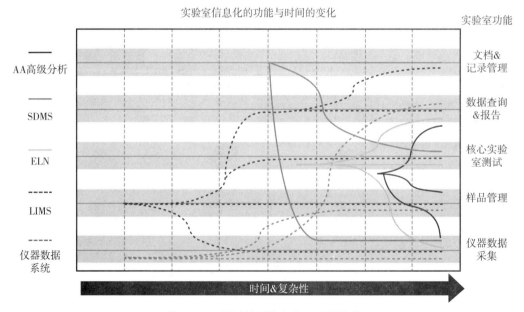

图 5-20 检验检测信息化工具的演化

示。现有工具的扩展范围说明了检验检测信息化解决方案功能性和复杂性的增加。图5-20 所示的检验检测信息化解决方案只是示例，并不意味着这些是唯一可用的工具。

2017 年国家认证认可监督管理委员会印发的《认证认可检验检测信息化"十三五"建设任务与行动计划》提出："建成认证认可检验检测行业大数据中心，实现认监委与质检总局和有关部委、地方认证监管部门、从业机构及社会相关单位间的信息数据互联互通"。当前检验检测信息化已经被列为我国检验检测行业的建设目标之一。围绕检验检测信息化工作，国家认证认可监督管理委员会制定了"认证认可信息化建设顶层架构图"并明确了 37 项涉及信息化和大数据的应用以及信息化基础建设的建设任务和工程，对认证认可检验检测信息化工作提出了更高的要求。

我国检验检测信息化主要有两大发展趋势。其一，作为质量管理体系中的重要一环，检验检测信息化产品可在整合企业资源和需求的基础上横向发展，逐渐完善其功能，向全面的质量信息化管理方向发展。其二，随着社会对检验检测的需求不断增加，检验检测领域的数据也将呈爆发式增长趋势，因此行业将向人工智能与大数据的方向发展，未来检验检测信息化将与新一代信息技术如大数据、人工智能、物联网技术、智能机器、区块链技术、边缘计算技术、5G 技术、数字孪生等相融合。

（二）检验检测信息化发展趋势

1. 物联网技术

检验检测信息化未来将围绕智能传感器在信息获取、信息转换、信息传递和信息处理中智能化升级，给检验检测行业带来检验方式变革。物联网技术通过角度感应、射频识别、红外感应器等信息传感设备实现了万物互联，并且与互联网和移动互联网互相补充，形成人、物体和各类设施任何时间、任何地点互联互通，为智能检验检测提供了支撑。未来设备连接是物联网的核心。与云计算一样，物联网设备的安全性是至关重要的考虑因素。传感器数据收集、管理和使用是实验室的典型最终目标。应监控物联网设备产生的数据质量，以充分利用物联网实验室。预测性维护和状态监测为实施物联网解决方案的实验室提供了改进维护计划和缩短实验室停机时间的工具。

2. 智能机器人及关键零部件

劳动力的上涨和机器人制造成本的不断降低，"机器换人"应用领域不断拓展，特别是在有毒有害物质检测、危险工况检测、大量重复性检测、大型复杂装备检测等领域中，智能机器人具有广阔的前景。智能机器人三大关键零部件控制器、伺服电机、减速机是制约我国机器人产业的主要瓶颈，占机器人成本的70%，这是我国智能机器人发展需要重点突破的领域。

3. 区块链技术

区块链技术去中心化的技术特征，可以实现信息自我验证、传递和管理，将有助于进一步深化检验检测监管模式，节约信息传递成本，提升检验检测公信力，围绕区块链去中心化等特征，可使区块链技术在许多检验检测重点领域进行技术突破，以改变现有应用模式。

4. 大数据技术

大数据技术可以从大规模、实时、海量的大数据中挖掘出有价值的信息，通过信息的提炼形成知识，由知识升华为智慧，所以，大数据技术是智能化检验检测的必要支撑技术。促进大数据技术与检验检测技术融合，是实现智能检验检测的必然选择。

信息化、自动化系统的应用使实验过程记录、仪器设备和实验活动都在快速产生着海量、多样的数据，大数据技术提供了一种新的数据分析的方法，不再完全依赖于随机抽样，通过大数据可以分析挖掘出小数据无法提取的有价值的信息。

5. 人工智能技术

人工智能技术为检验检测智能化提供了必要的方法论支撑，尤其是深度学习算法、自然语言处理、知识图谱、智能语音、机器视觉和人脸识别等人工智能技术的深入发展，为检验检测智能化提供了可能。所以说，人工智能技术是检验检测真正实现智能化的最关键支撑技术。人工智能与检验检测行业的结合，利用 VR、AR、MR 等技术可以形成全新的检验检测培训认证体系，基于人工智能全新模式的检验检测培训认证模式将为检验检测行业带来前所未有的发展契机，在观察性学习、操作性学习、社会性学习和研究性学习中都具有广阔的应用前景。建立基于深度学习算法、模拟人脑进行分析学习的智能检验检测神经网络，提高检验检测的科学性和一致性。

人工智能在检验检测信息化领域有许多基于人工智能的方法和用途，其中最重要的是创造和定义独特的本体，也就是说，在一个主题领域中，一组概念和类别显示了它们的属性和它们之间的关系。利用数据挖掘、聚合、转换和报告的范例规则，可以促进并用于支持相互关系分析，并开始了解不同数据领域之间的边界关系（这些关系可能不明显），有助于推动决策的基本原理。在很大程度上，人工智能已被降级为解释文本、声音、运动和触觉表达，以改善各种系统的人机界面和复杂数据集可视化的应用。此外，所谓的智能数据挖掘和模式识别在分析原始和计算后分析集（如基因组数据）中至关重要。人工智能系统也被用来监控基础设施和解释那些过于微小或短暂的事件，这些事件不能被人类的感官实时解释。以自动化和系统化的自我导向方式进行监控、解释、整理和行动，可以提供一系列有意义的应用程序，使人类操作员摆脱琐碎的任务，或者从极为复杂的任务中解脱出来，专注于将数据转化为信息，最终实现组织知识。

6. 云计算与边缘计算技术

云计算技术与检验检测技术结合，为检验检测提供了高速、高性能、高可靠性、实时、海量的检验检测数据处理能力，边缘计算技术的基本原理就是在靠近数据源的地方进行计算，是在靠近物或数据源头的网络边缘侧，融合网络、计算、存储、应用核心能力，就近提供边缘智能服务的开放平台。与云计算相辅相成，边缘计算就近布置，可以看作是云计算的下沉。边缘计算可以满足敏捷连接、实时业务、数据优化、应用智能、安全与隐私保护等方面的需求，是实现分布式自治、检验检测智能化的重要支撑。

7. 5G 技术

5G 技术的目标是高数据速率、减少延迟、节省能源、降低成本、提高系统容量和大规模设备连接，为超大规模、海量、实时的检验检测大数据传输和处理提供了可能。离开 5G 技术的支撑，真正的智能化检验检测技术很难实现。

8. 数字孪生技术

数字孪生技术是充分利用物理模型、传感器更新、运行历史等数据，集成多学科、多物理量、多尺度、多概率的仿真过程，在虚拟空间中完成映射，从而反映相对应的实体装备的全生命周期过程。数字孪生技术以数字化方式拷贝一个物理对象，模拟对象在现实环境中的行为，对产品、制造过程乃至整个工厂进行虚拟仿真，从而提高制造企业产品研发、制造的生产效率。数字孪生技术为智能化检验检测技术提供了重要的支撑。

第四节　食品检测技术发展路线图

一、研究方法

（一）研究范围

依据我国食品行业质量水平和发展趋势，分析食品检验检测领域的技术现状、市场需求、产业目标和技术壁垒，提出食品检测技术发展方向，促进食品产业发展。研究范围仅限我国食品检测领域，涵盖微生物、转基因、农药残留及其代谢物、兽药残留及其代谢物、食品添加剂、重金属、营养成分、品质指标、污染物、非法添加物等食品检测类型，重点关注检测难度高、市场需求大、关注度高的食品检测技术。

（二）研究内容

1）研判我国食品检测市场发展趋势，识别和凝练出食品检测技术需求要素，为确定我国在食品检测领域的发展目标提供科学依据。

2）分析我国食品检测领域的技术现状、技术难点、市场状况，确定适宜的产业发展目标要素和内容，结合现实条件确定优先发展方向，明确完成任务先后顺序和在近期、中期、长期需要重点解决的问题及预期达到的目标。

3）制定我国食品检测未来发展蓝图，指导食品检测技术发展路径，提升检测能力和权威性，为国内检验检测产业发展的科学决策提供参考依据。

（三）绘制工具

通过文献调研、专家预判，识别食品检验检测产业内部共同的目标愿景，促进产业内外的交流，将食品检测问题中涉及的安全要素、市场需求、产业目标、技术壁垒、研发需求等按照时间节点有效组合，以图表形式凝练技术研发重点、规划技术发展路径、明确相关环节间的逻辑关系，阐述食品检测发展前景，绘制食品检测技术发展路线图。

二、食品行业发展现状

食品工业是人类的生命产业，是一个最古老而又永恒不衰的常青产业。随着全球经济的发展和科学技术的进步，世界食品工业取得长足发展。尽管新兴产业不断涌现，但随着食品加工范围和深度的不断扩展，食品工业仍然是世界制造业中的第一大产业。当前，中国食品工业仍以农副食品原料初加工为主，精细加工程度与发达国家存在差距，处于成长期，距离食品科技强国还有一定距离。作为世界第一大食品加工制造国，我国食品工业的持续发展程度和整体科技水平对稳增长、调结构、惠民生意义重大，食品工业的现代化水平已成为反映人民生活质量高低及国家发展程度的重要标志。

经过改革开放 40 多年的发展，我国食品工业已经成为国民经济发展的重要支柱产业，也是保障我国 14 亿人口食品消费的重要民生产业。食品工业（含农副食品加工、食品制造、酒饮料制造三个国民经济大类行业）占比大、发展稳，对轻工业整体效益拉动作用显著、对轻工行业平稳运行起到"压舱石"作用。据国家统计局数据显示，2020年，食品工业规模以上企业35242家，营业收入8.23万亿元，同比增长1.15%；实现利润6206.6亿元，同比增长7.20%。据国民经济分类统计数据显示，国内规模以上企业主要食品产量有增有降。产品增长较大的食品类别包括发酵酒精、速冻米面制品、碳酸饮料类，同比增长分别为24.3%、10.2%、4.7%；产量下降的食品类别主要有冷冻水产品、包装饮用水类、鲜冷藏肉，同比下降分别为12.9%、10.7%、10.0%。

随着全球经济一体化进程的加快，食品全球贸易规模不断扩大，食品供应链也越来越错综复杂，食品安全面临着新一轮的挑战。食品供应全球化程度的加深也意味着食品安全维护工作的国际化。近年来，在全球性食源性疾病不断增长、食品生产商不合格产品全球范围召回事件频发的严峻形势下，各国食品监管力度加强，食品检测需求逐步增加，食品安全已由传统的本国保障走向各国携手共同保障的新时代，亟须提升全链条的食品安全保障能力，共同筑牢食品安全防线。

随着国家政策的大力支持、人均可支配收入的提高和人们食品安全意识的增强，中国食品安全检测市场快速发展。据国家市场监督管理总局统计数据显示，2020年我国食品及食品接触材料检测领域总营业收入为169.07亿元，占全国检验检测行业总营业收入4.71%；比2019年增加了9.02亿，增长率为5.64%。2020年食品及食品接触材料检测机构数量达3545家，占全国检验检测机构总数比率为7.25%；与2019年相比增加了216家，增长率为9.79%。

三、食品行业质量水平及检测技术发展现状

（一）质量水平

民以食为天，食以安为先。2015年新修订的《食品安全法》发布并实施，习近平总书记提出最严谨的标准、最严格的监管、最严厉的处罚、最严肃的问责的"四个最严"要求。全国各级市场监管部门严格按照"四个最严"要求，加强食品质量安全监管各项工作，切实保障人民群众"舌尖上的安全"，有力促进食品行业高质量发展。全国食品质量安全状况总体稳定、持续向好。但是，存在的问题仍然不少，还面临着巨大挑战，各种食品安全隐患依然存在。

根据国家市场监督管理总局发布的食品抽检数据显示，2020年，市场监管全系

统完成监督抽检任务 638 万批次，覆盖全部 34 大类，食品总体抽检不合格率为 2.31%。从食品种类看，日常消费量大的米面油和肉蛋奶等大宗食品和婴幼儿配方食品、特殊膳食食品、保健食品等 30 类食品抽检不合格率低于总体不合格率，其中，乳制品、速冻食品、调味品等 13 大类食品抽检不合格率低于 1%。从问题类型看，监督抽检发现的食品安全风险主要表现在五个方面：一是微生物污染是抽检不合格的主要因素；二是农兽药残留等源头污染问题较为突出；三是部分食品仍存在滥用食品添加剂，食品添加剂因"两超"（超范围、超限量使用食品添加剂）抽检不合格率较高；四是非法添加非食用物质问题仍时有发生；五是个别食品环境污染迁移问题仍较严重。我国仍处于食品安全问题易发、多发期，一些食品安全问题仍需持续治理。

（二）检测技术

食品检测具有样品基质复杂、检测项目多元、检测组分含量跨度大（g/100g~fg/kg）等特点，检测难度较大。食品检测分析技术是在化学分析、营养与食品卫生学、食品化学等相关学科的基础上发展起来的诸多现代化检测技术的集合，为食品安全提供了重要保障。食品检测分析技术在食品安全中的应用主要包括光谱检测分析技术、色谱检测分析技术、电化学检测分析技术、酶联免疫检测分析技术、生物传感器检测分析技术、转基因食品检测分析技术等。

光谱检测分析技术：依据化学元素对光的反应来判断食品中是否含有有害物质，或者含有哪些有害物质。与一些化学检测分析技术相比，光谱检测分析技术具有安全、无污染、绿色环保的特点。

色谱检测分析技术：食品检测中应用较多的色谱检测分析技术主要包括气相色谱技术和液相色谱技术。色谱检测法具有特异性强、检测灵敏度高等特点。

电化学检测分析技术：电化学检测分析技术主要包括电导分析法、伏安法、电解分析法、极谱法，应用简单且较高效，但样品预处理不当可能会影响检测结果。

酶联免疫检测分析技术：根据抗原与抗体的特异性反应原理，可对食品中一些特定的抗原物质进行分析检测，方法简单、检测灵敏度较高、检测危害性极低。

目前我国食品检测分析技术应用存在一些问题，如检测灵敏度不高、检测周期较长、依赖进口设备、对未知新型污染物缺乏检测手段等，制约着行业的发展。

（三）标准—检测—监管一体化发展模式

食品安全标准与食品安全监管是保证食品安全的前后两端，食品检测分析技术是促进食品产业发展、提升食品质量水平的重要手段和推动力。

食品安全标准是食品安全保障体系的一部分。在食品检测技术的推动下，我国食品安全体系经过不断发展已相对完善，在标准的制订程序、原则、框架等方面成绩斐然。目前，我国食品安全国家标准有 1300 余项内容，涉及 2 万多项指标，包括通用标准、产品标准、生产规范标准、检验方法标准四大类。四类标准有机衔接、相辅相成，从不同的角度管控食品安全风险，涵盖我国居民消费的主要食品类别、主要健康危害因素、重点人群的营养需求。总体上，已经构建起从农田到餐桌、与国际接轨的食品安全国家标准体系。发展食品检测技术可推动我国食品安全标准的修订与完善。

保障食品安全是建设健康中国、增进人民福祉的重要内容，是以人民为中心发展思想的具体体现。我国政府部门极其重视食品安全问题。为实施好食品安全战略，加强食品安全治理，"十三五"国家食品安全规划中明确提出，食品安全抽检覆盖全部食品类别、品种，各级市场监管部门组织实施食品安全监督抽检、风险监测和评价性抽检等食品检验量不低于 4 批次 / 千人；"十四五"期间食品检验量将达到 5 批次 / 千人。

食品安全抽样检验工作主要是依托食品检测分析技术，对食品中的微生物、转基因、农药残留及其代谢物、兽药残留及其代谢物、重金属、食品添加剂、营养成分等进行检测，确保食品质量安全。食品检测工作是避免问题食品流入市场的关键，食品检测水平在一定程度上影响着食品安全问题出现的概率。食品安全检测是保证食品安全的重要技术手段，要不断提升我国食品检测分析技术水平，保证我国食品安全监管工作实现既定发展目标，为人民群众食品安全提供必要保障。

四、食品行业发展趋势及对检测技术的需求

（一）行业发展趋势

随着环境污染、气候变化、人口增长及因现代饮食方式产生的慢性病等公共健康问题越发凸显，安全、营养和可持续的食品供给面临巨大挑战。政府不断加大对食品生产领域的公共基础投资，加速了食品行业的创新进程。在科技创新驱动下，科技与食品工业在原料生产、加工制造和消费的全产业链上实现无缝对接，科技创新成为行业发展新动能。食品行业整体研发能力不断提升，研发和成果转化更加高效，充分适应生产运营中智能、高效、低碳、环保、绿色、数字化的新挑战，从而开辟新的价值创造空间。

新一轮的科技革命不断开展，一大批新技术、新业态和新模式等如电商、云计算技术、控制全产业链等不断出现，加速了经济运转，为食品在短时间内大范围转移提

供了可能性，促进了食品工业经济的可持续发展，为我国经济发展提供了新生力量。实时监控生鲜食品、农产品冷链贮运过程，避免脱冷，确保食品品质与安全，是传统食品行业没有涉及的新课题。

面对日新月异的食品产业科技发展趋势和资源与环境约束日益严重的发展现状，众多新型食品如人造肉等应运而生，开始进入食品市场。由于新型食品具有的高营养价值、高环境可持续性和高生产价值，使其成为人们关注的焦点。但消费者的文化背景和个人经历会影响其对新型食品的选择，有必要将新型食品纳入熟悉的食品项目中，从而改善大众对于新型食品的接受度。

传统技术迭代、新型技术融合、应用场景突破，未来面临的一系列挑战对食品行业发展提出了新的要求。未来食品在解决全球食物供给和质量、食品安全和营养等问题基础上，满足人民对美好生活的更高需要，"更安全、更营养、更方便、更美味、更持续"将是未来食品的标签。我国食品行业将全面实施创新驱动产业发展战略，提高产业科技创新，提升产业效率和产品价值，在食品生物工程、绿色制造、食品安全、精准营养、智能装备等领域科技水平进入世界前列，引领和支撑产业不断优化产业结构，促进食品消费呈现营养化、健康化、个性化的发展趋势。

（二）对检测技术的需求

我国人口基数大，食品消费量高，食品生产、加工、流通企业分散，传统法定检测无法实现食品检测全覆盖，我国的食品监管工作需要更加便携集约、现场快速、智能化的食品安全检测装备和技术。随着基因芯片、生物传感器、免疫层析等新技术的研发以及样品前处理技术的进步，食品检测时间将进一步缩短、技术将进一步绿色化、灵敏度准确度将进一步提升。增强对食品中未知新型有害物的发现、分离和鉴定能力，提升未知有害物筛查及复杂痕量化合物高通量定性定量研究技术和水平，为提升食品安全检验检测水平提供有力的技术保障。

食品安全快速检测市场需求尚未完全开发。近年来，在国家政策鼓励引导、民众食品安全意识强化的背景下，政府监管部门、食品生产加工企业、食品安全检测机构等主要客户群体的快检需求具有极大的发展空间。同时，随着消费者食品安全意识和自我保护意识的增强，食品安全智能、快速、可视化检测产品走进家庭指日可待，消费者市场的扩张将成为食品安全快速检测的下一个增长爆发点。

1. 智能

食品质量安全是百姓和舆论高度关注的民生话题。目前，食品检测方法大多为长途寄送样品或现场取样，再使用实验室的大型精密仪器进行操作，耗时长且成本高。随着工业自动化技术的迅速发展，对食品检测领域的智能化技术也提出了较高的需求。智能化检测技术是将检测技术与人工智能、大数据技术、计算机技术和信息技术等新兴技术手段相结合，在合适的软件支持下，可以控制实验进程，并能自动采集、处理、特征提取、识别、分析和统计实验数据；还可将实验数据生成条形码或二维码，并上传至云端共享；或使用物联网（Internet of Thing，IoT）和近场通信（Near Field Communication，NFC）等技术快速获取实验数据，从而对食品在生产加工、包装储存、运输流通和批发零售等环节得到有效、及时地监督的目的。

目前，不同领域的科学家和研究者已经开展了食品智能化检测技术的研究，主要集中在食品添加剂、抗生素、微生物、农药残留与重金属、生物毒素以及食物新鲜度等，并正在努力将智能检测技术整合到食品供应链的各个环节中，这些创新对提高食品质量和安全非常重要，将不断提高监管的科学性和专业性，为日常监管和行政执法提供技术支撑。目前的智能检测技术还存在灵敏度略低于常规分析仪器、装置通用性有待改善等问题，加上开发和制造集成传感系统的成本较高，目前食品智能检测的商业应用方面受到一定限制，相信随着时代的发展与科技的进步，基于智能的检测技术将在食品检测领域有着更为广阔的应用前景和发展机遇，预计智能检测技术将在未来十年的商业应用中迎来爆发式增长，下一代食品智能检测将能满足日益增长的食品供应链需求，更好地实现资源节约，确保食品质量和安全。

2. 绿色

党的十八大以来，以习近平同志为核心的党中央高度重视生态文明建设。传统的食品检测技术会产生大量有毒有害的化学污染物（如废气、废液、废渣）及生物污染物等，如不能有效处理，将污染环境，并损害食品检测操作人员的身体健康。随着人们环保意识的增强和绿色化学的兴起，减少或消除食品检测过程中有害溶剂、试剂，从流程的始端对污染进行控制和治理，将污染减小到最低限度，实现技术绿色化，成为食品检测技术发展的重要需求。

食品检测通常包括样品采集、样品制备、样品分析和结果评价。其中，绿色检测技术需求主要集中在试剂用量和毒害较大的样品制备和分析阶段。在生态建设和环境保护事业蓬勃发展的背景下，食品检测领域对新型绿色样品前处理技术和新型绿色分析方法的需求将不断增大。样品前处理通常被认为是污染最严重的步骤，因此，绿色萃取技术（如固相/液相微萃取、超临界萃取、微波辅助萃取、浊点萃取）以及高效新型萃取材料（如新型磁性固相萃取材料）等绿色前处理相关技术将成为未来需求的重心。在绿色分析方法方面，无须或简化样品前处理的分析方法是最佳选择，如近红外光谱、X射线荧光光谱等。其次是节省时间和试剂，同时提高数据采集效率的绿色色谱/质谱技术，如顶空气相色谱、实时直接分析质谱等。此外，随着高通量质谱的发展，基于化学计量学的食品组学技术因其超高的数据利用效率，也成为食品安全、食品品质、营养学、转基因食品以及新型食品等食品领域重要的绿色研究工具。

3. 快检

随着经济的发展，食品的种类日渐丰富，如各种有机食品、复合食品以及纯能量食品等，食品的生产与加工技术种类丰富，在一定程度上增加了食品出现安全问题的概率。传统的食品安全检测技术操作步骤烦琐、时效性不强，无法满足食品快速筛查的需求。快速检测技术是传统检测技术的补充，具有用时短、成本低、效率高、筛查广、针对性强和准确率高等优势，且操作设备使用便捷，检测过程更加灵活。既能加强食品安全检测的效率和力度，又能扩大食品安全监管的控制范围，同时能够将食品安全预警前移，从而有效避免食品安全事故的发生。

目前，国内食品安全快速检测工作的质量和效率还有很大的提升空间：一是快速检测技术的准确性有待提高。快速检测产品质量参差不齐，快检产品灵敏度、稳定性不能满足检测需求，易出现假阳性和假阴性现象，降低了检测结果的科学性和合理性，难以满足市场监管和用户的实际需求。二是快速检测设备的缺乏，国内食品快速检测技术的覆盖面还不广泛，食品安全检测机构通常缺乏设备、技术及完备的食品安全监管体系。三是相关政策制度有待完善。由于食品安全快速检测技术属于新兴技术，目前政策较多的是用于规范传统食品检测技术，关于食品安全快速检测技术的相关政策和制度还不太健全。因此，亟待建立有效统一的食品安全快速检测标准体系，切实可靠的快速检测产品评价体系，以及完善健全的食品安全快速检测技术政策和制度，从而提高快速检测技术在食品安全监管中的应用，以在短时间内对市面上流通且不易保存的食品进行检测，并在最短时间内发现质量不合格的食品，及时对有质量问题的食品作出封存等处理，最大限度地避免和降低各类食品安全事故的发生，为消费者购买安全食品增添一份保障，为食品质量安全监管提供快速而可靠的有力保障。

4. 可视化

随着生活水平和质量的不断提高，人们对食品的追求已由原来的"吃饱"转变为现在的"吃好"。食品安全、食品品质以及食品营养是当下消费者关注的重点，这就对食品检测技术提出了更高的需求。其中，可视检测技术将多谱学与图像学相结合，融合了传统谱学技术获取物质化学组成、含量信息和传统成像技术获取物体空间数据信息的优点，同时含有图像信息和化学信息，是对食品内部品质、污染程度、外部特征等方面的全面检测。可视检测技术在传统检测技术的基础上增加了视觉维度，给现有食品检测工作带来的全新研究视角以及提供的全新研究思路，将食品检测带入了更细致、精准的阶段。

在食品安全检测领域，传统的分析技术侧重于有害物质平均含量的测定，很难获得有害物质空间分布信息，而缺少风险物质空间分布信息将导致限量标准设定科学性不足。与风险物质空间分布与迁移转化研究所需匹配的，就是质谱成像等新型可视检测技术的需求。在食品质量与品质检测方面，光谱成像、热成像技术能够满足水果损伤检测、肉类感官品质（如颜色、水分、等级）及营养品质（如脂质氧化）等检测需求。此外，为实现食品"从农田到餐桌"全过程监管，确保食品生产、加工、流通、储存等环节的质量、安全，也对基于传感器阵列的嗅觉、味觉可视化检测技术、计算机视觉检测等技术提出了更高要求。

五、食品行业检测技术发展目标

（一）智能方向

1. 基于智能手机的检测

近年来，智能手机凭借其轻巧便携和实时检测（Point-of-care testing，POCT）优势，不再局限于人们通话交流和普通的拍摄记录，其在分析检测领域的应用已成为研究热点，并在医疗诊断、环境监测和食品监督等领域展现出广阔的应用前景。智能手机的检测原理是在光学检测或电化学检测中，手机采集待测物质在实验过程中的光信号或电信号，并通过应用程序或软件进行分析和统计，输出实验结果。在食品监督领域中不仅可以通过智能手机控制实验进程、拍摄记录实验结果，也可用其直接进行数据处理分析，还可以针对实验需求开发应用程序，使得实验装置微型化、分析检测实时化。该技术优势在于装置易设计、成本低、便于携带、可实时检测。另外，可将实验数据生成条形码或二维码，从而使食品在生产加工、包装储存、运输流通和批发零售等环节得到有效、及时的监督；也可将数据上传至云端共享。

目前，智能手机主要用于对食品添加剂、抗生素、微生物、农药残留与重金属、生物毒素以及食物新鲜度的检测。如 Liu 等以链霉素适配体—纳米金粒子复合物为比色法指示剂，使用自制的智能手机便携检测装置，对蜂蜜和牛奶中的链霉素进行定量检测，App 将图像结果的 RGB 值转换为检测波长下的吸光度，检测结果（315.05nmol/L）与 LC–MS 法（314.26nmol/L）相比无显著性差异。Mishra 等研发出可检测蔬果中农药甲基对硫磷和甲基对氧磷的手套。手套食指部分为含有固定化有机磷水解酶的传感扫描装置，包括笑脸状碳基计数器、工作电极和 Ag/AgCl 参考电极；拇指部分带有印制的碳垫，触摸样品表面采集待测物，再与食指接触发生电化学反应；反应产生的伏安信号通过无线通信传输至手机，经 App 显示检测结果，可现场检测有机磷农药残留。基于上述背景，基于智能手机的检测技术的近期发展目标是，开发能够直观显示检测结果的智能手机 App，对检测数值灵敏度与精确度进行分析研究；中期发展目标是，探寻更加灵敏的传感器，提高检测精确度；远期目标是，以特异性强的传感器结合智能手机建立快速精准的现场检测方法。

2. 智能标签

智能标签是利用可随周围环境某些因素改变而发生颜色改变或形态变化的物质作为指示剂，再将指示剂通过某种载体制成的标签，从而达到对食品品质及内外部环境的识别和判断。智能标签作为食品新鲜度检测领域最早发展的技术之一，具有非常大的发展潜力，标签可以跟踪冷链物流中任何环节，可以监测整个冷链物流。食品逐渐失鲜的过程中，智能标签颜色会随着包装内部水分、温度、不同微生物的代谢产物等因素的变化而变化。生产商和消费者可以通过指示标签快速、准确、及时获取食品新鲜度信息，减少商业损失，避免健康损害。智能标签具有体积小、成本低、信息识别方便等优点，目前已经在防伪、物流跟踪、温度监测、新鲜度监测等领域广泛应用。如 Vivaldi 使用掺铜离子液体装饰 RFID 标签，使该标签对温度敏感，可以监测冷链物流中温度的变化。Guo 使用 20 种不同类型带有卤素染料的多孔纳米复合材料制成条形码，根据鲜肉挥发出的气体种类和浓度不同，形成彩色条形码，使用深度卷积神经网络（DCNN）对大量条形码训练，得到预测肉类新鲜度的 DCNN，准确率可以达到98.5%。该 DCNN 可以移植入智能手机，使用户可以随时获得新鲜度信息。

智能标签低廉的成本、易于识别的优点、可以大规模生产的性能等，使得其在整个产业链均可以作为消费者识别包装内部食品新鲜度的参照，具有非常大的实用性。随着科技的进步和智能材料的不断出现，环保和易于大规模加工生产的智能标签技术陆续被研制出来，将具有较好的应用前景。

近年来，尽管智能标签技术已成为食品行业研究热点之一，但研究成果转化率低，特别是国内市场上应用可视化智能包装的食品很少，主要受生产成本较高、材料性能不稳定、安全性有待考证等因素的制约。基于上述背景，智能标签技术的近期发展目标是，加强用于智能标签的新型指示剂、成膜基质等材料的研究，在高效、准确识别食品品质劣变特征性物质的同时保障安全性，且不对食品风味产生明显影响；中期发展目标是，开发成本低廉、环境友好、易于生产、可循环使用的智能标签；远期目标是，技术通过安全性验证，获得相关部门批准，实现市场应用，从而为食品生产运输建立统一的智能标签，可以对运输生产等各环节进行追踪监测。

3. 区块链技术

狭义区块链技术是按照时间顺序，将数据区块以顺序相连的方式组合成的链式数据结构，并以密码学方式保证的不可篡改和不可伪造的分布式账本。广义区块链技术是利用块链式数据结构验证与存储数据，利用分布式节点共识算法生成和更新数据，利用密码学的方式保证数据传输和访问的安全，利用由自动化脚本代码组成的智能合约编程和操作数据的全新的分布式基础架构与计算范式。目前建立的食品追溯系统的控制方式过于集中化，供应链各节点之间流通的数据安全性低，很难保证数据是否经过篡改。采用区块链技术，建立数据安全不可篡改、信息可靠的食品安全溯源体系，可有效提高食品的可追溯性、供应链的安全性及透明度。沃尔玛公司曾对某家商店所售的芒果进行溯源，用了 6 天 18 小时才追溯到芒果原产农场，在引入区块链技术后，仅在 3 秒内就完成了芒果产地追溯并获取了所有的相关信息。董云峰等人采用区块链技术设计了一套粮油食品全供应链的可信追溯模型（图 5-21）。在对河北某面粉厂进行考察后，针对厂流通环节审查力度低、把关不严、内部操作违规等现象，结合设计的粮油食品全供应链可信追溯模型，搭建了一套粮油食品全供应链可信追溯的原型系

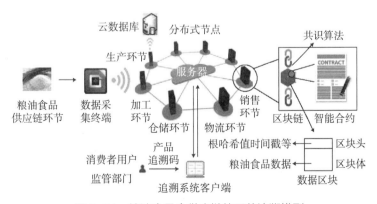

图 5-21　粮油食品全供应链的可信追溯模型

统。应用此系统后，一旦发生由于仓储环节处理不当导致产品质量不达标的食品安全事件，通过数据对比，就可以迅速且精准定位到出现问题的仓储环节。基于上述背景，区块链技术的近期发展目标是，初步将已建立的区块链食品安全追踪模型应用于几个食品工厂，完善现存的问题，对新发现的漏洞环节进行修补；中期发展目标是，应用多种算法构建食品安全追踪区块链模型；远期目标是，推广以区块链技术为基础的食品安全追踪系统。

4. 智能食品包装传感技术

随着新材料和新技术的发展，人们一直致力于开发新的食品质量监测系统，将最新的传感技术应用于食品包装行业中，以便在不破坏产品包装的情况下实时检测和报告食品的质量，也由此开辟了智能食品包装这一新兴领域。在智能食品包装中，产品、包装和环境三者相互作用，为监测食品状况和延长食品真实保质期发挥着积极作用。智能食品包装主要通过各种信号向人们传递包装食品以及周围环境的相关信息。

近年来，已有越来越多关于食品安全监测、包装食品监测、手持检测设备等方面的研究，以便能够更准确便捷地检测和报告食品的腐败现象。例如，研究人员开发了一种基于荧光核酶的大肠杆菌传感技术，能够整合到食品包装中。其原理为嵌有荧光基团的 RNA 内切核酶与大肠杆菌发生特异性反应后，RNA 上的荧光基团暴露，导致荧光信号增强。该核酶微阵列固定在柔性透明聚合物薄膜上，可以与食品一起包装，在检测时无须打开包装即可实现目标细菌的指示。这类非破坏性传感技术将是智能食品包装发展的重要方向之一。如今，越来越多主动式的智能食品包装在提升食品安全方面，特别是在提高食品质量和减少防腐剂使用上发挥着关键作用。未来，智能食品包装的目标是开发通用型的智能包装材料，实现可规模化应用的食品安全和质量监控。基于上述背景，智能食品包装传感技术的近期发展目标是，对已开发的智能包装技术对食品品质的影响进行分析，同时检测现有方法对食品品质变化的灵敏性；中期发展目标是，研发更灵敏的传感技术应用于食品包装；远期目标是，推广智能包装材料在熟食等易腐食物中的应用。

5. 听觉传感技术

由于物体产生振动会形成声波，经人耳中的部位处理信号后形成神经冲动，使人感知到声音。声音中包含着物体的相关信息，听觉传感技术正是利用了这些声波对食品进行检测。听觉传感技术的研究侧重于通过声音的变化检测果蔬的内部品质。

例如，在竹笋生长过程中，温度的突变会导致其内部结构出现空洞等品质缺陷，而人工检验耗时耗力。Foerster 等开发了一种利用声学传感器对竹笋品质进行检测的方法，敲击竹笋后，声信号由连接在计算机上的麦克风进行收集，通过对共振频率的分析，可检测内部空洞的竹笋并进行分选。目前，听觉传感器在新鲜果蔬的品质检测上仍处于起步阶段，就目前的研究程度而言，听觉传感器较适用于表面与内部组织硬度差异较大的果蔬的品质检测。基于上述背景，听觉传感检测技术的近期发展目标是，将声学传感检测技术广泛应用于果蔬的品质检测，完善目前存在的问题，提高检测的精确度；中期发展目标是，研发更灵敏的声学传感器，开发适用于多种蔬菜水果的软件计算方式；远期目标是，未来推广应用于农产品大批量快速检测方面的使用。

6. 嗅觉传感技术

嗅觉传感技术是指通过食物挥发的气味对食品品质进行鉴定的一类技术，主要指电子鼻技术。电子鼻又称气味扫描仪，是 20 世纪 90 年代发展起来的一种快速检测食品的新型仪器。它是由选择性的电化学传感器阵列和适当的识别方法组成的仪器，能识别简单和复杂的气味，可得到与人的感官品评相一致的结果。电子鼻工作示意图如图 5-22 所示。目前，电子鼻技术主要应用于具有特殊挥发性气味的食品真伪鉴定、食品品质鉴定及溯源追踪等。王鹏杰等以气 – 质联用和电子鼻联用的方式，筛选出能

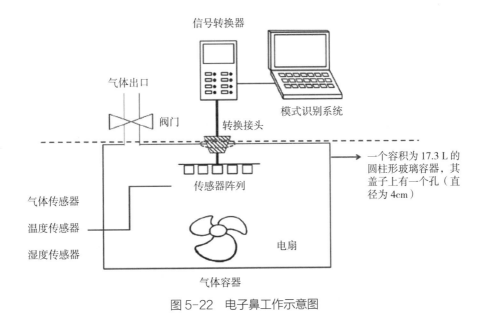

图 5-22　电子鼻工作示意图

区分不同岩茶品种的关键电子鼻传感器，并通过气－质联用明确了岩茶的品种特征和香气物质，为岩茶的品种鉴别和质量控制提供了参考；李红月等人依据电子鼻技术建立了一种评价冻藏竹荚鱼新鲜度的方法；田晓静根据不同地区枸杞挥发物质成分不同建立了一种枸杞子溯源追踪的方法。基于上述背景，嗅觉传感技术的近期发展目标是，将现有嗅觉检测方法进行分析研究，建立适用性更广的嗅觉检测技术；中期发展目标是，对多种食品的挥发性气体特征进行分析研究；远期目标是，推广应用于食品真伪性鉴定及食品溯源检测。

7. 味觉传感技术

人类的舌头上存在可以感受味道的味细胞，覆盖在味细胞表面的生物膜在接触食品中的化学物质时会产生电压，这一电压的变化传递到大脑，我们就可以识别味道。味觉传感器就是通过模仿舌头细胞中的结构来重现上述过程，因此味觉传感器又称电子舌。电子舌是一种主要由交互敏感传感器阵列、信号采集电路和基于模式识别的数据处理方法组成的现代化智能感官定性定量分析检测仪器，能够将样品液的味觉感官品质如酸味、甜味、苦味、鲜味等以数值形式输出。目前，电子舌已被广泛应用于酒类、调味品等食品的品质鉴定与真伪鉴定中。彭厚博等人利用电子舌技术对五种不同年份的浓香型白酒基酒进行判别分析，建立了一种识别白酒年份的电子舌鉴定方法，为鉴别白酒的真伪提供了技术支撑。基于上述背景，味觉传感技术的近期发展目标是，将味觉传感技术应用于白酒的实际检测，分析人工品鉴与电子舌技术评判的差异性，使电子舌技术检测结果更接近人工品鉴结果；中期发展目标是，继续开发分辨能力更强的味觉传感器，对多种食品的味觉检测结果进行统计分析；远期目标是，建立电子舌检测结果相关标准，将电子舌技术应用于酒类、调味品等食品的真伪鉴定与品质鉴定等。

8. 视觉智能检测系统

视觉智能检测系统又称 AI 视觉识别技术，是通过人工智能对生产状况进行检测的技术。近年来，视觉检测设备以其高效、智能、非接触等特点逐渐取代人工检测，在工业中得到了广泛的应用。目前，视觉检测设备主要应用于电子行业，在食品行业中同样具有广阔的应用前景。应用视觉智能检测系统可减少人为因素导致的污染等事故，适用于流水线生产食品的检测，如薯片、饮料等。山东明佳科技有限公司建立了一套基于食品安全的视觉智能检测系统，填补了我国该类技术产品的空白。该系统以多传感器信息融合为基础，以机器视觉、图像处理和智能控制技术为主要依据，对食品包装生产线上的各个环节进行检测与监控。目前，凭借其良好的性能指标和低廉的产品价格已经快速占领了国内市场，并逐步进入国际市场。基于上述背景，视觉智能检测系统的近期发展目标是，对已应用视觉智能检测系统的食品生产线进行跟踪分析，检测视觉智能监测系统在面对突发问题时的检测灵敏性；中期发展目标是，开发智能化更高的 AI 算法，优化系统对突发问题的解决能力；远期目标是，推广应用于食品流水线生产。

（二）绿色方向

1. 绿色萃取技术

萃取是重要的样品提取、净化技术。绿色萃取技术的主要特点是提取时间短、提取率高、提取溶剂用量少、能耗低、无污染。绿色萃取技术包括基质分散固相萃取、固相/液相微萃取、超临界流体萃取、微波辅助萃取、浊点萃取等。截至 2022 年 2 月，食品安全国家标准规定的 120 项农药残留和 74 项兽药残留检测方法中，前处理净化步骤基本采用固相萃取。但在近 5 年发布的国家标准中，基质分散固相萃取已逐步成为以农药残留检测方法国家标准为代表的国家标准主流净化方法。基于该背景，绿色萃取技术的近期发展目标是，推广以基质分散固相萃取为代表的较为成熟且已基本商品化的绿色萃取技术在食品检测中的应用，推动此类绿色萃取技术写入标准检测方法中。中期目标是，更多绿色萃取技术的不断优化，如新的萃取剂或分散剂的开发、分析物及分析基质范围的拓展，推动其实现商品化试剂盒的生产；远期目标是，推动绿色萃取技术与多种分析手段的联用，实现自动化操作和在线技术的开发等。

2. 绿色净化富集材料开发

绿色净化富集材料的开发是推动前处理技术向绿色、高效发展的核心，包括石墨烯/氧化石墨烯、碳纳米管、磁性金属有机框架材料、共价有机框架材料、分子印迹聚合物、纳米复合材料、功能化聚合物材料等。这些新材料具有可回收、抗杂质干扰能力强、生物相容性好等优点，能够有效解决食品样品成分复杂，基质、杂质干扰强，痕量待测物检测困难的问题。新型绿色材料多壁碳纳米管已作为净化富集材料应用于《食品安全国家标准 植物源性食品中单氰胺残留量的测定 液相色谱－质谱联用法》（GB 23200.118—2021）。同时，国内公司如北京百灵威科技有限公司等也相继推出商品化固相萃取磁珠。基于该背景，新型绿色净化富集材料的近期发展目标是，针对食品安全国家标准中规定的基质和目标物，开发合成条件温和、成本低廉、制备工艺简单的绿色净化富集材料，提高食品检测的特异性、灵敏度与准确性；中期目标是，推动更多绿色净化富集材料向商品化发展，建立用于食品检测前处理的新材料产品标准；远期目标是，推动新型绿色净化富集材料纳入国家标准检测方法。

3. 生物传感器检测技术

生物传感器主要是指利用酶、抗体、抗原、微生物、细胞、组织、核酸等生物活性物质作为固定化的生物敏感材料作识别元件，将生物活性表达的信号转换为电信号进行检测的仪器。随着相关研究的不断深入，生物传感器在最佳性能方面取得了突破，实现了高灵敏度和低检测阈值，能够应用食品中农兽药残留、致病微生物、重金属和生物毒素等方面的检测。目前，在食品方面的标准仅有团体标准《牛奶中致敏原（α-乳白蛋白和β-乳球蛋白）快速检测 电化学传感器法》（T/SDAQI 010—2021）。分子识别元件是生物传感器选择性测定的基础，如何提升识别元件稳定性，通过识别元件的拓展实现该技术在更多场景下的应用，是该技术尚待解决的问题。基于该背景，生物传感器检测技术的近期发展目标是，识别元件稳定性的提升，例如抗原、抗体、酶在电极表面修饰的稳定性，最大程度保证修饰量的精确度以及发挥作用的实际用量；中期目标是，研发快速、简便、适配生物传感器技术的前处理方法，使得该技术在实际检测中能真正发挥其快速的优势；远期目标是，结合生物电子学和微电子学等学科技术，逐步实现生物传感器产品的微型化、便携化，使其适应快速检测技术的市场化需求。

4. 近红外光谱检测技术

近红外光谱通过检测分子振动从基态向高能级跃迁时所产生的近红外光，得到样品中有机分子含氢基团的特征信息，通过建立分析模型，得到所需要的参数指标数据。近红外光谱检测技术因其绿色、快速、无损的优势，广泛应用于各类食品的真伪、种类、产地、致病菌、污染物鉴别、理化性质测定、新鲜程度鉴定等方面。近红外光谱检测技术包括两个部分，一是硬件，即精密的光谱仪器；二是软件，即化学计量学软件。硬件方面，目前我国近红外光谱设备发展迅速，大量采用近红外光谱检测技术的国家标准得以推广，但中高端设备仍依赖进口。软件方面，数据处理繁杂、建模难度大是制约该技术走出实验室，走向食品检测一线的关键。基于该背景，近红外光谱检测技术的近期发展目标是，积累并不断优化基于不同食品基质及检测目标的分析模型，不断提高方法的检测准确率；中期目标是，制定行业内技术标准，以统一各类样品的采集及处理方法、近红外光谱检测实验参数、数据预处理和建模方法；远期目标是，规模化使用成本低、通用性好、配套设施一致的近红外光谱仪，以达到增强仪器通用性、提高检测结果实验室间可重现性的目的，最终推动该方法在国家标准检测和现场应用中的普及。

5. X 射线荧光光谱检测技术

X 射线荧光光谱法是一种利用待测元素的原子蒸汽在一定波长的辐射能激发下发射的荧光强度进行定量分析的方法。该方法能够测量的元素范围广、分析速度快，前处理简便、无污染，在环境、地质、冶金等领域得到了广泛应用。但常规的 X 射线荧光光谱仪受制于元器件的性能以及食品原料的多样性、食品基质和加工工艺的复杂性，元素检出限较高，现阶段在食品元素检测中的应用不足。基于该背景，X 射线荧光光谱检测技术的近期发展目标是，通过元件的优化提升元素激发效率，降低散射线背景，从而提升信噪比，降低元素检出限；开发计算机处理技术，通过建立基本参数库和基体校正数学模型等方法，计算消除干扰，提高模型预测准确度。中期目标是，充分利用各种 X 射线荧光光谱技术的特点，在食品领域不断扩大该技术的应用范围，使检测方法能够满足国家标准规定的绝大多数食品种类中重金属或微量、痕量元素的检测要求。远期目标是，充分发挥该技术的便携优势，提升其场外快速检测的应用能力。

6. 顶空气相色谱检测技术

顶空分析作为一种无有机溶剂萃取的绿色样品处理技术，常与气相色谱技术结合用来分析复杂基质中的挥发性有机物。在食品检测领域，顶空气相色谱技术被用于食品中溶剂残留、挥发性风味物质、食品接触材料中挥发性有机物的测定等方面。目前，该技术已被写入食品安全国家标准，用于测定食品中 21 种熏蒸剂残留量。顶空气相色谱检测技术的近期发展目标是，该技术与质谱、电子鼻等设备的联用，扩展该技术的应用场景。中期发展目标是，新技术（如新型纤维涂层）的开发，充分扩展可检测的化合物范围，以达到研究领域的扩大。远期发展目标是，开发小型化系统或设备来进行更快速、更灵敏的测定，适应越来越多的现场检测需要。

7. 毛细管电泳检测技术

毛细管电泳法是一类在高压直流电场作用下，以电渗流为驱动力，毛细管为分离通道，依据样品中各组分的迁移速度不同而实现分离的绿色液相分离技术。该项技术的优势在于可检测肉、蔬菜、水果、饮用水等多种复杂食品基质中的多种物质，包括离子、营养成分、添加剂等。毛细管电泳技术作为一种绿色检测技术，因其分析时间短、分辨率高、样品和试剂消耗极小等优点，在食品检测领域已有很好的应用基础。

但是，该绿色检测技术的致命缺点在于灵敏度较低，这也限制了其在国家检测标准中的运用和推广。目前，运用毛细管电泳技术的国家标准仅有《水产源致敏性蛋白快速检测 毛细管电泳法》（GB/T 38578—2020）等。基于该背景，毛细管电泳检测技术的近期发展目标是，发展能满足各类样品、减少或避免样品前处理的分离检测方法，推动其在食品中高含量组分定性检测的方法标准化；中期目标是，开发与激光诱导荧光、质谱、核磁等技术的联用，建立高灵敏度、高选择性检测方法，满足对痕量/超痕量有害物质与未知成分的准确定性定量；远期目标是，普及毛细管电泳仪器，推动毛细管电泳定量检测技术纳入国家标准检测方法。

8. 实时直接分析质谱检测技术

实时直接分析质谱是近年来新出现的一种绿色、广谱、无损敞开式电离质谱，可在大气压环境下直接检测气态、液体、固态的物质。对样品要求低、分析速度快（通常 30 秒内就可完成一个样品的分析）、分析过程中不需要有机溶剂，适用于小分子化合物的定性及定量检测。自 2005 年提出以来，该技术率先运用于食品检测行业国际知名学术研究机构及政府实验室中。美国国立卫生研究院、中国科学院等运用实时直接分析质谱检测技术完成了许多先进的发明和发现。美国食品药品监督管理局、美国环境保护署等国外实验室应用实时直接分析高分辨质谱快速鉴定蔬菜、水果的多种农药残留。近两年，中国检验检疫科学研究院、中国食品药品检定研究院等国内顶尖食品检验检测机构也陆续采纳该技术。实时直接分析质谱检测技术在欧美等国的研究与应用已成燎原之势，但国内仍固步于行业头部机构。同时，作为一种新兴技术，实时直接分析质谱检测在食品检测领域的适用性有待进一步增进。基于该背景，直接分析质谱检测技术的近期发展目标是，实时直接分析离子源离子化机理研究，以提高检测灵敏度；中期目标是，进一步推动实时直接分析离子源的商品化和自动化，提高和主流质谱厂商各种类型质谱仪兼容性，同时实时直接分析质谱综合数据库的建立，以增加其在食品质量定量方面的应用；远期目标是，促进实时直接分析离子源与小型化、可移动、手持质谱的结合，将其应用范围扩大至实验室外食品质量与安全的检测。

9. 食品组学技术

食品组学是在基因组学、转录组学、蛋白组学、代谢组学、化学计量学和生物信息学的基础上发展起来。食品组学技术依托高通量、高分辨率、高精度的分析仪器，通过海量数据处理和分析，旨在为打破食品领域安全、营养、功能等方面的研究瓶颈提供解决方案，提高消费者的福利、健康和自信。食品组学面向食品营养，拟通过对营养成分进入机体后变化情况进行系统研究，分析海量组学数据，构建分子网络，研究营养成分的分子作用通路，推动食品营养研究的深入发展。食品组学面向食品安全，拟通过精准、快速、灵敏的分析检测方法，发现风险因子，保障食品从农田到餐桌的安全性。同时，拟通过对食品样品 DNA、蛋白质、代谢产物等进行大数据统计分析和生物信息学研究，甄别食品相关特性，为食品溯源提供依据。目前，食品组学因站在了基因组学、转录组学、蛋白质组学、代谢组学和脂质组学等"巨人"的肩膀上，因而取得了较快的发展，但在标准统一和实际应用方面面临诸多挑战。基于该背景，食品组学技术的近期发展目标是，提高组学方法与食品基质的适配性，解决因为食物中成分复杂、各成分间差异巨大、营养素繁多、各类活性物质之间联系密切造成的技术挑战；中期发展目标是，建立相对统一的研究方法和标准操作规程，并建立食品组学数据库，推动该技术在行业内的普及；远期目标是，推动食品组学研究成果的实际应用，为人群膳食建议、个性化食品营养定制提供指导，形成包含非靶向筛查、多元危害物快速识别与检测、智能化监管、实时追溯等内容的高标准食品安全监测体系，保障食品安全。

（三）快检方向

快速检测方法按照分析地点划分，主要分为两类，即实验室快速检测技术和现场快速检测技术。实验室快速检测技术对检测场地有一定要求，必须在实验室内进行。现场快速检测技术即在食品生产或现场执法阶段，通过定性、半定量法展开检测工作，这种现场快速检测技术对检测条件没有过高的要求，可现场随机抽样，效率高，且检测仪器方便携带。

1. 拉曼光谱技术——表面增强拉曼光谱

拉曼光谱分析法是基于拉曼散射效应，对与入射光频率不同的散射光谱进行分析以得到分子振动、转动方面信息，并应用于分子结构研究的一种分析方法。其中表面增强拉曼光谱（Surface-enhanced Raman Spectroscopy，SERS）技术是基于入射光和电磁场在等离子体局域场表面的耦合作用，使拉曼散射信号增强 $10^6 \sim 10^{15}$ 倍的一种信号放大检测技术，可以实现类似色谱方法的指纹式图谱分析（图 5-23）。相较于其他检测方法具有灵敏度高、荧光背景低、前处理简单、快速无损等优点，在化学与生物传感等领域有广阔的应用前景，目前已被广泛应用于检测食品中农药残留、非法添加物、毒素等。L. Mikac 等将银纳米球和银纳米棱镜作为表面增强拉曼光谱底物，采用化学还原法制备了球形 NPs 的胶体，基于此实现了对阿特拉津、西马津、伊尔甘醇和迪脲的检测。刘燕梅等采用电化学沉积法和自组装相结合的方法，制备了贵金属/氮化钛复合基底，并利用贵金属/氮化钛复合薄膜为表面增强拉曼光谱基底，对烟酸溶液进行拉曼检测。

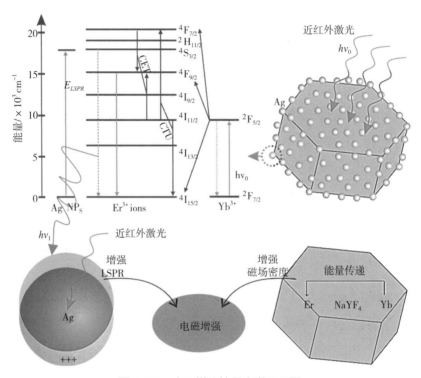

图 5-23　表面增强拉曼光谱原理图

目前，我国已经颁布了一些关于拉曼光谱的标准，如国家标准《拉曼光谱仪通用规范》（GB/T 40219—2021）、《工业微生物菌株质量评价 拉曼光谱法》（GB/T 38569—2020）、《出口液态乳中三聚氰胺快速测定 拉曼光谱法》（SN/T 2805—2011）、《出口果蔬中百草枯检测 拉曼光谱法》（SN/T 4698—2016）、《茶叶中毒死蜱快速测定 拉曼光谱法》（T/KJFX 001—2017）、《食品中碱性染料的快速检测 拉曼光谱法》（T/CITS 0010—2021）。这些标准规定了不同食品基质中快速检测微生物、农兽药、非法添加物等方面的拉曼光测定方法，说明该技术在食品检测中的应用范围较广，但尚无表面增强拉曼光谱技术应用于实际检测的标准。随着表面增强拉曼光谱基底的不断优化、各种便携式和手持式拉曼光谱仪的出现以及与其他技术联用的发展，表面增强拉曼光谱有望成为一种可靠的常规技术。

基于以上背景，表面增强拉曼光谱近期目标是，丰富及优化不同种类的表面增强拉曼光谱基底，以满足各种检测的需要；中期目标是，制定能够实际应用于样品检测的技术标准，建立完整的样品采集与前处理方法，以及优化统计模型实现数据的快速分析；远期目标是，发明高灵敏度、易操作和性价比高的便携式和手持式拉曼光谱仪，实现表面增强拉曼光谱技术在现场快速检测应用中的普及。

2. 等温扩增技术

等温扩增技术是核酸快速检测发展中的后起之秀，兼具准确性和现场快速检测适用性，在食品安全领域已广泛应用于致病微生物、动物源性成分和转基因农产品等，其中应用较多的主要有环介导等温扩增（Loop-mediated Isothermal Amplification，LAMP）和重组酶聚合酶扩增（Recombinase Polymerase Amplification，RPA）等。环介导等温扩增技术特异性高、灵敏度强，能够在恒温条件下完成对目标序列的检测，但该技术引物设计较烦琐，容易产生假阳性结果。目前，环介导等温扩增技术方面已经颁布了一系列标准，如《转基因植物及其产品成分检测环介导 等温扩增方法制定指南》《出口食品中转基因成分环介导等温扩增（LAMP）检测方法》《食品安全地方标准 动物源性食品中沙门菌环介导等温扩增（LAMP）检测方法》《食品接触表面李斯特氏菌属的快速检测 等温扩增法》《沙门氏菌（猪霍乱、鼠伤寒）环介导等温扩增检测技术》，主要应用于转基因成分和致病菌快速检测。重组酶聚合酶扩增是由 PIEPENBURG 等人于 2006 年开发的一种等温扩增技术，采用重组酶聚合酶扩增检测的标准目前仅有《猪 δ 冠状病毒检测 重组酶聚合酶扩增（RPA）法》，但相较于环介导等温扩增技术，重组酶聚合酶扩增只需 1 对引物即可，且反应温度更低，只需 37～42℃，因此，重组酶聚合酶扩增技术较环介导等温扩增技术更加适用于实验室外环境的检测。

酶促等温扩增技术（Enzymatic Recombinase Amplification，ERA）与重组酶聚合酶扩增原理相似，是我国自主研发的一种新型等温扩增技术，通过模拟生物体遗传物质自身扩增复制的原理，将来源于细菌、病毒和噬菌体的特定重组酶、外切酶、聚合酶等多酶体系进行改造突变并筛选其功能，通过不同的核酸扩增反应体系进行优化组合，从而获得核心的重组等温扩增体系，建立特殊扩增反应体系，在37～42℃恒温条件下，可将微量 DNA/RNA 的特异性区段在数分钟内扩增数十亿倍（图5-24）。刘迪等根据 GenBank 上猫疱疹病毒（FHV）TK 基因保守区域序列，设计多对酶促等温扩增技术特异性引物用于筛选最佳引物对及探针，并将酶促等温扩增技术与横向流动试纸条联用，开发出一种快速检测猫疱疹病毒的酶促恒温扩增-横向流动试纸条（ERA-LFD）方法，可在 30 分钟内完成检测。虽然酶促等温扩增技术在市场上还没有广泛应用，但一些报道已经证实了其检测能力和潜力，对现场快速检测具有十分重要的意义。

基于以上背景，等温扩增技术近期目标是，开发针对不同种类检测物的特异性引物及探针，并制定有害物质相关检测标准；中期目标是，对等温扩增技术的优化，解决引物设计难度较大及由非特异性扩增造成的假阳性问题；远期目标是，等温扩增与多种新型检测技术的联合使用，使等温扩增技术真正应用于现场快速检测。

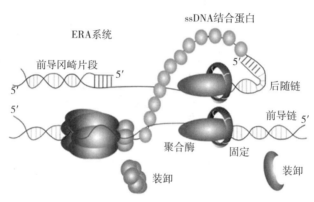

图 5-24　酶促重组等温扩增技术原理图

3. 免疫层析试纸条技术

免疫层析试纸条技术将免疫技术和色谱层析技术进行了结合，因其保留了免疫层析技术的优势，同时整合了多重检测的性能，已逐步成为一个高效的多重检测平台。具有操作简单、检测快速、成本低廉等特点，这些优点也使得试纸条技术广泛应用于致病菌、激素残留、细菌毒素、重金属以及农兽药残留等有毒有害物质的检测。现行的国家标准有《免疫层析试纸条检测通则》(GB/T 40369—2021)，描述了免疫层析试纸条的检测一般要求、检测过程和结果报告，适用于采用免疫层析试纸条的检测。

免疫层析试纸条可以与多种技术联合使用，目前最常用的是胶体金免疫层析技术。免疫层析试纸条可以选择不同类型信号标记物来改善多重检测能力、提高检测效率。信号类型可分为比色信号、荧光信号、拉曼信号、化学发光信号、磁信号。Zhang X 等制备了两株抗非洲猪瘟病毒磷酸化蛋白 P30 的单克隆抗体，并基于单抗3H7A7 和 6H9A10 建立了信号放大夹层胶体金试纸条特异性快速检测非洲猪瘟病毒。多重免疫层析试纸因其操作简单、适用于现场等优点，在食品危害因子的快速筛查方面发挥了巨大作用。未来，随着科学技术的不断发展，会有越来越多的技术与试纸条进行联合使用，为食品中多种危害因子的检测提供技术支撑。

基于以上背景，免疫层析试纸条技术近期目标是，降低检测基质对于试纸条的检测性能的影响，检测样品的复杂成分会影响试纸条的检测灵敏度，降低影响，对检测性能的提高具有重要意义；中期目标是，开发出经济、亲和力高的新型单克隆抗体，例如纳米抗体在免疫技术中的应用越来越广泛，将来有望应用于免疫层析试纸条技术；远期目标是，开发出可以同时进行多重检测的试纸条，同时，开发简易便携的小型信号接收仪器并达到定量的目的也是试纸条技术发展的关键。

4. 流式细胞仪鉴别技术

流式细胞仪是对细胞进行自动分析和分选的装置，由分析系统、电子系统、光学系统、液流系统四个部分组成。流式细胞仪的工作原理是待测液颗粒依次通过检测区，被荧光染色标记的细胞在激光照射下激发光信号，光信号转换成电信号被计算机识别，最后由软件进行分析（图5-25）。目前，流式细胞仪一般应用于分析细胞表面标志、分析细胞内抗原物质、分析细胞受体、分析肿瘤细胞的DNA、RNA含量、分析免疫细胞的功能等领域。也有研究学者将其应用于病原微生物的检测，Tamburini S等将免疫磁珠与流式细胞术结合检测食品中的单增李斯特菌，检测限达$10^2 \sim 10^8$CFU/mL，完成检测的时间仅为1分钟；流式细胞仪还可以用于水中细菌、病毒、特殊病原菌、藻细胞的快速测定以及微生物群落和生理状态的快速分析及其衍生等方面的检测。目前，流式细胞仪应用于病原菌检测的研究相对较少，各种病原菌的特异性检测还有待进一步研究。我国现行标准为医药行业标准YY/T 0588-2017流式细胞仪，规定了流式细胞仪的术语和定义、产品分类、技术要求、试验方法、标志、

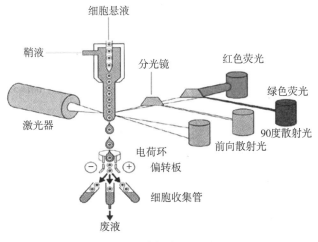

图5-25　流式细胞仪原理图

标签和使用说明、包装、运输和贮存，主要适用于临床使用的对单细胞或其他非生物颗粒膜表面以及内部的生物化学及生物物理特性成分进行定量分析和分选（只限于有分选功能的流式细胞仪）的流式细胞仪。

基于以上背景，流式细胞仪近期目标是，目前流式细胞仪检测的主要对象是细胞，但同样细菌、浮游生物等也可以用流式细胞仪分析，将流式细胞仪应用于不同病原菌的检测中可以丰富现有检测方法；中期目标是，研发出可以单独作用于病原菌的特异性染料，应用小型化的固态激光器，增加流式细胞仪检测的特异性；远期目标是，追求检测仪器小型化，甚至达到微流控的状态，可以减少样本体积，降低试剂消耗，提高检测速度以及缩小空间所带来的光电及液路的改善。

5. 基因芯片快速检测技术

基因芯片技术是生物芯片技术的一种，利用杂交技术实现基因检测，测序原理是杂交测序方法，即通过与一组已知序列的核酸探针杂交进行核酸序列测定的方法，在一块基片表面固定了序列已知的靶核苷酸的探针。当溶液中带有荧光标记的核酸序列与基因芯片上对应位置的核酸探针产生互补匹配时，通过确定荧光强度最强的探针位置，获得一组序列完全互补的探针序列，据此可重组出靶核酸的序列（图5-26）。目前主要应用于药物筛选和新药开发、疾病诊断、现代农业、环境保护等领域。在食品检测领域主要应用于转基因食品检测、禽畜类病疫及致病性细菌微生物检测上，目前已经颁布了《标准转基因产品检测 基因芯片检测方法》（GB/T 19495.6—2004）、《玉米中转基因成分的测定 基因芯片法》（GB/T 33807—2017）、《转基因产品检测 植物产品液相芯片检测方法》（GB/T 19495.9—2017）、《常见畜禽动物成分检测方法 液相芯片法》（GB/T 35024—2018）、《分枝杆菌菌种鉴定基因芯片检测基本要求》（GB/T 29888—2013）、《转基因玉米品系检测 可视芯片检测方法》（SN/T 4413—2015）、《肉及肉制品中常见致病菌检测方法 基因芯片法》（SN/T 2651—2010）等一系列芯片检测方法。

基因芯片技术具有快速、高效、自动化等优点，可以在同一张"芯片"上完成多种成分的检测。目前虽然有一些商业化成品芯片，但普遍研发成本较高、灵敏性较差，且由于没有精准的微生物资源鉴定方法，限制了基因芯片检测技术的发展，因此需要食品检测行业通过技术研发拓展基因芯片的应用潜力，从食品原料检测以及致病微生物菌类检测两个方面着手，更好地保障食品生产加工安全。

基于以上背景，基因芯片快速检测技术近期目标是，探针合成方面，如何进一步提高合成效率及芯片的集成程度是研究的焦点；中期目标是，目前大多数基因芯片的信号检测需要专门的仪器设备，费用较昂贵，且不利于现场快速检测，可以尝试与新型显色技术进行联用，达到检测结果可视化的目的；远期目标是，简化芯片制作的工艺，开发出可以同时检测多种有害物质的商品化基因芯片，推动基因芯片技术在检测行业的快速发展。

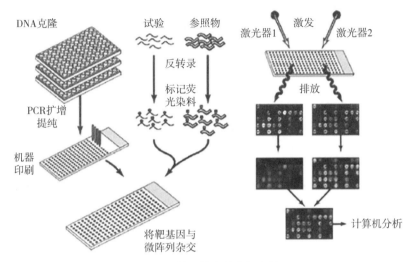

图 5-26 基因芯片技术概述图

6. 比色分析检测技术

基于比色原理的生物检测方法结合了生物特异性识别和比色传感检测技术的优势，其原理是元素不同价态的离子都有着该元素离子特定的颜色，离子除各自特定的颜色外，这种颜色深浅还与离子的浓度有严格的线性关系，只要没有其他干扰因素，离子的这种颜色与在溶液中的浓度的比例关系可以用来对溶液中的离子浓度进行对比分析（图 5-27）。比色分析检测技术可通过颜色变化直观检测目标物，具有特异性强、灵敏度高、响应速度快和易微型化等优点。目前也已经颁布了一系列采用比色法进行食品质量安全快速检测的标准，如《面制品中铝残留量的快速检测 比色法》（KJ 202104）、《食品中硼酸的快速检测 姜黄素比色法》（KJ 201909）、《粮油检验谷物及其制品中 α – 淀粉酶活性的测定 比色法》（GB/T 5521—2008）、《食品中葡萄糖的测定 酶 – 比色法和酶 – 电极法》（GB/T 16285—2008）、《水果及制品可溶性糖的测定 3，5- 二硝基水杨酸比色法》（NY/T 2742—2015）、《甜菜中甜菜碱的测定 比色法》（NY/T 1746—2009）、《出口葡萄酒中总二氧化硫的测定 比色法》（SN/T 4675.22—2016）、《出口食品中磷脂的测定 比色法》（SN/T 3851—2014）等，说明了比色法在目前食品快速检测中的应用较广。

此外，比色分析检测技术还可以与多种技术进行结合，例如适配体比色生物检测、酶联免疫吸附检测等。李光文等研究利用滚环扩增反应和铜纳米线进行信号放大，建立一种新型免标记高灵敏 Hg^{2+} 比色检测方法，通过 $T-Hg^{2+}-T$ 特异性结合引发滚环扩增反应。

基于以上背景，比色分析检测技术的近期目标是，将比色检测技术应用于多种新型检测技术中，建立更多不同检测物行业检测标准；中期目标是，在保证检测准确性的前提下，建立能够对检测物进行定量的比色检测技术，形成商业化标准；远期目标是，开发新型的标记材料以提高灵敏度，以及实现高通量检测的试纸条。

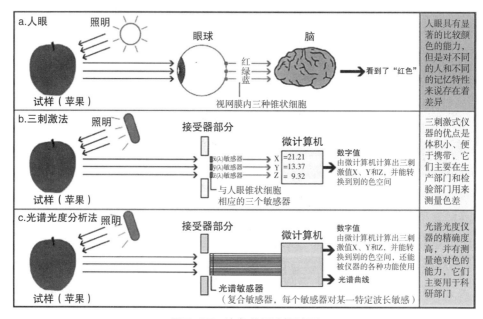

图 5-27　比色分析法概述图

7. 微流控检测技术

微流控技术广义上讲是一种在微纳尺度上对微量流体进行操控的技术。微流控的重要特征之一是微尺度环境下具有独特的流体性质，如层流和液滴等。借助这些独特的流体现象，微流控可以实现一系列常规方法难以完成的微加工和微操作。由于纳米技术和制造技术的发展，许多生物和生化分析可以成功地小型化到微流控平台，被称为"芯片上的实验室"。经过近 30 年的发展，微流控技术已经应用于食物过敏原、生物毒素、病原微生物、农兽药残留、重金属检测等食品安全检测中。例如，李俊豪等结合微流控技术及磁微粒免疫荧光分析技术建立了EB病毒标志物微流控检测平台，具有检测时间短、试剂消耗少、污染少、自动化程度高、易于基层推广等优点，可适用于各级医疗机构（图5-28）。还有目前使用的冠状病毒检测试剂盒，也是利用RT-LAMP技术检测SARS-CoV-2的N基因RNA，通过微流控装置中光学和电子元件实时检测反应混合物的颜色变化，30分钟内实现新型冠状病毒的快速诊断。我国已经颁布了《食源性致病菌快速检测 微流控芯片法》（T/ZACA 031—2020）和《猪瘟病毒及非洲猪瘟病毒检测 微流控芯片法》（SN/T 5336—2020）。未来，随着微流控装置制作工艺的日益成熟、反应系统性能的提高、人工操作的减少、自动化程度的提高，微流控检测技术会逐渐提高检测速度和通量，并实现检测标准化，会有更广阔的应用前景。

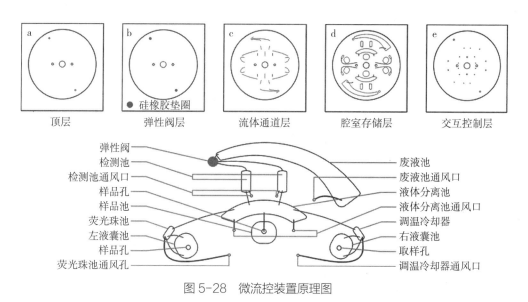

图5-28 微流控装置原理图

目前，国内微流控产品的产业应用仍处于发展初期，多成分同时检测、制作成本控制等问题仍有待探索。同时，由于微流控领域新技术层出不穷、产业化程度较低、产学合作不足等原因，该技术至今仍然没有体系化的国际和国内标准。基于此，微流控技术的近期发展目标是，进一步开发能够满足食品中多种靶标成分同时检测、一次性检测多个样本的微流控芯片，满足不同检测需要；中期目标是，寻找更经济的微流控检测材料，以节约成本，例如开发纸基芯片等成本更低的材料，促进微流控技术的推广和大规模应用；远期目标是，目前许多微流控技术均处于实验室阶段，实际应用中还存在一些限制，将实验室研制的微流控检测技术芯片应用于现场即时检测，并从产品的设计、加工和测试等方面推动现场即时检测微流控技术的标准化，促进该技术在食品检测领域的产业化应用，充分发挥微流控技术在现场检测中的优势。

8. 金纳米检测技术

金纳米颗粒通常是指一种直径在 1～100nm 范围内的微小金颗粒。金纳米颗粒由于粒径小、溶液体系稳定、有一定的显色能力以及较好的生物兼容性等特点，被广泛应用于各种生物检测研究中，为核酸、蛋白质、细胞因子等生物物质的研究提供了更多的分析方法。相较于传统的荧光素或放射性同位素标记物，金纳米颗粒具有长时间稳定保存、操作简便、环境污染小等优点。任林娇等利用金纳米颗粒淬灭 FAM 荧光基团，结合裂分型核酸适配体识别机制，制备了一种检出限低、操作简单的高灵敏裂分型适配体传感器用于血清中三磷酸腺苷的检测（图 5-29）。李甜等基于"三明治"结构核酸杂交和磁分离策略构建了对 SARS-CoV-2 相关核酸序列的可视化检测方法。

金纳米由于体系稳定以及较好的生物兼容性，被广泛应用于各种检测技术中，目前已知的金纳米检测技术有金纳米 - 斑点免疫法、金纳米 - 免疫层析法、金纳米 - 比色分析法、金纳米 - 传感器联用等。目前已颁布的食品检测标准有《马铃薯 A 病毒检疫鉴定方法 纳米颗粒增敏胶体金免疫层析法》（GB/T 28974—2012）、《番茄环斑病毒检疫鉴定方法 纳米颗粒增敏胶体金免疫层析法》（GB/T 28973—2012）、《贝类食品中食源性病毒检测方法 纳米磁珠 - 基因芯片法》（SN/T 2518—2010）、《牛布鲁氏菌病荧光纳米颗粒试纸条制备和诊断方法》（DB35/T 1669—2017）。金纳米检测技术目前也存在一些缺点，如在制备金纳米颗粒后，对其粒径形状的表征检测成本较高，因此限制了金纳米颗粒在生物检测中的进一步发展和应用。

基于以上背景，金纳米检测近期目标是，寻找合适的方法制备出高活性、高选择性的金纳米颗粒，进一步推动金纳米颗粒的商品化；中期目标是，对金纳米颗粒表征检测方法的优化，以及金纳米颗粒与被标记物结合方法的优化，是金纳米颗粒在生物检测方面的重要发展方向；远期目标是，将金纳米颗粒与多种新型检测技术联合使用，推动金纳米技术在现场快速检测中的应用。

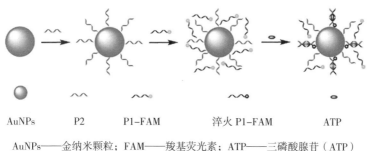

AuNPs——金纳米颗粒；FAM——羧基荧光素；ATP——三磷酸腺苷（ATP）

图 5-29 金纳米检测展示图

（四）可视方向

1. 质谱成像检测技术

质谱成像技术是一种通过质谱获取样品的化学信息与空间信息，并将其作为化学图像进行后续处理和可视化的技术，最早应用于生命科学和医学领域。常见的质谱成像技术有基质辅助激光解吸电离质谱成像、解吸电喷雾电离质谱成像、二次离子质谱成像等。随着技术的发展以及对食品安全的更高追求，质谱成像也被逐步用于食品安全检测，在蔬菜储存期间生物碱分布变化、在线监测茶叶热加工过程中活性物质变化、水产品中兽药残留分布等方面取得了重要的研究进展。尽管质谱成像技术在生命科学和医学领域的应用较成熟，但其作为食品检测技术刚刚崭露头角。同时，由于质谱成像的样品通常由冷冻切片技术制备而来，无法获得微米级的样品切片，因此很难对质地高、易碎的食物样品进行分子成像。基于该背景，质谱成像检测技术的近期发展目标是，进一步发展基于喷雾的环境电离技术，通过电喷雾电离直接从样品表面得到待测分子。同时，不断提升检测的灵敏度和成像的分辨率。中期目标是，发展质谱成像自动在线检测系统，以拓展其在食品加工、运输、储藏全过程风险物质动态监测方面的应用。远期目标是，强化质谱成像技术与代谢组学的联用，同时解决食品成分分析、营养评估、有害物筛查、真伪鉴别等多种问题。

2. 高光谱成像检测技术

高光谱成像检测技术是立足于多光谱成像基础上，在 200~2500nm 的光谱信息范围内实现对目标的连续性成像处理，同时获得目标空间特征和光谱信息的检测技术。在食品检测领域，高光谱成像检测技术能够快速检测食品外观破损、颜色等，剔除不合格的食品。并能够快速检测出食品中的农药、病虫害、成分等信息，针对肉类食品中的 pH、落菌数、污染物等进行有效检测，从而对食品进行安全鉴定和品质分级。

但是，高光谱成像技术也存在一些光谱检测难以避免的问题，例如光谱数据易受噪音影响，从高光谱采集到的海量信息中筛选出有效的特征光谱信息难度大，数据处理模型不具备通用性等。基于该背景，高光谱成像检测技术的近期发展目标是，开发性能更优的减少数据维度、去除冗余信息算法，提升数据降维效果和检测速度；中期目标是，从设备、样本数据采集环境和算法上进一步优化，降低噪音对光谱数据的影响，提高数据质量，实现高光谱成像在线监测；远期目标是，建立适用于食品检测不同方向、不同机制的标准化模型，增强数据通用性，最终整合成一套集光谱数据采集、预处理、降维和建模的相对完整的设备。

3. 热成像检测技术

热成像技术是通过接收目标物各部位发射出的红外线，经过红外信息转换与处理技术，以图像形式显示目标物各部位发射的红外线强度的方法。在食品领域，该技术可通过检测食品表面机械损伤、表面温度、特定波长数据等指标，对食品质量检验、加工参数监控及食品污染物检测等方面进行研究。一般来说，食品检测中采用的热成像系统通常包括相机、光学系统（如聚焦镜、透镜、平行过滤器）、检波器组合（如微型辐射热测量器）、信号处理、图像处理系统等部件，并配备温差生成装置。随着高分辨率红外检测器的发展，热成像技术在食品领域得到越来越广泛的应用，然而该技术在食品质量在线检测方面的应用还需克服一些技术难题。例如，检测前通过冷或热处理形成样品间的温差的过程可能引入污染物，并改变食品的感官性质；传送带系统会影响背景噪音的去除效果；等等。基于该背景，热成像检测技术的近期发展目标是，优化温差生成装置，提升待测样品热分布均匀性，同时充分考虑不同食品对温度的耐受性。中期目标是，充分考虑在线环境对检测带来的影响。通过提高检测器像素、优化数据算法等手段，达到热成像技术在线检测稳定的目标。远期目标是，形成产学研一体化的技术路线，推动该技术的应用试点检测，实现标准化检测标准。

4. 可视化传感器检测技术

可视化传感技术又称色敏传感技术，是一种新型的传感检测技术。它是将色敏材料固定于基底材料上构建色敏传感器阵列，色敏传感器阵列与样品的待测成分反应，反应前后通过颜色发生变化实现样品信息的"可视化"，从而对待测样本进行定性或定量分析。可视化传感技术在食品领域的主要应用有嗅觉可视化和味觉可视化。与传统的电子鼻、电子舌等技术大多基于物理吸附作用或范德华力等弱作用力，在物质检测中容易受到环境湿度的影响及发生基线偏移相比，可视化技术对环境中的水蒸气等因素具有较强的抗干扰能力，从而成为食品检测领域的一大突破，被不断应用在食品及农产品的分类分级、新鲜度及储藏期判别、发酵阶段识别、产品品质检测等各方面。该技术发展时间较短，虽然近年来研究不断深入，但问题和不足也比较明显，例如传感器阵列中的色敏材料筛选时主要依靠经验，大多局限于单一指标检测，应用程度不高等。基于该背景，可视化传感器检测技术的近期发展目标是，建立高效的色敏材料筛选方式，节省试错成本，提高实验效率；中期目标是，进一步加强可视化技术，尤其是嗅觉可视化技术在食品检测中的应用；远期目标是，突破现阶段局限于单一检测技术对待测物进行单一指标检测的瓶颈，嗅觉可视化技术、味觉可视化技术及质谱等多种技术结合，进行多指标全面检测。

5. 计算机视觉检测技术

计算机视觉技术是通过图像传感器采集得到所测样品的图像，把所得图像转换为数字图像，继而通过计算机技术模拟出人的判别准则，对图像进行识别，并与图像分析技术相融合来分析得出所要结论的技术。在食品领域，该技术多用于食品品质检测，目前已经广泛应用于果蔬、肉制品、烘焙食品、禽蛋、海鲜等大类食品的外观（如重量、形状、大小、色泽、外观损伤等）识别、内部无损检测、腐败变质检测、新鲜度检测等方面，但该技术在运用过程中仍然存在一些技术难题亟待解决，例如检测性能受环境影响较大；检测指标有限，一般用于在检测食品单一指标或者分级标准为一个指标时；检测兼容性差，同一检测模型一般只能用于唯一种类的食品分级检测。基于该背景，计算机视觉检测技术的近期发展目标是图像处理技术的优化，例如将计算机视觉与人工神经网络技术融合，保证检测对象在不同环境下的最大程度识别。中期目标是将计算机视觉技术与多种检测技术有机结合，实现多种图像技术、图像模式和非成像传感器技术等的集成应用。通过不同的信息源对某一性状进行检测，提高检测结果的客观性、准确度以及检测系统的稳健性。远期目标是，在提升图像处理技术和融合多种检测技术的基础上，结合食品化学等信息，建立科学、完整、系统的数据图像特征参数组合模型，组成特征矢量，提高识别的准确性，更好地为食品检测的精准化和智能化服务。

六、食品行业检测技术发展路线图

食品行业检测技术发展路线图见图 5-30。

路线规划	2025年	2030年	2035年
发展目标	进一步优化与创新，降低成本、缩短周期、提升灵敏度和准确性，满足新应用场景的需要	丰富标准体系，推动先进技术在行业内应用，满足食品产业和安全监管对检测技术的需要	产业效率和价值大幅提升，行业科技水平进入世界前列，满足人民对美好生活的更高需求

产业需求

需提高智能检测技术的准确性、灵敏度等性能，降低开发和制造的成本，从而实现商业应用，并整合到食品供应链的各环节中

减少或消灭检测过程中有害试剂，将污染减小到最低，实现技术绿色化，是新时代生态文明建设背景下食品检测的迫切需求

需建立有效统一的食品安全快速检测标准体系，切实可靠的快速检测产品和设备的评价体系，以及完善健全的食品安全快速检测技术政策和制度，从而提高快速检测技术在食品安全监管中的应用

随着消费者对食品质量与品质的进一步重视，侧重分析物质空间分布的可视检测技术将迎来巨大的市场需求和应用空间

检测技术

	2025年	2030年	2035年
智能	开发成本低廉、环境友好、易于生产、易于推广的智能检测技术	初步开展对食品质量安全的智能追踪监测应用	制定系列标准，广泛应用于食品生产运输等各环节
绿色	绿色前处理技术和检测技术的进一步优化、创新	加强绿色检测技术与其他技术的联用，推动国产仪器、产品的问世和推广	推动新技术写入标准
快检	研制准确可靠、便携化、智能化的快速检测技术和装备	完善的快速检测标准体系、政策和制度	快检技术在食品检测的应用和普及
可视	硬件和算法优化	建立适用于不同食品基质的前处理方法、数据处理模型以及数据库的建立	增强技术通用性，形成产学研一体化的技术路线，推动技术应用试点检测

图 5-30　食品行业检测技术发展路线图

第五节　电子电器技术路线分析与路线图绘制

一、市场需求分析

（一）电子电器行业发展现状

1.规模

全球家电行业一直都是伴随着科技的迅速发展而腾飞。欧美和日本等发达国家掌握着家电产品的先进技术和生产工艺，长期处于产业链、创新链、价值链的高端。我国家电产业链依托规模大、配套全等优势，已经成为全球的家用电器生产大国、消费大国和出口大国，各类家电产品总产量占全球 80% 以上。据中国工程院战略咨询中心等机构联合发布的《2018 中国制造强国发展指数报告》显示，我国家电产业已经成为五大世界领先产业之一。

2.品牌

我国一直推行"三品"战略，推动我国家电企业塑造自己的品牌。在传统大家电领域，我国的市场发展已经非常成熟，龙头企业借助品牌优势，将市场资源不断集中，品牌集中度持续提高，外资品牌已经难以对国产品牌的集团优势构成任何威胁，因此，近两年一些盈利状况不佳的外资品牌也在逐步退出竞争激烈的中国市场。我们从一些品类的国产品牌的市场份额可以看到这种变化，国产品牌的市场份额不断增长。

中国企业近年持续不断的品牌建设投入，为自身赢得了市场收益，为中国品牌赢得了国际声誉。更重要的是，品牌的力量赋予企业更强大的生命力和发展韧性，在不利的市场环境下，品牌是保障企业获得持续发展的护身符。当今全球疫情仍然充满不确定性，但在长期品牌建设方面坚定投资的公司抵御了最具破坏力的冲击。有市场数据表明，在外部突发问题应对方面，品牌价值较高的企业市场波动较小。

3.国际地位

经过 40 余年的发展，我国知名家电企业美的、海尔、格力连续入围世界 500 强，国内著名家电企业海尔、格力、美的、海信、方太、先锋、沁园、加西贝拉等通过收购兼并、合资合作、战略转型，持续完善管理结构、区域结构、经营结构和市场结构，提升我国家电产业的产品力、科技力、品牌力、服务力和营销力，进一步加快了全球产业布局，使中国家电企业在世界中的影响力和规模日益扩大。近年来，中国家电中高端产品供给能力明显改善，科技创新能力显著增强，国际化发展深入推进，稳固了欧美等发达国家市场，为调整全球市场布局和产业布局奠定了重要基础。

4. 产业链

自 2020 年第四季度以来，由于国外疫情失控引起的原材料供应不足，以及疫情后经济反弹导致的市场需求增加，家用电器行业原材料价格持续上涨。我国家电企业受到不同程度的冲击，中小企业生存环境更加艰难。总体来看，我国家用电器大部分零部件可实现国产化，产业链供应链基本完整，整机竞争优势明显，中低端产品配套完善，但在高端原材料、电子元器件、传感器、零部件、制造装备、工业软件等方面仍存在一定的不足。

当今世界正经历百年未有之大变局，新一轮科技革命和产业变革蓬勃兴起。习近平总书记指出，保产业链供应链稳定正是畅通国民经济循环的基础，也是形成以国内大循环为主体、国内国际双循环相互促进的新发展格局的基础，是重塑我国经济发展优势不可或缺的一环。家电产业作为重点民生产业，如何通过检验检测技术的发展来提高我国产业链各环节技术水平，保证产业链健康发展，将成为我国电子电器行业未来技术路线发展的主要路径。

（二）电子电器行业质量水平及检测技术发展现状

1. 质量水平

近 3 年，家用电器产品质量总体比较稳定。家用电器产品基本上都是强制性认证产品，企业从产品认证到批量生产，均有相关管理制度对其产品质量进行管理，国家市场监督管理总局对产品质量实行以抽查为主要方式的监督检查制度，对可能危及人体健康和人身、财产安全的产品，影响国计民生的重要产品以及用户、消费者、有关组织反映的有质量问题的产品进行抽查，也进一步加强了企业产品质量的不断提高。房间空气调节器、室内加热器、厨房家电产品、电热水壶、储水式电热水器、灯具类等产品在近 3 年的国家监督抽查中合格率相对较高；电冰箱、家用电动洗衣机、吸油烟机等产品电器安全项目合格率较高，性能指标不合格相对集中，说明企业质量控制不稳定，同时也有虚标现象。2018—2020 年，家用电器产品的合格率分别是 84.12%、86.63% 和 84.94%。

2. 电子电器行业先端检测技术案例介绍

随着检测技术的发展，检测设备不断更新，检测方式和过程控制也不断丰富和完善，使得检测进程加快，检测结果更加精准。

（1）球压试验压痕直径的测量

球压试验是许多产品安全标准中考核非金属材料耐热性的重要试验。在高温条件下，非金属材料、绝缘材料的结构特性会发生本质的变化，如熔融或变软、机械强度明显下降、结构尺寸明显变化，直接影响产品质量和使用安全。通过球压试验，以保证产品及其组件、零件在高温工作时，非金属材料和绝缘材料仍具有足够的耐热性能。在球压试验中，压痕直径的大小是判定材料是否合格的直接依据，因此，如何精确测量压痕直径至关重要。

以前，较为准确的压痕直径测量方法是使用读数显微镜，该方法可通过调节目镜，使视场内分划板刻线清晰成像。通过分划板刻线和指标板刻线测量压痕直径。该方法主要由技术人员对压痕边缘进行人工判断与对齐，受光线等因素影响，测试效率低，测试结果受技术人员的人为因素影响较大。以前，较准确的压痕直径测量方法是使用读数显微镜。该方法可通过调节目镜，使视场内分划板刻线清晰成像，通过分划板刻线和指标板刻线测量压痕直径，如图 5-31 所示。

图 5-31　读数显微镜测量压痕直径示意图

现在，通过将传统的显微镜技术、先进的光电转换技术、尖端的计算机图像处理技术完美地结合，不但能将所观察的压痕直径显示在计算机屏幕上，而且所观察的压痕直径图像在计算机上也能很方便地测量与自动标注。人为因素的影响大大降低，测试效率和测试结果的准确性都大大提高。

（2）运用 PSD-02 峰值断电装置对断电峰值进行判断

家用和类似用途电器、音视频设备、医疗器械、灯具、信息技术设备等电气设备一般通过一个插头与电源连接，而这些器具中往往装有大于 0.1μF 的电容，在这些器具的国家安全标准中，明确要求其结构应保证用户在拔下插头时不能因触碰插头插脚而发生电击危险。因此，准确判断峰值断电至关重要。

以前，在器具研发、型式试验、委托检验、国内各级产品质量监督抽查等实际检测过程中，由于装置的限制，只能人为手动拔下插头来模拟断电过程，在这个过程中，对于是否能够准确地在峰值时断电并没有保证，测试效率低，测试结果受人为因素影响较大。

现在，使用 PSD-02 峰值断电装置可使被测设备与电网电压在峰值时断开，且其断开电路后的绝缘电阻足够大（DC500V 条件下 ≥ 100MΩ），能够精确地保证被测器具在"峰值"时断电，确保试验符合标准要求，操作简单、准确、重复性好，人为因素的影响大大降低，测试效率和准确性都得到大幅提高。

（3）冷水热泵机组现场检测技术

随着《关于加快浅层地热能开发利用 促进北方采暖地区燃煤减量替代的通知》等政策的出台，水源热泵的市场空间得到有力拓展。水源热泵市场准入门槛不高，水源热泵机组的能效备案制度的实施对于产品质量的监控、市场秩序的规范以及行业的整体水平的提升具有积极的推动作用，同时也对产品的检测提出了更高的要求。冷水热泵机组在制冷空调设备中属于大型设备，传统检测方法中以被测机作为测试样品来回传递和运输，对测试成本和样品的可靠性上都有极大的影响，便携式现场测试设备的开发及应用可较好地应对这一问题。此外，国家对于节能问题的关注日趋显著，商用领域的节能措施已经是各大地产商、运营商的关注重点，因此，作为电子电器领域耗能大户的制冷设备特别是商场等大型公共场所使用的冷水热泵机组的运行状态及耗能监测等已成必然，现场检测手段的开发应用契合市场需求，应用前景广泛。

便携式性能测试装置通过模块化的紧凑型结构设计以及高精度测量元器件的应用，在节省样品运输成本的同时，可极大提高检测的时效性和测试条件的一致性。此外，还可解决冷水热泵机组性能测试过程中样品传送困难、运输成本较高的问题。针对样品测试需求，以标准为依据，开发具有快速、便捷、操作强的现场检测手段，建立完善的测试评价方法，可有力提升产品检测速率并大幅降低检测过程损耗。

（4）空调器制冷量测试用参比机国家标准样品在检测活动中的应用

随着我国转入高质量发展阶段，各行各业都以提供高质量的产品和服务来满足人民日益增长的美好生活需要。标准样品的研制开发以及标准样品生产体系的建立，可更好地推动电子电器产品检测的质量升级与健康发展。国家标准样品作为实物标准，是科学定制与有效实施文本标准、提升产品质量、促进科技创新的重要技术基础。

"空调器制冷量测试用参比机国家标准样品"的研发与设计，并将其应用到检测活动中，可为空调器的能效提升和推动我国空调器行业的整体质量升级提供有力保障。作为空调器行业实验室校准和比对测试的指定样品，在均匀性、稳定性、准确性等方面要求极高，可广泛应用于空调器制冷量的量值传递与量值溯源，试验室的期间核查、设备比对、能力验证等试验室质量控制活动，最大限度地保证测试结果的准确性，为《空调器平衡环境型房间量热计法能效测量装置校准规范》（JJF 1857-2020）和《空调器空气焓值法能效测量装置校准规范》（JJF 1858-2020）的落地实施提供有效支撑。

（三）电子电器行业发展趋势及对检测技术的需求

1. 行业发展趋势

（1）传统技术迭代

目前，我国家电产业仍有一定的核心部件需要进口，关键基础核心技术仍存在一定的薄弱环节，在家电高端产业技术研发方面仍落后于国外先进企业，涉及我国家电产业链的安全以及中国家电品牌国际领先地位和影响力的提升，因而迫切需要在前期基础上不断进行传统技术的迭代，开发新技术、新材料、新部件、新工艺、新装备应用，实现家电产品的增功能、提性能、促节能。特别是在芯片、功率半导体等领域仍存在自主知识产权与技术壁垒，相关技术与国际先进水平差距较大，国外集成电路经过长时间的沉淀和积累，在芯片架构、关键IP、高速接口等芯片硬件设计，以及开发工具和生态系统建设中已构建起层层专利技术壁垒。随着我国家电产业的国际化发展，以及受美国贸易影响的产业安全问题显现，唯有掌握关键核心技术，突破国外技术封锁，提升产品核心竞争力，提高我国家电关键基础核心部件的国产化应用水平。

（2）新型技术融合

创新发展始终是家电产业实现人居舒适、健康目标的动力源泉，紧跟双循环发展战略，融入全球高端市场，智能家居、智慧家庭越来越受到世界各国的重视。如何更好地利用飞速发展的新生技术并将其运用于家电产品，是抢占行业新高地、引领家电产业发展的关键，从感知、决策、执行、学习等智能化四个方面进行深入的研究和探索，为智能家居生态发展奠定坚实基础。进一步推动我国家电产业的智能化、互联互通的深入发展，赋能健康舒适等新型技术，发展物联网、工业互联网、区块链、神经元算法等信息技术与产品，协同半导体、传感器等新型硬件技术高速发展。家用电器作为承载大量技术落地的产品终端产业，通过新型技术融合的方式将各种先进技术集成服务于人们的美好生活需求中，为人民美好生活目标的实现提供基础保障。

（3）应用场景突破

由于新冠肺炎疫情的暴发，以及在营造健康、舒适、安全的生活环境的基础上，健康家居环境需求已成为人们关注的焦点，人们对个人健康的防控意识极大增强，对健康的要求也提出了更高的标准。以家庭健康管理为目标的智慧家庭，成为人们美好生活的保障，以及家电产业转型升级的突破点。在智慧家庭的发展进程中，构建服务于人们健康家居生活保障功能的家电产品，将成为家电行业产业进化和消费升级的趋势。而实现家电产品进行感知、决策、执行、学习的各种半导体、传感器等核心元器件，也将产生巨大的需求。随着健康家电市场的增长，满足健康功能需求的半导体及传感器市场也将蓬勃发展。

2. 对检测技术的需求

（1）智能

电子电器行业的智能化发展对检测技术提出了新的需求，如何引领和把握智能化标准的发展趋势，完善智能化技术、场景功能、信息安全检测技术成为当下需要解决的问题。面对新的挑战，需要借助智能化电子电器检测技术重点解决制约智能化技术提升的共性关键问题，研究分析产品共性问题，制定相关应用标准和技术规范，搭建技术验证平台，建立相关评价体系指标，加强智能化技术与效用、软件系统、信息安全技术研究与能力。

1）智能化技术与效用。智能化的入口是人机交互技术，需要通过语音、声纹、图像识别检测技术等关键基础技术进行重点保障。当智能技术、智能单品发展到一定程度，必然走向智慧场景的发展趋势，智能场景测试技术便是评估智能服务质量的重要举措。随着我国老龄化日趋严重，智慧养老产业的应用需求也逐渐凸显，而发展智能适老测试技术的必要性也日益显现。

2）软件系统。随着电子电器智能化水平的不断提高，软件应用越来越多、越来越复杂，其中很多故障并非全部由硬件缺陷所致，而是软件问题，因此，软件测试技术中的白盒测试与黑盒测试势在必行。

3）信息安全与隐私保护。电子电器的智能化，从终端到场景实现数字安全、接入安全、算法安全和执行安全，均会涉及信息安全与隐私保护，故个人隐私合规检测技术、固件安全检测技术、App 安全技术等显得尤为重要。

（2）绿色

随着电子电器类产品市场竞争的不断加剧、产品结构的不断优化以及"双碳"目标的驱动，绿色已成为领域重点发展的方向之一。通过开展前沿零部件、环保制冷剂、全直流供电和高效控制等方面的研究是各生产企业实现绿色产品迭代升级的核心技术手段。因此，为进一步满足产品质量考核需求、推动电子电器行业绿色技术升级，完善绿色产品检验检测技术，建立完善的检测评价体系则显得尤为重要。综合考量近年来电子电器产品绿色节能技术要点，检测技术的配套需求集中体现在以下几个方面。

1）产品生命周期及碳排放评价相关的检测技术：从产品的生产、运输、安装、使用、回收等方面建立能源消耗、原材料消耗以及污染物排放的全面检测及评价方案，考察产品全生命周期对外部环境的综合影响。

2）与环保制冷剂使用相关的检测技术：为满足使用可燃制冷剂、新型环保制冷剂的制冷产品安全、节能、性能等方面的全新检测要求，建立合理的测试方法标准，研发可靠性更强的检测设备。

3）高效节能零部件及相关应用的检测技术：提升前沿产品核心零部件如换热器、压缩机、电器元件的检测技术与能力，协助部件企业进行绿色节能产品开发及应用。

4）先进节能控制技术及相关应用的配套检测技术：建立对电子电器产品节能控制装置与技术的综合评价方案，从电子电路层面对产品绿色与节能性能进行检测与评估。

5）全直流家用电器的检测技术：对应全直流家居概念，建立配套的全直流家用电器检测方法，同时完善全直流产品专用检测设备，建立全面的全直流家电测试和评价体系。

（3）健康

目前，电器产品在健康方面起到的作用主要是健康管理和健康防护与促进。

健康管理主要是指通过智能家居采集环境信息、监测人体健康状态，调节家居生活环境和人体健康状态等。对于这些功能的实现及检测主要是通过对环境与健康的研究，完成对家居环境的评价和对人体影响的生理指标的观测统计，并研究环境与人体健康的作用机理，从而评价和建立有益于人体健康的家居环境。涉及的检测方向主要有三个方面，一是家居场景下各因素的相互作用及对人体健康的影响；二是各类电器产品（包含家用医疗保健器具）对人体在日常活动中各项生理指标的监测和数据收集；三是通过对日常行为习惯的数据收集，分析与产品关联的生理健康、心理健康、饮食行为习惯、健康环境因素等。

健康防护与促进主要是通过电器的各项功能，避免对人体健康造成损害或不良影响的防护功能以及对健康状况具有正向促进作用的功能。其中，健康防护与促进功能主要包括三个方面，一是电器产品可以通过添加某种功能模块去除存在于家居环境中影响健康的物理、化学、生物类的污染物，这其中也包括在一些传统家具中增加用电功能模块，使传统家具具备电器的某种健康防护功能，比如电子衣柜、智能镜柜等；二是可以对电器产品原有功能进行升级，使其对健康具有一定的促进作用，比如冰箱的保鲜功能、电饭锅的低升糖功能、蒸烤箱对食物的营养保留功能等；三是可以通过对电器结构的优化，避免电器产品在使用过程中由于时间的延长自身变为影响健康的污染源，造成二次污染，比如免污洗衣机、洗地机的自清洁功能等。这些健康防护与促进功能的实现主要是通过对污染物去除效果的评价、营养成分的保留效果以及自清洁效果等科学合理的技术指标和试验方法来实现的。由于这些健康管理和健康防护与促进功能都是在电器传统功能基础之上衍生出来的新功能，因此，传统的检测手段和标准已不能满足产品多样化的功能需求，亟须采用新的检测技术和手段，建立更加适用现有功能的新方法和新标准。

二、研发需求

电子电器行业将紧贴智能化发展脉络，推动落实电子领域"双碳"发展战略，围绕适老产品及大健康场景等热点需求，从智能、绿色、健康三个方面开展技术研发。

（一）智能方面

1.语音识别检测技术

语音识别是人机交互的入口，是指机器／程序接收、解释声音，或理解和执行口头命令的能力。语音识别技术所涉及的领域包括信号处理、模式识别、概率论和信息论、发声机理和听觉机理、人工智能等。整体软件系统设计主要由语音特征矢量提取单元（前端处理）、训练单元、识别单元和后处理单元组成。相关的算法中，目前最常用的有模板匹配法、统计建模法、联接主义法（即人工神经网络实现）。随着语音技术与智能手机、平板电脑等电子产品芯片集成的深入发展，缺少对最终实现效果的测试与检验方法的配套推出，而且通过近几年的研究发现，实际场景的环境噪音、实验室整体的混响时间、测试过程中的信噪比，以及发声高低远近位置、角度等均是检测方案中的关键因素。

发展目标：到 2025 年，通过研发与该技术匹配的语音识别检测方法，客观地对业内电子电器产品识别的正确率、误识别率等核心参数进行摸底测试；到 2030 年，制修订《电子电器语音识别水平评价技术规范》等标准，并推出面向电子电器全品类的"语音认证"；到 2035 年，通过科学的检测方法和认证推广，为行业和消费者等起到引领、引导的作用。

2. 声纹识别检测技术

声纹识别是生物识别领域里的一种，是指通过专用的电声转换仪器将声波特征绘制成波谱图形，与已经注册过的声纹模型对比，从而区分不同的个体，实现身份校验功能。这里需要明确的是，声纹识别与语音识别存在着质的区别，语音识别是共性识别，判断所说的内容；声纹识别是个性识别，可判定出说话人的身份。

在声纹识别技术应用逐渐成熟的过程中，对应的检测技术的研究也日趋深入。声纹识别检测过程中声源的选取，如用合成语音的失真影响，用真人语音的时变、身体状况、发音方式等影响因素都会对检测结果产生关键性影响。

发展目标：到 2025 年，对核心参数、变量等进一步深入研究；到 2030 年，针对这些核心因素进行深入研究，预计通过推出《电子电器声纹识别水平评价技术规范》等标准化工作，面向带有声纹识别功能的全品类电器进行检测；到 2035 年，通过行业摸底数据制定"声纹识别认证"，对达到一定水平的产品通过认证证书等方式，以期引领行业整体方向，促进提升技术发展水平。

3. 图像识别检测技术

图像识别是计算机视觉和人工智能领域的重要组成部分，其终极目标是使计算机具有分析和理解图像内容的能力。图像识别是一个综合性的问题，涵盖图像匹配、图像分类、图像检索、人脸检测、行人检测等技术，并在互联网搜索引擎、自动驾驶、医学分析、遥感分析等领域具有广泛的应用价值。图像识别主要有以下几个步骤：信息获取、预处理、特征提取与选择、分类器设计和分类决策。

在研究图像识别检测技术过程中，需要对图像识别进行细分，如文字识别、人脸识别、姿态识别等。不同的图像识别，其检测方案中核心的参变量和复杂度也存在较大差异，如文字显示识别受图像质量、光线、距离、遮挡等因素影响；人脸识别效果除以上因素外，还受表情、年龄、相似性等影响；而姿态识别的准确率则受到更多不确定性因素影响。

发展目标：到2025年，对各种图像识别深入研究，逐一调整参变量的方式检测产品的图像识别效果，对整个行业的图像识别效果进行摸底测试；到2030年，推出《人脸识别技术水平评价标准》《图像内容提取准确率水平评价标准》《姿态识别技术水平评价标准》等，用标准的测试检测方法、统一的标杆衡量电子电器图像识别水平；到2035年，制定推行"图像识别认证"，通过权威认证的方式，为行业技术发展起到促进推动的作用。

4. 智能场景测试技术

"产品会被场景替代，行业会被生态覆盖"，场景检测越来越成为智能行业关注的重点，是保证智能服务质量的重要举措。

场景检测是指对组成场景的各个组件、各条路径进行功能、安全、易用、可靠等指标的测试、核查、确认过程，其测试内容包括组件测试、模组测试、场景测试。目前行业内场景测试的标准有《智慧家庭全屋分布式语音交互规范》（T/CAS 434—2020），该标准从分布式语音唤醒、分布式控制、响应时间等维度对全屋分布式语音测试提供技术支撑；T/CAS 354—2020系列标准从场景定制和学习、平台性能、智能交互、主动服务、个人信息等维度为智慧家庭服务平台测试提供技术支撑。

目前，行业内场景测试逐渐得到行业的重视。测试内容以功能、性能、易用、可靠性测试为主，场景测试标准以团体标准为主，产品互联互通缺乏统一的标准，用户隐私泄露风险加大。

发展目标：随着智能家居行业的发展，预计到2025年，场景测试将成为行业的重点，测试内容尤其是个人信息测试逐渐完善；到2030年，场景测试标准尤其是国家标准逐渐完善，测试技术和测试内容更加先进；到2035年，场景测试技术不断成熟，场景测试能够切实满足用户的需求。

5. 智能适老测试技术

近年来，我国老龄化日趋严重，老年人的消费观念和消费水平也在发生改变，老年人对高质量的智能家电有需求，因而，开展智能适老产品测试显得尤为重要。

开展智能适老产品测试，从电子电器的功能、易用、可靠、信息安全等维度出发，考虑老年人的生理需求、心理需求，重点测试智能适老功能，包括智能适老模式、智能交互界面、语音控制功能、手势控制功能、提醒及预警功能、智能联动功能等。目前，行业内依据T/CAS 500—2021系列标准开展智能适老产品认证，该标准为智能适老产品测试提供技术支撑。

目前，智能适老产品测试逐渐得到电子电器行业的重视，智能适老产品认证覆盖8类产品，测试标准以团体标准为主，国家标准覆盖较少。

发展目标：随着智能适老技术的发展，预计到2025年，适老系列团体标准扩展更多品类，适老认证覆盖产品种类将增多；到2030年，适老产品测试的国家标准会有所完善；到2035年，将实现系统、完整的智能适老产品测试。

6. 白盒测试技术

影响电子电器产品质量的因素很多，包括硬件和软件，硬件质量对产品质量的影响比较容易识别。随着电子电器智能化水平的不断提高，软件应用越来越多、越来越复杂，其中很多故障并非全部由硬件缺陷所致，而是软件问题。为了避免故障遗留到市场，给消费者造成损失，降低产品的返修率和企业经济损失，白盒测试势在必行。

白盒测试包括静态测试和动态（单元）测试，其中静态测试包括代码走查、代码审查、静态分析等，白盒测试方法包括控制流分析、数据流分析、覆盖率分析等。目前，行业内依据《C/C++语言源代码漏洞测试规范》（GB/T 34943—2017）、《Java语言源代码漏洞测试规范》（GB/T 34944—2017）、《C#语言源代码漏洞测试规范》（GB/T 34946—2017）开展软件可靠性认证，为保证代码质量、提升产品质量提供技术保障。

目前，电子电器行业白盒测试技术仍处于起步阶段，各企业初步意识到白盒测试的重要性，纷纷完善白盒测试能力建设。目前进行白盒测试的主要手段包括人工审查和工具扫描。就目前行业来看，白盒测试主要以静态测试为主，单元测试普遍率不高，测试方法不够科学。

发展目标：随着电子电器行业对白盒测试的认识不断深入，预计到2025年，大部分电子电器企业能够意识到白盒测试的重要性；到2030年，白盒测试工具普及，静态测试内容更加全面，单元测试率提高；到2035年，白盒测试将成为保障软件产品质量的重要手段，白盒测试在整个产品开发周期中将占据更高的位置。

7. 黑盒测试技术

随着电子电器越来越多地进入家庭，其功能完备性、正确性以及性能指标等成为用户体验产品好坏的衡量标准指标之一。同时，随着智能技术的发展，以及功能的不断完善、升级，电子电器的设计越来越复杂，因此，电子电器的黑盒测试越来越有必要。

黑盒测试方法主要包括功能分解、等价类划分、边界值分析、因果图法、随机测试、猜错法等。目前，黑盒测试主要依据的标准为《系统与软件工程 系统与质量要求和评价（SQuaRE）第51部分：就绪可用软件产品（RUSP）的质量要求和测试细则》（GB/T 25000.51—2016），该标准将系统 / 软件产品质量属性划分为8个特性：功能性、性能效率、兼容性、易用性、可靠性、信息安全性、维护性和可移植性，系统而全面地介绍黑盒测试的内容。

现阶段电子电器的黑盒测试技术更多的局限于人工测试。测试内容更多的是功能性测试、易用测试和可靠性测试，测试流程方面较欠缺，对于测试用例环节的重视程度不够，测试用例设计方法不够科学，对测试评审环节不够重视。

发展目标：随着测试技术的不断发展，预计到2025年，黑盒测试技术将以自动化测试为主，人工测试为辅，测试内容覆盖功能性、性能效率、兼容性、易用性、可靠性、信息安全测试；到2030年，自动化测试将逐渐代替人工测试，由自动化测试工具自动生成测试用例，兼容性测试、性能效率测试更加完善，网络安全、个人信息测试更加普遍，测试流程更加完整；到2035年，黑盒测试技术相对完善，实现自动化测试，测试内容覆盖全面，用例设计方法更加科学，测试流程尤其是用例设计、评审环节更加完善。我国电子电器的黑盒测试技术处于国际领先地位。

8. 个人隐私合规检测技术

随着国家层面对个人信息保护的重视，联网、智能化的电子电器对于个人身份真实可信、数据安全可用、隐私信息保护等需求日益明显，个人隐私合规检测可以帮助智能网络电子电器的App在收集、使用、存储、传输用户个人敏感信息的过程中发现存在的个人隐私泄露风险，通过整改实现个人敏感信息在产生、存储、传输和处理过程中的机密性和匿名性，为高端智能联网电子电器提供信息安全保障。个人隐私合规检测平台可以为其提供高效、快速的隐私合规检测服务，同时无缝接入App的开发、测试和上线流程，通过精准的识别合规风险建立安全保障体系，实现智能电子电器之间、App与后台云服务器之间的数据收集和使用的合法、合规检测，同时对传输和存储的敏感信息进行识别，确保个人敏感信息的安全和隐私数据安全可控。

发展目标：通过制定个人隐私合规的标准及评级方法，到2025年，通过研发个人隐私合规的检测方法，推出个人隐私规格的检测认证；到2030年，初步建立隐私合规的自动化检测平台；到2035年，完善个人隐私合规平台，并能为智能联网的电子电器的企业提供高效快速的隐私合规检测服务的支持。

9. 固件安全检测技术

固件是智能联网电子电器的基础使用软件，固件是设备上电后最先执行的代码，主要负责硬件的初始化、加载操作系统、获得最终控制权、并为上层软件有效使用硬件设备提供调用接口。智能联网电子电器中的固件就是文件系统，系统所有的功能都在固件中，通过对固件进行解密和解包就可以获取系统文件信息，固件中存在安全缺陷是物理网设备遭受攻击的根本原因之一。面对智能联网电子电器设备持续高速增长，有效的固件安全检测已然成为保障物理网设备安全的关键。

固件的安全能力主要包含固件防提取能力和固件防逆向防篡改能力两部分。固件的防提取能力中着重于固件的加壳保护，防止固件被从设备中提取出来。固件的防逆向防篡改是指获取固件后，对固件进行分析，固件中的关键代码及敏感数据（如鉴别数据、密钥数据）有防护措施，具备防逆向和防篡改的机制。

针对固件的安全要求，可以根据固件的敏感信息、代码安全、配置风险与 CVE 漏洞等多个检测维度制定固件安全的标准，提出固件安全能力指标及相应检测方法，并推出固件安全的认证。

发展目标：到 2025 年，对固件安全的参数进行调研和研究；到 2030 年，推出《固件安全技术要求和测评方法》；到 2035 年，推出固件检测认证及固件自动化检测平台，提升我国智能化联网设备的固件安全能力。

10. App 安全技术

随着电子电器的智能化升级，智能化产品的厂商都会为其产品提供远程控制终端（即 App），在手机端查看产品的实时信息或进行远程控制，例如智能门锁、智能台灯等，其 App 的信息安全能力也会影响物联网产品的安全能力。

在手机 App 应用中，可能会遇到各种各样的威胁，如木马、病毒、篡改、破解、钓鱼、二次打包、信息泄露、资源篡改、信息劫持等。为针对各种威胁，App 应用应具备一定的安全防护能力，可以制定 App 应用的安全能力等级及检测方法的标准，包含反编译保护、应用完整性保护、证书有效性、防注入、通信安全、访问控制及安全策略的方向，从而针对不同的安全能力的 App 给出不同安全等级评价。

移动端 App 应用分 Android 和 IOS 两大平台。移动端检测能力构建需要深度的静态检测技术、动态检测技术和源代码扫描能力，得以全面评估应用的安全问题，准确定位问题根源，呈现详细的安全问题日志，并提供代码修复示例。

目前，针对 App 安全检测，多数以手动检测为主，虽然有自动化检测平台，但是自动化平台尚不具备强大的安全检测能力，只能检测第三方软件开发工具包的安全问题及应用权限使用情况，且检测的结果存在一定的误报率。

发展目标：到 2025 年，对 App 的安全检测的点进行初步总结，并制定检测方法；到 2030 年，制定《固件安全技术要求和测评方法》并推出认证，并开始构建 App 自动化安全检测平台；到 2035 年，完成 App 自动化安全检测平台，推动市场中 App 的安全防护能力大幅度提升。

（二）绿色方面

1. 使用可燃制冷剂空调器的安全可靠性检测技术

随着中国加入《〈蒙特利尔议定书〉基加利修正案》，我国空调制冷产业的环保制冷剂替代进程会加速进行，以 R290 为代表的碳氢天然工质是一个很有前景的环保替代选择，但此类工质具有的燃爆性阻碍了其市场化的推广，因此，深入研究使用该类制冷工质的电子电器类产品的防爆安全可靠性，建立相关试验认证评价体系，才能为环保制冷剂产品的市场化应用及发展提供良好的技术支撑。从制冷系统的密闭可靠性、电控系统的安全可靠性、关键部件如压缩机的可靠性、关键元器件如继电器等的点燃性能为考核评价对象，重点评估在特定应力条件下试验对象的响应特性以及空调器产品的整机性能，形成全方位的可靠性评价体制机制，建立可靠性认证制度，有助于推动空调制冷产品的低碳化进程，助力国家"双碳"目标的实现。

发展目标：到 2025 年，制定并完善使用可燃制冷剂空调器产品的可靠性及安全性评价方法；到 2030 年，使我国环保制冷剂的空调器产品可规范体制化发展，突破技术发展瓶颈；到 2035 年，使我国制冷空调器产品在技术水平上实现全球领先。

2. 转速可控型房间空调器自由运行能效评价检测技术

实施绿色高效制冷行动极其关键的一点就是提升产品的能效水平，对于空调器而言，传统的能效评价体系所采用的方法是基于国际标准而建立，并不能很好地反映我国空调器产品的实际能效特征，特别是对于转速可控型空调器，现有的检测方法限制了其在频率可控方面的性能体现。基于此，研究转速可控型空调器在实际运行条件下的性能特征及能效水平，建立自由运行测试方案，形成科学合理的标准测试方法，制定自由运行能效试验方法相关的国家或行业标准，推进产品技术升级。通过节能认证、"领跑者"制度等项目的实施，使转速可控型空调器产品在能效评价方面形成标准 - 检测 - 认证一体化的发展模式，推动空调器绿色评价技术与资本、产业的对接。

发展目标：通过检测技术的创新升级，到 2025 年，使我国在空调器产品能效标准体系上达到国际领先水平，并积极推动标准的国际化应用；到 2030 年，使中国在空调器产品的技术发展上实现突破；到 2035 年，形成多个享誉全球的空调器品牌，占领绝大部分国际市场份额。

3. 铝制换热器性能综合评价检测技术

据统计，2020年我国铜精矿产量约为168万吨，进口精铜矿约为2200万吨，同期国内原铝产量高达3731.7万吨，占全球总产量的57.2%，由此看见，当前我国既是铜资源紧缺国家又是铜资源消耗大国。而当前中国家用电器产品，尤其是空调、热泵等主要采用的均为铜制换热器，使用铝材代替铜材的换热器研发正在积极开展当中。因此，为保证换热器及整机产品的节能性能、材料的绿色应用与回收，有必要针对铝制换热器的性能、绿色节能、安全与可靠性检测技术进行开发。当前存在的难点在于铝制换热器的耐腐蚀性能和传热特性较铜制换热器有明显劣势，而专用于铝制换热器的节能和可靠性测试国家标准又比较匮乏。通过深入研究铝材料的特性，制定合理、规范、便捷的换热器检测方案，并在此基础上进一步编制行业内认可的国家标准，在探索相关检测技术的同时升级和完善铝制换热器的检测设备，以此推动铝制换热器的技术研发和产品迭代。

发展目标：通过铝制换热器节能和可靠性检测技术的探索创新，到2025年，形成完善的标准体系用于综合评价铝制换热器的各类基础性能；到2030年，使家电产品的铝制换热器的技术水平和应用比率大幅提高，为整个家电行业带来重大的技术突破；到2035年，研究及拓展电子电器领域其他行业中铝材作为替代材料的可能性，从根本上解决我国铜、铝产量不均对制造业的冲击。

4. 直流家用电器产品相关检测技术

就目前建筑内部的用电种类来看，照明设备（LED）、电脑、显示器等内部已为直流驱动，同时较大型家用电器如空调、冰箱、洗衣机等现在的发展方向也多采用直流电机、直流压缩机等部件。从绿色节能的角度来看，使用直流部件驱动的较大型家用电器有利于通过直流变频的方式进行调速控制，从而实现降低能耗、减少排放的目的。基于这一因素，开展配套直流家电检测技术与标准的开发，研究直流产品的安全性、变频特性、性能提升以及能源利用率的优化等内容迫在眉睫。相关直流产品检测技术的发展主要分为三个阶段：第一阶段，研究直流与交流产品的差异机理，分析直流产品可能存在的安全性风险，以及采用直流供电对于产品能源利用率的影响；第二阶段，研究专用于直流产品安全性、性能、节能等方面的检测方法，并制定行业内认可的直流产品系列标准；第三阶段，与第二阶段同时开展检测设备的开发工作。

发展目标：通过对直流家用电器产品安全性、能源利用率等方面检测技术的探索创新，到 2025 年，形成完善的直流产品标准评价体系；到 2030 年，实现对直流家电乃至直流家居环境的制度化、规范化检测认证制度的实施；到 2035 年，推动全直流住宅在我国乃至全球的建设。

5. 电子电器产品全生命周期及碳排放测试评价技术

以家用电器为代表的电子电器产品是居民家庭的电消费主要产品，对中国的碳达峰碳中和的影响巨大。家电行业作为《中国工程院制造强国战略研究》确认的八大竞争优势产业之一，我国家电产品产量占全球总产量的 70% 左右，巨大的产能必将带来大量的资源消耗和污染物排放，因此以家用电器为代表的电子电器产品的生命周期及碳排放是国内众多企业、高校以及科研院所在近年来的主要研究方向之一。对于检验检测行业而言，如何建立合理的数据计算模型用以量化产品全生命周期对外部的影响程度是未来最主要的科研课题。现阶段，生命周期评价标准与数据计算软件的匮乏严重限制了相关检测工作的开展，因此，制定基于产品生产、运输、安装、使用、回收等全生命周期流程国内认可的评价标准，并在此基础上开展数据计算软件的开发和检测技术的研究工作十分必要。

发展目标：到 2025 年，形成家用电器产品生命周期评价标准体系，实现对产品生命周期的量化评价；到 2030 年，推动碳足迹评价认证项目市场化，以此推动家电行业实现碳达峰的战略目标；到 2035 年，全面实现产品全生命周期及碳足迹强制认证，初步实现电子电器领域部分产品碳中和工作。

6. 电子电器产品高效电动机寿命及可靠性检测技术

高效电动机作为电子电器产品的核心零部件，其技术在近年来有着高速的发展，直流 / 永磁同步可变转速高速电机、磁悬浮或气悬浮高转速无油轴承、高效叶轮大容量离心式电动机 – 压缩机、新型补气 / 喷液 / 多级电动压缩等技术的不断应用也对零部件的寿命和可靠性造成了一定影响。为满足高新技术零部件的全面测试要求，开发针对性更强的检测技术与设备势在必行。当前国内产品标准中对新技术的规定已经比较全面，但在寿命及可靠性测试方法层面大多均沿用了国外的相关标准。因此，建立高效电动机寿命及可靠性检测方法与评价标准是首要解决的技术问题，开发寿命及可靠性试验装置为产品提供更全面的测试手段，切实解决产品新技术的发展与可靠性不足的基本矛盾，以此推动新技术的市场化程度，为电子电器整机产品的质量提升提供保障。

发展目标：到 2025 年，完善高效电动机寿命及可靠性检测手段配套，完成检测方法及标准体系的建立；到 2030 年，实现应用高新科技的高效电动机在电子电器类产品全面应用，同时配套建立应用高效电动机的整机产品寿命及可靠性检测方案；到 2035 年，推动中国电子电器产品核心零部件的可靠性水平处于国际领先地位。

7. 电器产品绿色节能控制系统综合评价与检测技术

为有效推动电子电器产品控制软件及装置的开发和应用，合理评价通过控制系统、软件及装置升级为产品带来的性能及能源利用率提升的量化程度的目的，研究专用于电子电器产品节能控制系统的评价技术，开发可评估控制系统节能等级的计算软件，制定相应的控制系统评价标准。现阶段，电子电器类产品互联通信、数据分析、故障预警及诊断技术应用趋势较为明显，然而行业研究人员更多将着眼点放在系统的网络安全、智能化程度以及人机互动等方面，并未将前沿自控技术与产品的绿色、节能、能效等方面的检测认证建立联系，开展该领域的探索创新是进一步实现绿色技术升级的重要举措。

发展目标：到 2025 年，形成产品控制系统、软件以及装置的绿色节能检测与评价标准，实现针对产品控制系统的安全、节能、性能等多维度综合评价体系；到 2030 年，推动绿色节能控制技术在电子电器产品中的大幅应用；到 2035 年，使国内电子电器产品的软硬件实施方案较国际上同类产品的绿色特性具有明显优势。

8. 应用绿色能源的家用电器检测及评价技术

为实现碳达峰碳中和的战略目标，家用电器产品已越来越多地向绿色能源转型，随着太阳能、风能、地热能等能源在家用电器产品上的不断投入使用，产品现有的安全、性能及能源利用效率等方面的检测与评价方法无法适用于该类产品。因此，建立应用绿色能源、蓄能技术家电产品的综合评价体系显得十分必要，而绿色能源产品评价的核心技术问题在于通常绿色能源作为产品的辅助能源使用，即产品的用能形式多为复合能源，因而如何对多种能源进行加权计算是解决产品能耗评价的关键性问题。为解决这一问题，研究适用于绿色能源、复合能源、蓄能技术的多方位检测采集设备用以获取不同能源输入量，同时针对这类产品建立与常规产品不同的考核评价指标，开发相应的能效加权计算软件，从而实现对应用绿色能源的家用电器进行综合评价。

发展目标：到 2025 年，完成检测设备、绿色能源利用率计算软件的开发，建立应用绿色能源、蓄能技术家电产品的综合评价与标准体系；到 2030 年，推动以家用电器为代表的电子电器产品由传统能源向绿色能源的转变与升级；到 2035 年，实现采用绿色能源作为解决电子电器产品碳中和工作的主体方案，并大幅提升绿色能源在电子电器类产品的应用比例。

9. 电子电气产品中限用物质的检测技术（RoHS）

2011 年 8 月，《国家统一推行的电子信息产品污染控制自愿性认证实施规则》发布，认证依据的测试方法标准为《电子电气产品 六种限用物质（铅、汞、镉、六价铬、多溴联苯和多溴二苯醚）的测定》（GB/T 26125—2011）。2021 年 7 月发布的《电子电气产品中某些物质的测定》（GB/T 39560—2020）系列标准对 RoHS 检测认证提出了更高的要求，但目前各检测机构对新标准中所涉及的检测方法以及判别依据仍处在探索阶段，因此有必要针对 X 射线荧光光谱法筛选、气相色谱 – 质谱测定、六价铬 – 比色测定等相关检测技术进行更加深入的研究，提高检测效率，降低试验成本及风险，并以此推动电子电器产品的检测认证工作，同时也为产品的市场监管提供技术支撑。

发展目标：深入了解电子电器产品中限用物质的特性，跟踪国内外相关标准的制修订，到 2025 年，完善适用于 RoHS 认证的相关检测设备与试验方法；到 2030 年，推动电子电器产品绿色材料的应用，实现产品限用物质含量水平大幅降低；到 2035 年，使我国在绿色材料研发及应用方面处于国际领先地位。

（三）健康方面

1. 健康家居检测技术

健康家居的主要内容包含通过对环境与健康的研究，完成对家居环境的评价和对人体影响的生理指标的观测统计。分析环境因素对人体健康的影响，对不同的家居场景制定各自的特殊要求标准，评价和建立有益于人体健康的家居环境。研究单一性环境因素对人体的影响，多因素综合环境的相互作用以及对人体的影响，调节家居环境的基准值和特异值等。

健康家居涉及的相关检测项目主要包含以下几类。

（1）物理因素

物理因素包括温度、湿度、风速、大气压、噪音、采光照明、热辐射、电磁辐射、电磁兼容等。

（2）化学因素

化学因素包括一氧化碳、二氧化碳、总挥发性有机物（TVOC）、苯、甲苯、二甲苯、苯并芘、甲醛、氨、颗粒物（PM2.5、PM10 等）、重金属、氟、氡等。

（3）生物因素

生物因素包括细菌、真菌、病毒、螨虫、过敏原等。

（4）主观因素（心理因素）

主观因素包括视觉（色彩）、嗅觉（香味、异味）、听觉（音乐）、触觉（亲肤）等引起心理或情绪变化的因素。

同时考虑到健康家居涉及行业较为广泛，包括建材、家具、饰品、灯具、家电、环境等产品或领域，各行业之间具有较强的独立性，需要从整体上重视顶层设计，客观分析健康家居领域整体的标准需求，做好各个层面标准之间的统筹与协调。

通过对多因素检测方法的确立和标准的制定，最终建立健康家居评价体系，到2025年，在行业内明确统一的健康概念，制定一致性的技术指标和要求；到2030年，搭建完成健康家居标准体系，建立健康家居示范点，指导家居环境改善；到2035年，可将健康家居相关评价体系持续推广至养老院、学校、图书馆等，在全社会范围内推进健康家居的建设。

2. 电器产品对人体健康指标的监测技术

根据中医治未病的理论，可以通过在电器产品中添加传感器等功能模块对日常生活中人体各项生理指标进行监测，实时掌握人体健康状况，预防疾病发生。

目前，电子坐便器可以通过传感器对人体排泄物中的蛋白质、葡萄糖、酮体、白细胞、隐血以及尿比重等指标进行监测，随着传感器技术的发展和生理指标快速检测方法的成熟，后续将会有更多电器产品配备健康指标监测功能。该方向的检测难点主要在于监测结果的重现性和个体的特殊性，可通过传感器精度的提高以及指标的合理化筛选提高检测的可重复性。

通过对人体健康指标的监测，一方面可以将数据进行统计分析，为改善日常生活方式提供指导，为医疗保健行业的研发提供数据理论的支持；另一方面可以在全社会形成疾病预防机制，将目前医院的部分功能进行转移，有助于缓解目前紧张的医疗环境，对健康中国建设具有重大深远的影响。

目前已有部分品类的电器产品具备了生理指标的监测功能，随着传感器技术的进一步发展，预计到2025年，家居环境中的主要电器产品可具备人体生理指标监测功能，形成初步的检测评价方法和标准；到2030年，建立全品类健康家居产品生理指标监测系统；到2035年，实现家居环境生理指标监测与医疗保健机构的数据共享，为改善现有的医疗环境和医疗保健制度提供数据支撑。

3. 家用医疗保健器具性能检测技术

随着消费者健康意识的增强，保健器具和医疗用品逐步走进普通消费者的家庭，由于使用场景由原来的医疗保健机构转变为家庭，使用者由原来的专业人员变为普通消费者，家庭用医疗保健用品在产品结构和功能上与专业器具会有一定的区别，为了保证医疗保健的效果，需要对其相关性能进行检测。

目前，家用制氧机是医疗保健器具在家用领域转化比较成熟的一类产品，已形成了行业标准《家用制氧机》（QB/T 5368—2019），并于2020年1月正式实施。保健按摩椅、缓解疼痛的各种理疗仪以及家用雾化器、血糖仪、家用胎心监护仪等产品还尚未形成明确的检测方法和标准，未来的检测应在传统安全性能之外将重点聚焦在其医疗保健效果上，通过选择合适的模拟载体，以求最大限度地表征对人体的保健效果。

在全社会生活节奏加快和老龄化加剧的背景下，家用医疗保健类器具的性能检测对于缓解目前社会人群的亚健康状态和老年人的疾病控制具有重要意义。预计到2025年，将会有越来越多的医疗保健类产品向家用化转变；到2030年，初步形成以医疗保健效果为重点的检测评价体系；到2035年，建立完善的家用医疗保健类产品性能评价系统，促进全社会健康状况的提升。

4. 电器产品健康防护功能检测技术

电器产品的健康防护功能是指避免对人体健康造成损害或不良影响的防护功能，目前的健康防护功能主要包括材料和部件的抗菌、防霉、抗病毒、抗过敏原、抗藻、有害物质溶出等以及整机产品的除菌、除病毒、除过敏原、除螨、净化等功能，随着近几年新冠肺炎疫情的发展及常态化，消毒类的电器产品也逐步进入普通消费者的家庭，比如消毒柜。

另外，随着技术和行业的融合发展，以及消费者对于健康生活方式的追求，传统家具用品可通过添加一些功能模块从而具备某些健康防护功能，比如通过在传统鞋柜中加入臭氧发生器和风机制成的电子鞋柜，可具备烘干、除臭、除菌等健康防护功能。通过在普通镜柜中添加电子模块而成的智能镜柜，可具有一键除雾、牙刷消毒、除卫生间异味等多种健康防护功能。针对这些健康防护类产品的性能检测在目前的疫情背景下是非常有必要的。

该部分检测涉及的技术领域主要包括化学（有机、无机）、微生物（细菌、真菌、病毒）、免疫（过敏原）、动物（螨虫），随着检测手段的发展，后续可能会涉及核酸等分子生物学相关检测技术的应用。

目前该部分的检测技术、标准和认证相对来说发展已初具规模，评价体系已现雏形，后续的发展将在目前已有产品的基础上，根据多个使用场景的特殊需求，将健康防护功能检测技术逐步拓展应用到更多的产品品类中，制定更多具有影响力的健康防护类标准，完善目前的健康防护标准体系。根据产品特点定制更多特色认证，在健康防护的大概念下做到重点突出、特色鲜明，为产品的差异化竞争提供技术支撑。

随着目前健康防护检测技术和标准体系的发展，预计到2025年，将形成系统完善的健康防护类产品评价体系，健康防护类检测将成为检测机构重要的营收来源和技术创新点；随着健康中国建设的逐步建成，到2030年，健康防护类产品规模和检测技术将更加完备、更加成熟；随着目前IEC对洗衣机除菌功能和洗碗机除菌功能标准的制定，预计到2035年，健康防护类产品检测技术和标准体系将在全球范围内得到快速完整，形成全球化的创新点，为促进全人类的健康持续发展提供技术保障。

5. 电器产品去除农药残留和抗生素性能检测技术

在果蔬人工种植和水产品人工养殖过程中，会大量使用农药和抗生素来预防疾病的发生，在保证了产量的同时也导致农药和抗生素的残留，目前已有很多专门的果蔬清洗机或净食机对食品中残留的农药和抗生素进行去除。农药和抗生素的去除与其他种类污染物的不同之处在于由于农药等都是大分子化合物，主要通过降解的方式来达到去除的效果，但是在降解过程中有可能会产生毒性更大的中间产物，这是该方向检测的难点，这就要求在检测过程中需注意试验农药和抗生素种类的选择、加标量和加标方式以及副产物的检测。目前的检测还主要停留在通过加标前后浓度的变化来表征去除效果，并未考虑中间产物，这将是以后检测方法的研究重点。

通过除农药残留和抗生素技术的不断进步，具有相应功能的电器产品也将不断升级，相应的检测技术也将逐步完善，预计到2025年，农药残留去除过程中中间产物的检测会更加受到关注；到2030年，建立包括前后浓度变化以及中间产物类型和浓度变化指标在内的评价体系；到2035年，除农药残留和抗生素评价系统更加全面、科学、合理，为进一步促进食品安全和健康提供保障。

6. 可穿戴和便携式健康电器检测技术

传统电器产品由于尺寸及安装等原因只能在固定场所或者有限移动范围内使用，基于某些人群的特殊需求，一些产品逐步衍生出可穿戴和便携式品类，比如对个人微环境要求较高的人群可佩戴电动口罩或者可穿戴净化器随时对周边小范围内的空气进行净化，对仪表要求较高的商务人群可使用便携式除菌净味仪对衣物进行清洁处理。

这些可穿戴和便携式健康电器产品由于结构和使用方式与传统电器不同，需建立单独的评价体系。

该类产品的检测主要包括传感器和微环境的模拟两部分。传感器可保证随时对微环境进行监测，自动开启或关闭相应功能；微环境主要可通过设计研制特定的试验工装和标准物质来实现。

可穿戴和便携式健康电器将为特定人群提供一种更加灵活便捷的选择，促进传感器及设备研发等行业的发展，预计到 2025 年，可穿戴和便携式健康电器的品类将更加丰富和多样化，初步建立相应的检测方法；到 2030 年，搭建系统完善的可穿戴和便携式健康电器性能评价体系；到 2035 年，在全球范围内形成可穿戴和便携式电器产品标准、检测、认证全方位的评价系统。

7. 电器产品对食材的管理和烹饪过程中对营养物质的保留检测技术

随着整体生活水平的提高，消费者对食物的追求已不再仅满足于果腹，更多的是追求食物的营养与健康，作为食物储存和加工过程中起到关键作用的器具在对食物保鲜和营养成分保留方面起着重要作用。本技术主要以电冰箱为代表器具的保鲜功能和蒸烤箱为代表器具的蒸、烤、炸、炖等烹饪方式作为切入点，研究不同保鲜技术和烹饪方式对各类食材在储存和烹饪过程中碳水化合物、蛋白质、脂肪、维生素、矿物质等营养成分的破坏与保留情况，以营养成分的保有率作为评价指标，同时考核储存和烹饪过程中是否产生有害物质，比如煎炸食物过程中是否会产生丙烯酰胺等有害物质。建立不同食材在储存和烹饪过程中营养成分的变化曲线，为后续产品研发和消费者选购提供理论依据。

另外，食材管理还包括在储存过程中对食材质量的监控，主要包括使用传感器在储存过程中对食物腐败产生的特征性指标进行监控，达到一定阈值后进行提醒，同时可以通过食材以及日常饮食习惯的数据统计，分析消费和饮食习惯，对后续产品研发和身体状况改善提供依据。

由于食材均匀性较差及多样化的问题，本部分的技术难点在于标准食材和关键代表性指标的选择。通过该部分的研究，可以研制均匀性和稳定性更好的食材标准物质 / 标准样品，开展食品保鲜、食材管理及食品营养成分保留等方面的相关认证，完善相关性能的国内标准体系，立项国际标准，国内外协同发展，提高影响力。最终形成食品储存、管理以及烹饪过程中营养成分保留的综合评价体系，目前该方向已经有了一定的研究基础，但是还未在行业内形成统一的共识，预计到 2025 年，行业内形成一致的相关术语和概念，规范在食材管理、储存和烹饪过程中营养成分保留相关的技术指标和检测方法；到 2030 年，在国内形成较完善的标准体系和检测认证体系，为建设健康中国，提高人民的生活水平，推行健康生活方式提供技术保障；到 2035 年，在国际上形成较系统的评价体系，为全球一体化和一带一路建设提供技术支撑，在全球范围内推广健康饮食管理方式。

8. 冰箱保鲜性能综合评价测试技术

随着生活水平的提高，民众对食品健康保鲜的需求越发显著，以冰箱普遍采用的六大保鲜技术（即 0℃保鲜技术、–3℃微冻保鲜技术、–7℃软冷冻技术、真空保鲜技术、MSA 控氧保鲜技术、静电场保鲜技术）为基础，在 *Electrical household and similar cooling and freezing appliances–Food preservation*（家用和类似用途制冷器具 食品保鲜）（IEC 63169—2020）以及《家用电冰箱保鲜性能试验方法》（QB/T 5510—2021）为支撑的前提下，深入研究食物保鲜功能涉及的关键指标，建立具有综合性、全面性、可量化的冰箱保鲜程度测试评价方法，解决现有测试中食材因地域、品种差异而导致的测试数据不准确的技术瓶颈问题，通过测试验证、结果比对，形成操作性强、量化指标明确的标准评价体系，并推动保鲜功能综合认证制度的市场化。通过检测技术的升级，推进整个行业的技术进步，为人们对于美好生活的追求提供强有力的技术保障。

发展目标：深度跟踪和参与国际保鲜标准的修订，到 2025 年，打开中国在全球市场以及增加国际话语权；到 2030 年，推动健康保鲜、节能环保科技在智能化冰箱及智能家居的全面应用；到 2035 年，使智能冰箱成为家庭食品管理和健康管理的中心。

9. 电器产品对人体功效的影响检测技术

消费者对个人生活品质追求的提升促进了诸如洁面仪、美容仪、冲牙器等个人护理器具市场需求的逐步增加，一些传统家电也逐步附加美容功能，比如净水器的出水和空调器的出风等开始具备皮肤保湿功能，但是目前并没有统一的性能评价方法和标准，一些机构借鉴化妆品或者其他临床上使用的方法选用志愿者进行试验，存在测试周期长、数据重复性差等问题。

本部分主要评价家用电器对人体功效的影响，主要包括美容仪、电动口腔清洁器具等个人护理器具及净水器出水和空调器吹风机出风等对人体皮肤的清洁功能、去除牙菌斑功能、对护肤品的导入功能、对皮肤的保湿功能、除皱功能、美白功能等。通过选用合适的体外模型进行相应的性能评价，更加科学合理地评价个人护理器具的特性，为产品研发、消费者选购和市场监管提供有力的技术支撑，丰富目前的标准体系。

本部分的技术难点在于清洁、美白、保湿、除皱等功能体外人体模型的选择及相应技术指标的确定，器具与模型的接触方式、作用时间等。通过该部分的研究可以研制表征人体皮肤等结构特征的试验模型，制备相应的标准样品，后续配合形成一系列保湿、除皱、美白等功效认证。

通过本研究，构建家用电器对人体功效影响的清洁功能、导入功能、保湿功能、除皱功能、美白功能评价体系，建立较完善的标准体系，搭建专业评价实验室，促进家用电器与美容等行业的融合和相关学科的交叉研究。

目前在电器产品对人体功效的评价方面还主要依赖志愿者，预计到 2025 年，将出现符合电器产品对人体功效影响研究的基础模型，为后续研究提供根本的技术基础；到 2030 年，对于电器产品常见的改善人体基础功效的功能检测技术相对成熟；到 2035 年，将对人体功效的影响检测范围拓展到更加广泛的生理状态范围，全面提升电器产品对人体功能的有利影响，促进全社会健康状况的提升。

10. 电器产品二次污染检测技术

电器产品的二次污染主要来自两个方面，一是由于电器多功能化的发展而附加模块产生的有毒有害物质，比如紫外线、臭氧、可吸入颗粒物（PM10）、挥发性有机物（TVOC）等；二是电器在长期使用过程中污染物由处理对象转移至电器中造成的污染物积累以及在污染物中滋生的微生物、螨虫等生物类污染物，比如长期使用的波轮洗衣机套筒中会产生污垢和微生物，长期使用的净化器滤网上会吸附大量的固体和生物类污染物。对于第一类污染物的检测，主要是通过现有的成熟设备进行直接检测即可，目前已相对成熟。针对由于电器长期使用过程中产生的二次污染物，可以通过特殊的免污结构设计来避免污染物的累积、滋生或者通过设置特定程序定期对污染物进行自清洁，因此对于免污效果和自清洁效果需要进行量化评价。

本部分主要通过选定代表性模拟污染物，以最接近实际情况的方式对电器产品的特定部件或部位进行污染，然后以相应的免污或者自清洁功能对污染物进行处理，最后以一定的量化检测技术评价电器产品的免污或者自清洁效果。

通过对该项内容的研究，可以形成较系统的电器产品自清洁评价体系，有效解决电器产品在长期使用过程中存在的二次污染问题，使性能检测的对象由电器产品的处理对象转变为电器产品本身，是传统检测范围的拓展，可以为消费者提供更加安全健康的电器使用体验。

目前对各类电器产品都已经意识到自清洁功能的重要性，也都逐步在产品结构上进行升级改造，预计到2025年，常见的冰箱、洗衣机、空调等电器的自清洁检测技术会逐步完善；到2030年，自清洁功能检测技术将会拓展到全品类生活电器中，成为电器产品的基本必备功能；到2035年，形成完善的电器产品二次污染和自清洁功能评价体系，全方位推动健康中国的建设。

11. 全生命周期中废旧家电检测技术

随着全生命周期概念的提出，电器产品领域的检测已经从新产品拓展到整个产业链，这其中就包括了废旧家电的处理环节。废旧家电在长期使用过程中会积累很多的宝贵信息，对这些信息的充分研究反过来会指导新产品的研发和消费者的行为习惯，因此对废旧家电的处理除了传统的回收利用，应充分利用现有的先进检测技术和手段，最大限度地利用废旧家电携带的信息。

该方向的检测会涉及分析化学和分子生物学等相关检测领域。比如蒸烤箱在长期使用过程中会产生异味，可通过检测长期使用蒸烤箱的内部污染物，分析异味来源和组成，为后续蒸烤箱产品的除异味功能研究提供数据支撑。另外，可通过核酸检测等分子生物学技术对洗衣机套筒、空调净化器滤网等部位的微生物组成进行检测，分析其中的微生物数量和种类，明确致病性微生物的组成，反推其来源及消费者的生活方式及行为习惯，为产品自清洁功能的研发以及其他功能的改进提供理论支撑。

通过对废旧家电的检测，可以建立不同产品的污染模型，形成行业白皮书，变废为宝，促进整个家电产业链的融合发展，对行业和社会的健康化发展具有深远意义。

随着家用电器安全使用年限的提出，家电类产品不再是"终生服役"，而是"按时退休"，整个行业应高度重视退役家电的余热发挥，推动电器产品全生命周期健康产业平台的搭建，争取到2025年在全行业内对于废旧家电的高附加值利用达成共识；到2030年形成较成熟的废旧家电检测评价方法和标准；到2035年搭建系统的产业平台，促进整个产业链的科技转型升级。

三、电子电器行业检测技术发展路线图

电子电器行业检测技术发展路线图见图5-32。

里程碑	子里程碑	2025年	2030年	2035年
智能方面重点检测技术	语音识别检测技术	通过研发与该技术匹配的语音识别检测方法，客观地对业内电子电器产品识别的正确率、误识别率等核心参数进行摸底测试	修订相关国家标准，并推出面向电子电器全品类的"语音认证"	通过科学的检测方法和认证推广，为行业和消费者等起到引领、引导的作用
	声纹识别检测技术	对核心参数、变量等进一步深入研究，形成带有声纹识别功能的全品类电器检测标准，开发相应检测装备		通过行业摸底数据制定"声纹识别认证"，对达到一定水平的产品通过认证证书等方式，引领行业整体方向，促进提升技术发展水平
	图像识别检测技术	通过逐一调整参变量的方式检测产品的图像识别效果，并在整体行业进行摸底测试	统一标准测试检测方法，对全谱系电子电器产品图像识别水平进行衡量校准	制定推行"图像识别认证"，通过权威认证的方式，为行业技术发展起到促进推动的作用
	智能场景测试技术	场景测试将成为行业的重点，测试内容尤其是个人信息测试逐渐完善	国家标准逐渐完善，通过标准引领提高测试技术和测试内容的先进性	形成完善的场景测试技术测试体系，满足用户实际需求
	智能适老测试技术	建立完善的适老产品团体标准体系，进一步推动适老产品国家标准的建立		形成完善的场景测试技术测试体系，满足用户实际需求
	白盒测试技术	深入研究白盒测试技术，静态测试内容更加全面，单元测试率提高		白盒测试成为保障软件产品质量的重要手段，建立更加系统全面的白盒测试技术体系
	黑盒测试技术	通过研发个人隐私合规的检测方法，推出个人隐私规格的检测认证	初步建立隐私合规的自动化检测平台	完善个人隐私合规平台，为智能联网电子电器企业提供高效快速的隐私合规检测服务的支持
	固件安全检测技术	对固件安全的各部分参数进行深入研究，推出相应测试方法，搭建完善标准体系		建立固件检测认证及固件自动化检测平台，提升我国智能化联网设备的固件安全能力
	App安全技术	制定App安全检测方法及相关系列标准并推出相关认证，初步构建App自动化安全检测平台		完成App自动化安全检测平台，推动市场中App的安全防护能力大幅度提升
绿色方面重点检测技术	使用可燃制冷剂空调器的安全可靠性检测技术	制定并完善使用可燃制冷剂空调器产品的可靠性及安全性评价方法	使我国环保制冷剂的空调器产品可规范体制化发展，突破技术发展瓶颈；使我国制冷空调器产品在技术水平上实现全球领先	
	转速可控型房间空调器自由运行能效评价检测技术	我国在空调器产品能效标准体系上达到国际领先水平，并积极推动标准的国际化应用	我国实际运行能耗检测在转速可控型房间空调器产品的实现应用突破，空调产品能效引领全球	
	铝制换热器性能综合评价检测技术	形成用于综合评价铝制换热器的各类基础性能的完善标准体系	家电产品的铝制换热器的技术水平和应用比率大幅提高，为整个家电行业带来重大的技术突破	拓展电子电器领域其他行业中铝材作为替代材料的可能性，从根本上解决我国铜、铝产量不均对制造业的冲击
	直流家用电器产品相关检测技术	形成完善的直流产品标准评价体系	实现对直流家电乃至直流家居环境的制度化、规范化检测认证制度的实施	推动全直流住宅在我国乃至全球的建设
	电子电器产品全生命周期及碳排放测试评价技术	形成家用电器产品生命周期评价标准体系，实现对产品生命周期的量化评价	实现碳足迹评价认证项目市场化，推动家电行业实现碳达峰的战略目标	全面实现产品全生命周期及碳足迹强制认证，初步实现电子电器领域部分产品碳中和工作
	电子电器产品高效电动机寿命及可靠性检测技术	完善高效电动机寿命及可靠性检测手段配套，完成检测方法及标准体系的建立	推动绿色节能控制技术在电子电器产品中的大幅应用	推动中国电子电器产品核心零部件的可靠性水平处于国际领先地位

里程碑	子里程碑	2025年	2030年	2035年
绿色方面重点检测技术	电器产品绿色节能控制系统综合评价与检测技术	形成产品控制系统、软件以及装置的绿色节能检测与评价标准，实现针对产品控制系统的安全、节能、性能等多维度综合评价体系	推动绿色节能控制技术在电子电器产品中的大幅应用	国内电子电器产品的软硬件实施方案较国际上同类产品的绿色特性具有明显优势
	应用绿色能源的家用电器检测及评价技术	完成检测设备、绿色能源利用率计算软件的开发，建立应用绿色能源、蓄能技术家电产品的综合评价与标准体系	以家用电器为代表的电子电器产品由传统能源向绿色能源的转变与升级	实现采用绿色能源作为解决电子电器产品"碳中和"工作的主体方案，并大幅提升绿色能源在电子电器类产品的应用比例
	电子电气产品中限用物质的检测技术（RoHS）	完善适用于RoHS认证的相关检测设备与试验方法	推动电子电器产品绿色材料的应用，实现产品限用物质含量水平大幅降低	我国在绿色材料研发及应用方面处于国际领先地位
健康方面重点检测技术	家用医疗保健器具性能检测技术	实现多类医疗保健类产品向家用化转变	初步形成以医疗保健效果为重点的检测评价体系	建立完善的家用医疗保健类产品性能评价系统，促进全社会健康状况的提升
	电器产品健康防护功能检测技术	形成系统完善的健康防护类产品评价体系，健康防护类检测将成为检测机构重要的营收来源和技术创新点	形成成熟完备的健康防护类产品规模和检测技术	健康防护类产品检测技术和标准体系在全球范围内得到普及，形成全球化的创新点，为促进全人类的健康持续发展提供技术保障
	电器产品去除农药残留和抗生素性能检测技术	逐步形成完善的农药残留去除过程中间产物的检测技术，相关检测品类关注度升高	建立形成包括前后浓度变化和中间产物类型和浓度变化指标在内的评价体系	除农药残留和抗生素评价系统更加安全、合理，为进一步促进食品安全和健康提供保障
	可穿戴和便携式健康电器检测技术	随着可穿戴和便携式健康电器的品类更加丰富和多样化，初步建立相应的检测方法	搭建完成系统完善的可穿戴和便携式健康电器性能评价体系	在全球范围内形成可穿戴和便携式电器产品标准、检测、认证全方位的评价系统
	电器产品对食材的管理和烹饪过程中对营养物质的保留检测技术	与食材管理、储存和烹饪过程中营养成分保留等技术有关的技术指标和检测方法形成相关术语和统一概念	在国内形成较完善的标准体系和检测认证体系，为建设健康中国，提高国内人民的生活水平，推行健康生活方式提供技术保障	在国际上形成较系统的评价体系，为全球一体化和一带一路建设提供技术支撑，在全球范围内推广健康饮食管理方式
	健康家居检测技术	在行业内明确统一的健康概念，制定一致性的技术指标和要求	搭建完成健康家居标准体系，建立健康家居示范点，指导家居环境改善	将健康家居相关评价体系持续推广至养老院、学校、图书馆等，在全社会范围内推进健康家居的建设
	电器产品对人体健康指标的监测技术	家居环境中的主要电器产品可具备人体生理指标监测功能，形成初步的检测评价方法和标准	建立全品类健康家居产品生理指标监测系统	实现家居环境生理指标监测与医疗保健机构的数据共享，为改善现有的医疗环境和医疗保健制度提供数据支撑
	冰箱保鲜性能综合评价测试技术	制定以中国主导的国际标准，在我国推动实现健康保鲜、节能环保科技在智能化冰箱及智能家居的全面应用		使智能冰箱成为家庭食品管理和健康管理的中心
	电器产品对人体功效的影响检测技术	研究发现符合电器产品对人体功效影响研究的基础模型，为后续研究提供根本的技术基础	形成相对成熟的改善人体基础功效的功能电器产品的检测技术	拓展更多的对人体功效有影响的生理指标检测维度，全面提升电器产品对人体功能的有利影响，促进全社会健康状况的提升
	电器产品二次污染检测技术	逐步完善冰箱、空调、洗衣机等主要白色家电产品的自清洁检测技术	自清洁功能检测技术将拓展到全品类生活电器中，成为电器产品的基本必备功能	形成完善的电器产品二次污染和自清洁功能评价体系，全方位推动健康中国的建设
	全生命周期中废旧家电检测技术	在全行业内形成对废旧家电高附加值利用的共识	形成较成熟的废旧家电检测评价方法和标准	搭建系统的产业检测平台，促进整个产业链的科技转型升级

图 5-32　电子电器行业检测技术发展路线图

参考文献

［1］Subcommittee E13. 15 on Analytical Data. Standard Guide for Laboratory Informatics：ASTM E1578-18［S］. Molecular Spectroscopy and Separation Science：ASTM Committee E13，2018.

［2］ISPE. GAMP 5 A Risk-Based Approach to Compliant GxP Computerized Systems：ISBN 1-931879-77-X［S］. Americas：GAMP Americas Steering Committee.2008.

［3］郭华，王兆君. 疾病预防控制中心实验室信息管理系统［M］. 第一版. 北京：清华大学出版社，2020.

［4］王群. 实验室信息管理系统（LIMS）——原理、技术与实施指南［M］. 哈尔滨：哈尔滨工业大学出版社，2009.

［5］王兆君，王钺，曹朝辉. 主数据驱动的数据治理　原理、技术与实践［M］. 第一版. 北京：清华大学出版社，2019.

［6］丁黎明，丁钢强，张双凤. ISO/IEC17025实验室管理体系应用指南［M］. 第一版. 杭州：浙江大学出版社，2006.

［7］王莉，宋兴祖，陈志宝. 大数据与人工智能研究［M］. 第一版. 北京：中国纺织出版社，2019.

［8］林伟强. 实验室信息管理系统仪器接口技术研究［J］. 电脑编程技巧与维护，2012，2：4-5.

［9］欧艳鹏. 大数据的存储管理技术［J］. 电子技术与软件工程，2017（21）：175.

［10］张毅哲，陆进宇，王阳阳，等. PKI/CA技术在实验室信息管理系统中的应用研究［J］. 计量与测试技术，2018，45（7）：71-73，75.

［11］张秋菊，曹林波，王硕. 绿色分析化学在检验检测机构中的应用［J］. 中国卫生检验杂志，2019，29（21）：2682-2685.

［12］Roda A, Michelini E, Zangheri M, et al. Smartphone-based biosensors: A critical review and perspectives［J］. TrAC Trends in Analytical Chemistry, 2016, 79: 317-325.

［13］Zhang D, Liu Q. Biosensors and bioelectronics on smartphone for portable biochemical detection［J］. Biosensors and Bioelectronics, 2016, 75: 273-284.

［14］Liu Z, Zhang Y, Xu S, et al. A 3D printed smartphone optosensing platform for point-of-need food safety inspection［J］. Analytica chimica acta, 2017, 966: 81-89.

［15］Mishra R K, Hubble L J, Martín A, et al. Wearable flexible and stretchable glove biosensor for on-site detection of organophosphorus chemical threats［J］. ACS sensors, 2017, 2（4）: 553-561.

［16］Vivaldi F, Melai B, Bonini A, et al. A Temperature-Sensitive RFID Tag for the Identification of Cold Chain Failures［J］. Sensors and Actuators: A. Physical, 2020, 313: 25-39.

［17］Guo L, Wang T, Wu Z, et al. Portable Food - Freshness Prediction Platform Based on Colorimetric Barcode Combinatorics and Deep Convolutional Neural Networks［J］. Advanced Materials, 2020, 32（45）: 78-91.

［18］董云峰, 张新, 许继平, 等. 基于区块链的粮油食品全供应链可信追溯模型［J］. 食品科学, 2020, 41（9）: 30-36.

［19］Ghaani M, Cozzolino C A, Castelli G, et al. An Overview of the Intelligent Packaging Technologies in the Food Sector［J］. Trends in Food Science & Technology, 2016, 51: 1-11.

［20］唐晓纯. 国家食品安全风险监测评估与预警体系建设及其问题思考［J］. 食品科学, 2013, 34（15）: 342-348.

［21］Poyatos-Racionero E, Ros-Lis J V, Vivancos J L, et al. Recent Advances on Intelligent Packaging as Tools to Reduce Food Waste［J］. Journal of Cleaner Production, 2018, 172: 3398-3409.

［22］Grassi S, Casiraghi E, Alamprese C. Handheld NIR Device: A Non-Targeted Approach to Assess Authenticity of Fish Fillets and Patties［J］. Food Chemistry, 2018, 243: 382-388.

［23］Yousefi H, Ali M M, Su H M, et al. Sentinel Wraps: Real-Time Monitoring of Food Contamination by Printing DNAzyme Probes on Food Packaging［J］. ACS Nano, 2018, 12（4）: 3287-3294.

［24］Lee S Y, Lee S J, Choi D S, et al. Current Topics in Active and Intelligent Food Packaging for Preservation of Fresh Foods［J］. Journal of the Science of Food and Agriculture, 2015, 95（14）: 2799-2810.

［25］Foerster J, Truppel I, Bochow N, et al. Comparison of acoustic sensor systems for quality analysis of asparagus using scanning laser vibrometry for visualization［J］. Computers & Electronics in Agriculture, 2013, 91: 10-18.

［26］王鹏杰, 张丹丹, 邱晓红, 等. 基于 GC-MS 和电子鼻技术的武夷岩茶香气分析［J］. 福建茶叶, 2017, 39（1）: 16-18.

［27］田晓静, 龙鸣, 王俊, 等. 基于电子鼻气味信息和多元统计分析的枸杞子产地溯源研究［J］. 浙江农业学报, 2018, 30（9）: 1604-1611.

［28］彭厚博, 李丽, 吴键航, 等. 基于电子舌技术的浓香型白酒基酒年份分类方法［J］. 中国酿造, 2022, 41（3）: 158-162.

［29］李银龙, 聂雪梅, 杨敏莉, 等. 新型磁性固相萃取材料在食品样品前处理中的应用进展［J］. 食品科学, 2022, 43（5）: 295-305.

［30］陈羚，谢海洋．生物传感器在食品安全检测中的应用［J］．食品安全导刊，2021（28）：137-138.

［31］胥清翠，范丽霞，梁京芸，等．生物传感器在农产品质量安全检测中的应用与展望［J］．农产品质量与安全，2018（6）：74-78.

［32］高勇，郭艳，安维，等．生物传感器的研究现状及展望［J］．价值工程，2019，38（31）：225-226.

［33］王建伟，陶飞，郭双欢，等．近红外光谱技术在食品安全检测中的应用进展［J］．食品工业，2021，42（12）：461-464.

［34］胡铁功，李泽霞，柳宁宁．近红外光谱技术在白酒行业的应用研究进展及展望［J］．酿酒，2022，49（2）：28-33.

［35］张志勇，赵全中，涂安琪，等．浅谈我国近红外光谱设备的应用［J］．设备管理与维修，2021（19）：122-123.

［36］石长波，姚恒喆，袁惠萍，等．近红外光谱技术在肉制品安全性检测中的应用研究进展［J］．美食研究，2021，38（2）：62-67.

［37］段鹤阳，潘俊帆．X射线荧光光谱法的应用和发展前景［J］．化工管理，2021（14）：55-56.

［38］钱原铬，赵春江，陆安祥，等．X射线荧光光谱检测技术及其研究进展［J］．农业机械，2011（23）：137-141.

［39］周陶鸿，宋政，胡家勇，等．X射线荧光光谱法快速检测食品中的二氧化钛［J］．食品安全质量检测学报，2021，12（1）：50-55.

［40］刘通，邢仕歌，刘晓静，等．X射线荧光光谱结合基本参数法快速测定食品中砷、镉、铅元素含量［J］．中国食品卫生杂志，2021，33（6）：790-796.

［41］张茜，刘炜伦，路亚楠，等．顶空气相色谱－质谱联用技术的应用进展［J］．色谱，2018，36（10）：962-971.

［42］丁晓静，郭磊．毛细管电泳实验技术［M］．北京：科学出版社，2015.

［43］陈丽霞，赵志毅，杨森，等．毛细管电泳在食品安全检测中的应用进展［J］．食品安全质量检测学报，2020，11（20）：7189-7195.

［44］满靖．绿色分析测试技术在食品检验中的应用初探［J］．食品安全导刊，2018（12）：89.

［45］赵婧，钱兵，何燕，等．实时直接分析质谱技术在食品质量安全检测中的研究进展［J］．食品研究与开发，2020，41（17）：210-216，224.

［46］W Qi, L Zhang, Y Guo.Rapid Identification of Synthetic Compounds in Natural Repellent Products by Direct Analysis in Real Time Mass Spectrometry［J］. Chinese Journal of Organic Chemistry, 2013, 33（2）.

［47］J J Perez, et al. Transmission-mode direct analysis in real time and desorption electrospray ionization mass spectrometry of insecticide-treated bednets for malaria control［J］. Analyst, 2010, 135（4）：712-719.

［48］王昊阳，东国卿. 实时直接分析高分辨质谱技术研究碳硼烷类化合物［J］. 分析测试学报，2021，40（2）：276-281.

［49］孙磊，胡晓茹，刘丽娜，等. 实时直接分析 – 串联质谱法（DART-MS/MS）快速检测吐根中生物碱［J］. 中国中药杂志，2012，37（10）：1426-1430.

［50］胡谦，张九凯，邢冉冉，等. 实时直接分析 – 四极杆飞行时间质谱法快速鉴别油茶籽油真伪［J］. 分析测试学报，2021，40（2）：282-287，294.

［51］郭天洋，方平平，蒋娟娟，等. DART-MS/MS 快速筛查和定量葡萄酒中的农药和非法添加物［C］// 中国化学会第 30 届学术年会摘要集 – 第四十三分会：质谱分析.［出版者不详］，2016：17.

［52］孙磊，胡晓茹，金红宇，等. 实时直接分析 – 串联质谱法快速分析乳香中多种乳香酸［J］. 中草药，2012，43（7）：1320-1323.

［53］李兆丰，徐勇将，范柳萍，等. 未来食品基础科学问题［J］. 食品与生物技术学报，2020，39（10）：9-17.

［54］Mikac L，Kovačević E，Ukić Š，et al. Detection of multi-class pesticide residues with surface-enhanced Raman spectroscopy［J］. Spectrochimica Acta Part A：Molecular and Biomolecular Spectroscopy，2021，252：119478.

［55］刘燕梅，裴媛，李波，等. 金银 / 氮化钛表面增强拉曼基底制备及对烟酸的定量检测［J］. 光谱学与光谱分析，2021，41（7）：2092-2098.

［56］Mori Y，Kanda H，Notomi T. Loop-Mediated Isothermal Amplification（LAMP）：Recent Progress in Research and Development［J］. Journal of Infection and Chemotherapy，2013，19（3）：404-411.

［57］Piepenburg O，Williams C H，Stemple D L，et al. DNA Detection Using Recombination Proteins［J］. Plos Biology，2006，4（7）：1115-1121.

［58］刘迪，许鑫燕，郑亚婷，等. 猫疱疹病毒 ERA-LFD 检测技术的建立与应用［J］. 中国兽医科学，2022，52（1）：11-18.DOI：10.16656/j.issn.1673-4696.2022.0007.

［59］Zhang X，Liu X，Wu X，et al. A colloidal gold test strip assay for the detection of African swine fever virus based on two monoclonal antibodies against P30［J］. Archives of Virology，2021：1-9.

［60］Tamburini S，Foladori P，Ferrentino G，et al. Accurate flow cytometric monitoring of Escherichia coli subpopulations on solid food treated with high pressure carbon dioxide［J］. Journal of Applied Microbiology，2014，117（2）：440-450.

［61］李光文，王美丽，方权辉，等. 基于铜纳米线放大的汞离子高灵敏比色检测法［J］. 分析试验室，2020，39（1）：28-32.

［62］李俊豪，韩冠华，林晓涛，等. 基于微流控技术的磁免疫荧光法在 EB 病毒检测中的应用［J］. 色谱，2022，40（4）：372-383.

［63］任林娇，彭政，孟晓龙，等. 基于金纳米颗粒的裂分型适配体传感器检测三磷酸腺苷

［J］. 分析化学，2022，50（3）：405-414.

［64］李甜，张道楠，石京慧，等. 基于金纳米材料的新型冠状病毒可视化检测［J］. 化工新型材料，2022，50（3）：75-78，83.

［65］J G Kalmar, Y Oh, R A Dean, et al. Investigating host-pathogen meta-metabolic interactions of Magnaporthe oryzae infected barley using infrared matrix-assisted laser desorption electrospray ionization mass spectrometry［J］. Anal Bioanal Chem, 2020, 412（1）：139-147.

［66］N Unger, D T Shindell, D M Koch, et al. Air pollution radiative forcing from specific emissions sectors at 2030［J］. Journal of Geophysical Research, 2008, 113（1）：D2.

［67］J C Vickerman. Molecular imaging and depth profiling by mass spectrometry-SIMS, MALDI or DESI［J］. Analyst, 2011, 136（11）：2199-2217.

［68］周司涵. 基于解吸电喷雾电离质谱成像的香菜关键成分分布研究［D］. 哈尔滨：哈尔滨工业大学，2021.

［69］戚可可. 光电离质谱技术在生物组织成像和茶叶热加工中的应用研究［D］. 北京：中国科学技术大学，2021.

［70］Y Bian, et al. Tissue distribution study of perfluorooctanoic acid in exposed zebrafish using MALDI mass spectrometry imaging［J］. Environ Pollut, 2022, 293：118505.

［71］Y Liu, S Li, H Zhao, et al. Recent progress in mass spectrometry based molecular imaging［J］. SCIENTIA SINICA Vitae, 2020, 50（11）：1237-1255.

［72］曹妍. 如何正确使用光谱成像技术进行食品检测［J］. 中国食品工业，2021（24）：79-80.

［73］李亚丽，岳燕霞. 成像技术在食品安全与质量控制中的研究进展［J］. 现代食品，2020（17）：114-115，127.

［74］雷裕，胡新军，蒋茂林，等. 高光谱成像技术应用于畜禽肉品品质研究进展［J］. 食品安全质量检测学报，2021，12（21）：8404-8411.

［75］孙玉侠，荣臻，王健，等. 热成像技术在食品质量安全控制中的应用［J］. 食品科学，2013，34（5）：318-321.

［76］王雪莹，罗佳丽，黄明亮，等. 热成像技术在食品工业中的研究进展［J］. 食品工业科技，2013，34（1）：397-400.

［77］S N Jha, et al. Measurement techniques and application of electrical properties for nondestructive quality evaluation of foods-a review［J］. J Food Sci Technol, 2011, 48（4）：387-411.

［78］张晓瑞. 基于嗅觉和味觉可视化技术的腐乳风味表征方法研究及装置设计［D］. 镇江：江苏大学，2021.

［79］满忠秀. 基于嗅觉可视化技术的大米储藏期识别研究［D］. 镇江：江苏大学，2018.

［80］吴雪. 计算机视觉技术在农产品和食品检测中的应用［J］. 粮油加工与食品机械，2002（3）：38-39.

［81］赵涛. 机器视觉技术在食品检测中的发展与应用研究［J］. 食品研究与开发，2021，42（19）：233-234.

后　记

　　编撰《检验检测产业与技术发展路线图》是一件非常复杂和艰苦的过程，工作量非常大，也走了一些弯路，经过了十几次推倒重来，形成了现在这个版本。起初，我们力求描述检验检测产业的全貌，并且主要集中在产业发展的预测方面，后来发现检验检测所服务的领域本身产业技术需求与检验检测技术的关联性描述相当复杂，应该放在将来各领域自己研究范畴。随后，我们试图在每个领域的路线图中分成重要产业领域检验检测、战略新兴产业检验检测的分类方法，发现即便是这样的分类仍然需要撰写 8~10 个领域的检验检测路线图，工程浩大且需要巨大的专家资源、经费支持和时间安排，应该放在将来有计划、有步骤单一领域专题研究描绘。我们还试图绘制检验检测总路线图、技术体系图，经过几次讨论以后发觉需要各个领域基本研究清晰后描绘更有概括性和系统性。信息化路线图最后采取以文字描述的方式是因为检验检测信息化实际上是一个融合共性技术，主要是提升管理效率，促进产业效能提升的手段，还要根据信息化产业本身的发展路线做相应的配套设计。本书的立意第一是把产业技术路线图这个技术规划工具介绍给行业中的管理者和技术创新者；第二是把产业发展阶段人为进行阶段描述，以厘清政策和市场共同推动下的发展脉络；第三是总结了检验检测的核心技术和共性技术，明确了检验检测技术的定义；第四是在上游技术仪器仪表方面支撑信息化技术。食品、电子电器两个重点领域做了研究和描述，意在为以上三个类型的路线图做一范例，并为以上领域技术规划起到指南作用。在这次编撰中坚持了学术研究探讨这一基本主线，其中一些观点无法做到整个检验检测领域产业界、技术界的完全共识，在各个不同的年龄层次、学历职称、工作经历和工作岗位的不同视角下，尤其是在各个行业之间对于核心技术的看法只能达到基本共识，对于每个领域的技术方向更多吸收了具有行业代表性的专家意见，但不能代表该领域的主流看法。在此，编撰团队更看重的是在检验检测领域做产业技术路线图的探索作用，以及在学术交流方面的自由氛围，因此更为积极的意义在于学会创造了产业路线图的交流平台，在这个平台上呈现出了更具开放性的学术锐气，这是科技界、学术界近年期盼的景象，并不像管理规范需要业界去执行，而是提出的设计和想法给予更多致力于技术发展产业的有识之士一点点思路和启发。

王晓冬秘书长虽然是比较晚参与这项工作的，但是对于本书的构架重建起到了关键作用，事实上担当了主编的责任，在此向他致谢并表达最真诚的敬意。陈汉标先生自称送水人，其实他为行业做的事情更像是烧水时的风箱，书成之日他应领首功。另外，本次编撰工作主要由刘汉霞博士、刘华琳博士、唐茂芝博士、郜锦丽高工、陈广龙博士、刘鑫博士、宫赤霄研究员、王兆君研究员帮助组织讨论和编写，在此一并致谢！

中国检验检测学会副会长兼秘书长

夏　扬

2022 年 5 月